高职高专经管类专业精品教材系列

市场营销沙盘实训教程

康元华 资春芬 编著

清华大学出版社
北 京

内容简介

本书由基础篇、分析篇和策略篇三大模块构成，契合了学习者从入门到提升，再到强化的循序渐进的学习过程。基础篇解析各部门经营规则，并讨论辅助信息、特殊任务的使用；分析篇主要针对市场环境、企业综合指数、零售价格策略、财务报表等核心问题进行深入探讨；策略篇探讨经营方案的设计与实施，通过实战检验学习成果。本书的经营策略方案设计均按照沙盘模拟软件(ITMC)操作流程编制，既完整又直观，具有重要的参考和借鉴意义，可达到快速上手操作的目的。本书案例分析均来自实战数据，案例中选取的几种方案都具有代表性，既能让学习者了解市场营销沙盘经营中的主流经营策略，又对方案的设计、改进等提出思考的方向，有利于学习者的思维训练。

本书可作为高职院校市场营销沙盘实训课程的教学用书，也可作为拟参加市场营销技能竞赛的培训用书，还可作为沙盘爱好者的学习参考书。

图书在版编目(CIP)数据

市场营销沙盘实训教程/康元华，资春芬编著.—北京：清华大学出版社，2021.2(2025.8重印)
高职高专经管类专业精品教材系列
ISBN 978-7-302-56303-7

Ⅰ. ①市…　Ⅱ. ①康…　②资…　Ⅲ. ①市场营销学—高等职业教育—教材　Ⅳ. ①F713.50

中国版本图书馆 CIP 数据核字(2020)第 165411 号

责任编辑：张　弛
封面设计：傅瑞学
责任校对：袁　芳
责任印制：曹婉颖

出版发行：清华大学出版社
网　　址：https://www.tup.com.cn，https://www.wqxuetang.com
地　　址：北京清华大学学研大厦 A 座　　**邮　　编**：100084
社 总 机：010-83470000　　**邮　　购**：010-62786544
投稿与读者服务：010-62776969，c-service@tup.tsinghua.edu.cn
质量反馈：010-62772015，zhiliang@tup.tsinghua.edu.cn
课件下载：https://www.tup.com.cn，010-83470410
印 装 者：三河市科茂嘉荣印务有限公司
经　　销：全国新华书店
开　　本：185mm×260mm　　**印　　张**：14.75　　**字　　数**：338 千字
版　　次：2021 年 3 月第 1 版　　**印　　次**：2025 年 8 月第 12 次印刷
定　　价：48.00 元

产品编号：083868-01

前 言

2013年，中教畅享(北京)科技有限公司推出ITMC市场营销沙盘实训系统，受到各高职院校的广泛认可。该实训系统是对市场营销理论知识的提炼与实战模拟运用，有利于巩固学生的市场营销理论知识，提升学生的分析能力，进而加强学生的营销方案设计与方案创新能力。2014年，该实训系统成功入围全国职业院校技能大赛市场营销赛项高职组竞赛项目，使得该实训系统受到全国各高职院校的重视。各高职院校在组队参赛的同时，也纷纷开设了相关实训课程。

与各高职院校对营销沙盘实训系统的教学与参赛热情相比，配套实训教材的缺失问题凸显，致使很多高职院校的课程开展受到一定程度的影响。截至2020年，市场营销技能竞赛已经成功举办了7年，在此期间，市场营销沙盘实训系统也进行了多次系统升级，为了满足各高职院校的教学与参赛需求，特针对目前使用的V4.0版本的营销沙盘实训系统编写了本书。

本书共分为三大部分。

第一部分为基础篇，主要对市场营销沙盘的经营规则进行解析，包括企业各职能部门的操作、经营规则介绍与解读、辅助信息的使用和特殊任务的使用等。

第二部分为分析篇，主要介绍经营过程中一些关键环节的分析方法和分析内容，包括市场环境分析、企业综合指数分析、零售价格策略分析、财务报表分析及得分规则分析等。

第三部分策略篇，主要针对市场营销沙盘的各种经营策略进行方案规划与实施。

通过以上三大部分的学习，让学习者体验沙盘模拟经营从“菜鸟”演变到“大神”的三个过程：一是入门阶段，理解沙盘模拟经营要“做什么”。二是提高阶段，理解沙盘模拟经营“为什么这样做”。三是强化阶段，理解沙盘模拟经营“应该怎么做”。

市场营销沙盘实训作为一门综合实训课，需要学习者具备一定的理论知识，建议学习者在学习管理学基础、市场营销学、财务管理等课程的基础上学习本课程。

本书是由多年指导沙盘模拟经营技能竞赛的一线教师精心编著而成，

具体分工如下：康元华（南宁职业技术学院）负责策略篇的编写，资春芬（广西农业职业技术大学）负责基础篇和分析篇的编写，全书由康元华统稿、定稿。

本书可作为高职院校市场营销沙盘实训课程的教学用书，也可作为拟参加市场营销技能竞赛的学生培训用书。

本书中所使用的企业综合指数、综合评分法、销售数量变动率等计算公式均源自竞赛软件系统的规则。

由于编者水平有限，书中难免有不足之处，还请读者批评、指正。

编　者

2020 年 10 月

教学课件

目录

基础篇

分　析　篇

策　略　篇

基 础 篇

理解经营规则是开展经营活动的基础，经营策略的制定与实施都是基于对经营环境的深度剖析、规则的理解和运用。

本篇主要探讨市场营销沙盘的经营规则，主要包括三个内容模块。

一是操作任务栏中各职能部门的经营规则。主要包括市场部、直销部、批发部、生产部、零售部与财务部六个部门的经营规则和操作方法。

二是辅助信息的使用。主要包括现金流量表、各组财务报表、市场占有率、直销中标公示、媒体中标信息、零售订单信息等用于企业经营者决策参考的数据使用。

三是特殊任务的使用。主要包括产品型号管理、生产线变卖、生产线转产、厂房变卖、库存调拨、贴现等供经营者使用的特殊功能。

学习情景一

市场部经营规则

学习目标

1. 了解各市场对产品的需求特点；
2. 理解需求波动率对市场需求产生的影响；
3. 掌握产品流行功能的含义，会计算产品流行功能的起止时间；
4. 理解市场开拓的作用；
5. 理解ISO认证对企业综合指数的影响。

市场部有四项任务，分别是市场预测、市场分析、市场开拓和ISO认证。

任务一　市场预测

一、规则描述

系统以柱状图形式给出不同产品在不同市场、不同渠道、不同年度或季度的潜在销售数量、销售价格的市场预测。经营团队通过分析不同产品的市场需求情况及价格情况，为制定企业的营销策略、产品策略及发展策略提供依据。

市场预测如图1-1所示①。

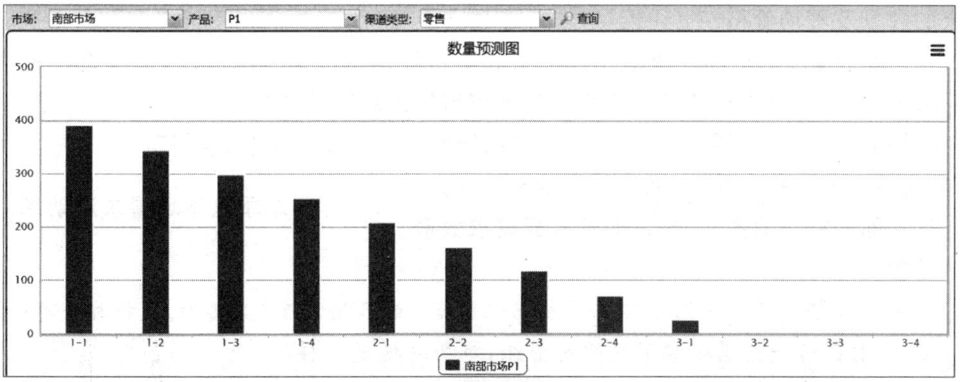

图1-1　市场预测图

① 在ITMC营销系统中，按市场需求出现顺序，包括南部市场、东部市场、中部市场、北部市场和西部市场。产品包括P1、P2、P3和P4四种产品。渠道类型包括直销、批发和零售三种。

二、规则说明

（1）市场预测所反映的数据并不会随着数据的初始化而发生变化。预测数据是固定不变的，但每次数据初始化后，产品的需求数量、价格都会发生变化，所以预测数据仅供参考，经营者一般可以略过此项任务。

（2）南部市场从第一年第一季度开始对产品 P1 有需求，并且一直延续至第三年第一季度。到了第三年第二季度，南部市场对 P1 的需要降为 0。

（3）P2、P3 和 P4 作为新产品，零售市场上最早出现有效需求是在第一年第四季度的南部和东部市场。实际上，新产品的研发需要三个季度才能完成，企业最早在第一年第三季度研发完成，当季投产，也是第一年第四季度才可能有成品销售。所以，调研报告中给出第一年第三季度就有 P4 的市场需求，实际上是无效需求，可以忽略。

（4）东部市场在第一年第三季度开始对 P1 有需求，第四季度对 P2、P3 和 P4 也有需求。这就意味着，从节省费用的角度考虑，第一年第一、二季度是没有必要签约东部市场零售商的。

（5）中部市场在第二年第二季度才开始对各产品有需求，因此没必要在第二年第一季度签约中部市场零售商。

（6）北部市场在第三年第一季度开始对各产品有需求，而西部市场则在第三年第三季度才开始对各产品有需求。

任务二　市场分析

一、规则描述

（1）市场分析包含市场环境和调研报告两部分。市场环境是系统随机给出的，而调研报告是需要购买的，调研报告购买价格为 5W[①]/份。企业必须购买一份调研报告才能继续经营。购买调研报告后，经营者可以查看产品流行功能和直销、批发、零售消费人群需求的数量及平均价格。

（2）每个季度的市场环境变化都会引起本市场本季度需求的波动，系统直接提供市场需求波动率，市场需求波动率会影响到零售市场需求量的变化。

市场需求波动率对零售消费人群数量的影响可以根据以下公式计算：

$$\text{零售消费人群每个季度实际的需求数量}=\frac{\text{调研报告给出的 6 类}}{\text{零售消费人群需求数量}}\times(1+/-\text{本季度市场需求波动率})$$

注意：

① 市场环境是随机变化的，在每次初始化数据重新开始训练或比赛时，数据都会不一样。

② 对于在同一竞赛环境下的所有小组，市场环境是一样的。

③ 在购买调研报告以后，本年度四个季度的市场环境不会再发生变化。

（3）流行功能是零售消费人群中冲动型人群购买该产品的第一标准，产品只有在流

---

① 万元人民币在本书中均以 W 表示，下文不一一标注。

行功能的流行时间内具备这种功能，冲动型人群才会有可能购买该产品。并且流行功能在流行过后，将作为产品的基本功能，如果产品不具有该功能，零售的六类消费人群将都不会购买该产品。调研报告以表格形式提供每种产品在某个季度的流行功能以及该流行功能的持续时间。

(4) 调研报告以表格形式给出某种产品在某个季度不同销售渠道中的需求数量和平均价格。其中直销客户和批发商是每年只在第一季度提供一次交易机会，所以调研报告中只给出了第一季度的需求信息；零售消费人群每个季度都有一次交易机会。

第一年南部市场的市场环境、产品流行功能及周期和市场需求如表 1-1 和表 1-2 所示。

表 1-1　第一年南部市场的市场环境及产品流行功能表

市场环境					
市场环境	期初值	第一季度	第二季度	第三季度	第四季度
常住人口(万人)	1000	960	989	1019	1050
购买力指数(%)	20	21	20	19	18
通化膨胀率(%)	2.30	2.00	2.00	2.00	2.00
利息率(%)	1.50	1.48	1.45	1.42	1.39
人均 GDP(元)	5000.00	5200.00	5304.00	5410.08	5518.28
恩格尔系数(%)	40.00	38.40	39.17	39.95	40.75
市场需求波动率(%)	0	23.00	23.00	24.00	24.00

产品流行功能及周期				
产品	第一季度	第二季度	第三季度	第四季度
P1	P1F2(流行 1 季度)	P1F4(流行 2 季度)		P1F5(流行 2 季度)
P2			P2F4(流行 2 季度)	
P3			P3F5(流行 3 季度)	
P4			P4F3(流行 4 季度)	

表 1-2　第一年南部市场需求信息表

季度	产品	直销		批发		零售						
		平均价格(W/件)	需求量(件)	平均价格(W/件)	需求量(件)	市场期望价格(W/件)	习惯型(件)	理智型(件)	冲动型(件)	经济型(件)	情感型(件)	不定型(件)
1	P1	9.66	184	6.86	370	9.20	67	0	0	79	0	281
2	P1	9.66		6.86		9.68	51	46	0	62	57	144
3	P1	9.66		6.86		11.97	35	35	39	50	43	70
3	P4	12.10		10.76		13.45	2	2	2	3	2	4

续表

季度	产品	直销		批发		零　售						
		平均价格（W/件）	需求量（件）	平均价格（W/件）	需求量（件）	市场期望价格（W/件）	习惯型（件）	理智型（件）	冲动型（件）	经济型（件）	情感型（件）	不定型（件）
4	P1			6.86		12.74	30	30	33	43	36	59
4	P2			7.86		9.83	6	5	6	7	6	9
4	P3			9.03		11.29	2	2	2	2	2	4
4	P4			11.81		14.76	2	2	2	3	3	4

二、规则说明

（1）市场环境中，经营者只需要看市场需求波动率即可，市场需求波动率只对零售市场的需求量产生影响，而不会影响直销与批发的需求量。在表 1-1 中，可以查看各季度市场需求波动率的数据，如第一季度是 23%，则意味着 6 类零售群体的需求量在调研报告给出的需求量基础上再增加 23%。比如调研报告给出的习惯型需求量为 67 件，按照公式可以算出，实际需求量＝67×(1＋23%)＝82.41(件)。

（2）产品的流行功能及周期在营销沙盘中意义重大，主要表现在以下几方面。

① 冲动型人群是以流行功能作为首选标准的。

例如：在第一年第三季度，若 A 企业销售 P1F2，B 企业销售 P1F2F4，C 企业销售 P1F1F3F4F5，则 B 企业优先交易冲动型人群，其次是 A 企业，而 C 企业无法交易冲动型人群体。原因在于：B 企业比 A 企业拥有更多的流行功能，且 F2 是在流行功能的流行时间内。而 C 企业虽然拥有 4 个流行功能，但 4 个流行功能均不在流行时间内（具体规则见情景五中的六类人群交易规则）。

② 理解流行功能真正开始流行的时间。

企业购买调研报告后即可查看产品的流行功能及周期。但对于某个零售商而言，流行功能真正开始流行的时间并不是调研报告给出的该功能开始流行的时间，而是需要结合零售商的市场敏感度来确定的，具体规则如下所述。

某个功能开始流行的时间＝调研报告给出的该功能流行的时间＋零售商市场敏感度

零售商的市场敏感度是已知的，如表 1-3 所示。

表 1-3　各零售商对比

市场	零售商名称	市场覆盖率(%)	市场敏感度(季度)	进场费(W)	到货周期(季度)	回款周期(季度)	提成比例(%)	管理费(W)
南部	A1	40	2	20	0	4	10	2
南部	A2	60	4	20	0	1	10	2

续表

市场	零售商名称	市场覆盖率(%)	市场敏感度(季度)	进场费(W)	到货周期(季度)	回款周期(季度)	提成比例(%)	管理费(W)
东部	B1	40	2	20	0	2	10	2
东部	B2	60	4	20	0	3	10	2
中部	C1	40	3	20	0	2	10	2
中部	C2	60	4	20	0	3	10	2
北部	D1	40	3	20	0	2	10	2
北部	D2	60	2	20	0	3	10	2
西部	E1	40	3	20	0	2	10	2
西部	E2	60	2	20	0	3	10	2

根据以上规则可知，零售商的市场敏感度不同，P1 产品的 F2 功能真正开始流行的时间也不同，其中 A1、B1 零售商是在第一年第三季度开始流行。而 A2、B2 零售商则为第二年第一季度开始流行。

理解了流行功能真正开始流行的时间，就不难理解为什么表 1-2 中冲动型人群的实际需求量在第一年第三季度才开始出现(第一个功能真正开始流行的时间为第一年第三季度)。

同理，第一年第三季度只有 A1 和 B1 零售商才可能卖冲动型订单，A2 和 B2 均无法卖冲动型订单(A2、B2 在第一年第三季度还没有功能开始流行)。

③ 流行功能及周期决定了某个型号产品的销售期限。

根据规则，当流行功能流行过后，将成为产品的基本功能，而基本功能是该产品销售必须要具备的功能，若缺少基本功能，产品将无法销售。那流行功能什么时候成为基本功能呢？

当流行功能流行结束后，该功能就成为基础功能。或者当下一个功能开始流行，则前面的功能就成为基本功能。

在表 1-1 中，P1 的流行功能出现的顺序依次为 F2、F4 和 F5。则当 F4 开始流行时，F2 成为基本功能；当 F5 开始流行时，F2 和 F4 均成为基本功能。

因此，本例中，企业购买调研报告后，即可以确定 P1、P1F2、P1F2F4 在不同零售商处的销售期限，如表 1-4 所示。

表 1-4　P1、P1F2、P1F2F4 的销售期限

零售商＼产品型号	P1	P1F2	P1F2F4
A1	第一年第三季度(第四季度 F2 成为基本功能)	第二年第一季度(第二年第二季度 F4 为基本功能)	第二年第三季度
A2	第二年第一季度	第二年第三季度	第三年第一季度

续表

产品型号 零售商	P1	P1F2	P1F2F4
B1	第一年第三季度	第二年第一季度	第二年第三季度
B2	第二年第一季度	第二年第三季度	第三年第一季度

④ 掌握产品型号的销售期限，有利于制定合适的销售策略。

通过以上分析，经营者应该对每一个产品型号的销售期限了然于心。当该型号的产品即将或已经过了销售期限，经营者需要及时处理或者通过调拨功能将产品调拨给其他零售商销售。

例如在表 1-1 中，P1(不带流行功能)对于 A1 或 B1 零售商来说只能卖到第一年第三季度。如果到了第四季度 A1 零售商的 P1 产品仍有剩余，则可以将其调拨给 A2 或者 B2 零售商继续销售。此时，经营者可以给 A1 或 B1 零售商配 P1F2 等带有流行功能的 P1 产品。

任务三　市场开拓

一、规则描述

市场部需要根据市场预测、调研报告以及自身制定的营销策略进行市场的开拓，市场开拓需要开拓周期和费用，市场开拓完毕，当年即可进行产品销售。市场开拓周期与费用如表 1-5 所示。

表 1-5　市场开拓周期与费用表

市场	开拓周期(年)	开拓费用(W/年)
东部	1	5
中部	2	5
北部	3	5
西部	3	5

二、规则说明

(1) 市场开拓时，请一次性选中需要开拓的市场再进行开拓，未选中的市场不能进行再次开拓。市场开拓不能加速开拓，开拓完毕当年即可进行产品销售。

(2) 根据得分规则，市场开拓会影响经营得分[①]。其中东部市场开拓完成加 10 分，中部市场开拓完成加 15 分，北部市场开拓完成加 20 分，西部市场开拓完成加 25 分。结合市场开拓所需的周期，企业需要注意，北部和西部市场不要轻易放弃，一旦放弃一年，则三

① 经营得分=(1+总分/100)×所有者权益。市场开拓完成后总分项目可以得到相应的加分。

年内是无法开拓完成的，所以，如果第一年忘记开拓北部市场和西部市场，则相当于三年均放弃，既不能加分，又不能在该市场通过零售和批发销售产品。

注意：*若市场没开拓，仍然可以通过直销销售产品，只需要签约该市场的大客户即可投标。*

(3) 市场开拓费用属于销售费用，会影响企业的利润。如果短期出于维持权益的角度考虑，可策略性放弃某个市场的开拓。例如，如果第一年企业无意于在东部市场销售产品，则第一年可以放弃东部市场的开拓。毕竟东部市场只需要一年的开拓周期，第二年初开拓之后也不影响产品在东部市场的销售。

任务四　ISO 认证

一、规则描述

只有当 ISO 9000、ISO 14000 认证完成后，才可以参与直销和批发带有 ISO 9000 或 ISO 14000 的订单竞单。ISO 认证会影响企业的综合指数，进而影响零售消费人群成交的优先权。ISO 认证的周期与费用如表 1-6 所示。

表 1-6　ISO 认证的周期与费用

认证项目	认证周期(年)	认证费用(W/年)
ISO 9000	1	10
ISO 14000	2	10

二、规则说明

(1) 在进行 ISO 认证时，请一次性选中需要的认证项目再进行认证，未选中的认证项目不能进行再次认证。ISO 认证不能加速，认证完毕当年即可影响销售。

(2) ISO 认证会影响企业的综合指数。

企业综合指数的计算公式为

企业综合指数＝(ISO 14000 按 20 计算＋ISO 9000 按 10 计算)/所有小组总认证×20＋上季度小组销售额/上季度所有小组销售额×40＋小组总媒体影响力/所有小组总媒体影响力×40

由公式可见，完成 ISO 认证对企业综合指数产生影响。如果本企业放弃认证，本企业的综合指数将会低于完成认证的企业，进而在直销与零售环节可能会影响企业直销中标及理智型等零售人群的交易。

但是，若企业在第一年无意于直销，也不打算抢夺理智型等零售人群，则可以暂时放弃 ISO 认证。比如放弃 ISO 9000 认证，待第二年再进行认证，不会影响第二年的综合指数，但可以节省 10W 的销售费用，有利于维持较高的所有者权益。

(3) 根据得分规则，ISO 认证也会影响企业得分。企业完成 ISO 9000 的认证可以为总分增加 10 分，完成 ISO 14000 的认证则可以加 20 分。

学习情景二

直销部经营规则

学习目标

1. 了解各年度各产品直销订单需求数量;
2. 理解直销中标规则;
3. 掌握综合评分法的计算。

直销作为销售方式的一种,采用招投标的方式,以综合评分法为原则,在每年的第一季度进行。系统会在调研报告中给出直销客户准确的需求数量和平均价格。直销部需根据自己的营销策略决定是否通过直销方式进行产品销售。

任务一　开发客户

一、规则描述

(1) 直销部开发客户以后才能参与需要开发的直销客户订单报名并参与投标。

(2) 每个客户只需要开发一次就会成为企业的客户,每个客户开发费用为5W。如有忘记开发的客户,可在本步骤结束前再次进行开发。

注意:直销报名后不能再进行开发客户。

二、规则说明

(1) 第一年不需要开发客户即可参与直销报名并投标。所以,从节省资金、维持权益的角度看,第一年不需要开发客户,并不影响投标。

(2) 经营者可以先行查看直销订单信息(但不要点击报名),记录下企业拟打算参与的直销订单所属的客户,再进行有针对性的客户开发,以便节省开发费用。

任务二　参与投标

一、规则描述

(1) 客户开发完成以后就可以参与投标,具体流程为投标报名、资格预审、购买标书、投标、中标公示。投标报名后,可以略过资格预审,直接购买标书并投标。

(2) 投标报名：选择需要投标的订单进行报名，取得投标资格。投标报名不收取任何费用。

(3) 资格预审：系统会按照不同订单的要求对各小组进行资格预审。资格预审的条件包括客户是否已经开发完成、是否已经进行 ISO 认证等。

(4) 购买标书：购买标书并支付购买标书费。标书费用为 2W/份。

(5) 投标：经营者对已购买标书的订单进行投标，制定投标价格并提交，投标价格不能高于订单要求的市场最高价格，也不能为 0，成交规则为综合评分法。

二、规则说明

(1) 投标报名后，通过点击自己已报名的投标订单可以查看本订单其他参与小组的投标情况。投标报名后将不能再进行开发客户，因此开发客户必须在投标报名之前完成。

(2) 投标报名后，经营者可以通过资格预审关注其他小组的报名情况，以便了解该直销订单的竞争情况。

(3) 只要购买了标书，无论中标与否，待直销结束后，都可以查看该订单的中标信息。

(4) 直销的中标规则采用综合评分法，综合得分高者中标。具体计算公式为

综合得分＝所有小组投标最低价/本小组投标价格×60

＋本小组企业综合指数/所有有效投标小组最高企业综合指数×40

从公式可知，综合得分受两个因素的影响，一是投标价格；二是企业综合指数。

例如，只有 A 企业和 B 企业参与某个订单的竞争，A 企业综合指数为 18，B 企业综合指数为 12，若 A 企业投标价格为 16W，B 企业投标价格为 12W，则谁中标呢？

通过计算可知：

A 企业综合得分＝12/16×60＋18/18×40＝85(分)

B 企业综合得分＝12/12×60＋12/18×40＝86.67(分)

由于 B 企业综合得分＞A 企业综合得分，故 B 企业中标。

综合指数领先的企业，可以依据优势大小及对竞争对手的分析，以较高的价格中标。

对于综合指数居中的企业，则需了解与领先者的指数差距，并对指数领先者的投标价格进行预期，要么降低价格与指数高者争夺订单，要么避开高指数者的竞争，选择价格居中的订单投标。

而对于综合指数低者，则需要了解指数的差距大小以及自己的库存量大小，可以对高价订单降低价格至本企业期望水平投标，或者直接以最高价格采取广撒网的策略投标，对于竞争对手不投标的订单，本企业仍然可以中标。

(5) 直销结束后，可以查看中标公示了解直销中标情况，并对于中标订单较多的对手判断其是否有违约的可能性。因为一旦违约，则违约企业下一年就失去了直销的资格(在本企业关账后也可以分析竞争对手财务报表中的额外支出项目判断其是否违约)。

(6) 如果本企业购买了标书，除了了解中标情况外，还可以通过“辅助信息”中的“直销中标公示”关注中标订单的交货时间。

如果对手中标较多，并且都集中在当年第四季度交货，则该组的综合指数在下一年第一季度仍然会较高。

如果竞争对手由于资金紧张，在前三个季度需要靠交货来解决现金流问题，则降低了该组第四季度的交货量，无法通过交易额大幅度提升综合指数，并据此判断本企业能否通过交易额较大幅度提升指数。

(7) 直销订单的交货期限为一年，即当年内交货，如果在交货期限内不能交货的，需要扣除违约金，违约金是按照订单原价的25%计算，并取消订单。每违约一张订单取消一年(下一年)的直销客户订单投标资格。

(8) 直销投标时，要按照订单原价金额的10%收取投标保证金，结束投标后，不论是否中标，均返还投标保证金。

(9) 直销订单的账期表示的是交货后客户支付货款的时间。账期是"0"表示交货即收到现金，账期是"1"表示交货后一个季度收到现金，以此类推。

(10) 各年各产品直销订单数量如表2-1所示(以10组比赛为例)。

表2-1 直销订单数量表

年 份	市场	P1	P2	P3	P4	年度合计
第一年	南部	184				184
第二年	南部	80	137	47	120	
	东部	23	119	47	107	
	小计	103	256	94	227	680
第三年	南部	4	149	59	144	
	东部	13	110	57	119	
	中部	30	120	53	115	
	北部	26	130	47	105	
	小计	73	509	216	483	1281

了解直销订单数量，便可以根据直销中标的市场占有率计算出各组直销订单的具体数量，尤其是那些市场占有率很高的小组，可以分析其是否存在违约的可能性。如果是第二年违约，则违约小组第三年失去直销的资格。而如果是第三年大量违约，则大量的违约金对该组的利润产生较大影响，进而影响其最终得分。

学习情景三

批发部经营规则

学习目标

1. 理解批发订单的特点；
2. 掌握批发选单的规则；
3. 了解批发订单需求数量。

批发作为产品销售的一种渠道，需要各小组投放招商广告，并按照招商广告投放数量的多少依次轮流选单。批发订单竞标在每年的第一季度进行。系统会在调研报告中给出批发客户准确的需求数量和平均价格。企业需根据自己的营销策略决定是否通过批发进行产品销售。

任务一 投放招商广告

一、规则描述

各组需根据自身的营销策略，在不同市场上制定不同产品的批发招商广告投放策略，招商广告费用最低为1W，最高不限，但必须是整数。

二、规则说明

(1) 只有市场开拓完以后，才能在该市场投放广告。

(2) 招商广告投放后，不论企业能否选到批发订单，招商广告均不退回。

任务二 选择批发订单

一、规则描述

裁判允许选单后，系统会在每个产品的每个市场判断各小组投入广告费用的多少，并按照由高到低的顺序进行排序，投入广告费用最多的小组开始选单，每次只能选择一张订单，以此类推。

若两组在某个市场上投入广告数量相同，则看两组在本产品所有市场上广告费用的投入，投入高者优先选单；如果仍旧相同，则看所有产品在所有市场上广告费用的投入，高者优先选单;如果仍旧相同,则看招商广告提交的时间,先提交者优先选单。

二、规则说明

(1) 选单开始后有时间限制,如果超过时间不选择订单,则系统自动跳到下一组,本轮将失去选单机会。

(2) 订单选择需要点击“指示区”各市场显示的小组编号,从“订单选择区”选择订单,“指示区”如果没有显示本小组编号,则本小组不能进行选单。

(3) 如果不需要该订单,则点击放弃选单。

(4) 批发订单为预付订单,系统中批发订单的账期均为“-1”,企业只要获得订单,货款就会直接进入企业现金。

(5) 批发订单的交货期限均为当年内。如果在交货期限内不能交货,需要扣除违约金,违约金金额按照订单原价的25%支付,并取消订单。如果批发订单违约,下一年将失去直销的资格。

(6) 相比直销订单,批发订单最大的好处在于企业能够提前获得货款,有利于解决企业资金不足的问题。但批发订单总体价格偏低,其利润往往不及直销及零售。

(7) 各年各产品批发订单数量如表3-1所示(以10组比赛为例)。

表 3-1 批发订单数量

年 份	市场	P1	P2	P3	P4	年度合计
第一年	南部	370	0	0	0	370
第二年	南部	162	137	120	47	
	东部	23	119	120	42	
	小计	185	256	240	89	770
第三年	南部	8	149	152	57	
	东部	13	110	144	47	
	中部	30	120	136	45	
	北部	26	130	120	40	
	小计	77	509	552	189	1327

学习情景四

生产部经营规则

学习目标

1. 理解新产品研发的费用和周期；
2. 掌握生产不同产品的原材料结构及原材料采购规则；
3. 理解不同型号产品的设置及销售期限；
4. 理解交货对企业综合指数可能产生的影响。

生产部的工作任务较多，主要涉及产品研发、产品下线入库、租赁/购买厂房、生产线购买、原料采购、投入生产、交货给客户 7 项任务。企业需要根据调研报告以及自身的营销策略，制定产品研发计划和生产计划，并根据市场状况进行调整。

任务一　产品研发

一、规则描述

企业现有的产品是 P1，若想要生产 P2、P3、P4 等新产品，则必须完成新产品研发才能投产。每种新产品均需要 3 个季度的研发周期及相应的研发费用，如表 4-1 所示。

表 4-1　产品研发周期与费用表

产　品	研发周期(季度)	研发费用(W/季度)
P2	3	10
P3	3	20
P4	3	30

二、规则说明

(1) 每种产品每个季度最多只能研发一次，不能加速研发。企业可以选择研发某一种产品，也可以同时研发 2 种或 3 种新产品。

(2) 企业随时可以中断研发，但已投入的研发费用不能收回。

(3) 若研发中断一段时间之后企业想继续研发，可在之前研发的基础上再投入剩余的研发费用，完成研发。

(4) 研发费用计入管理费用,研发费用的投入会影响企业利润和所有者权益。企业可以根据自己的营销策略和生产计划合理选择产品研发,无须提前研发。

例如,若企业第一年打算只生产 P1,第二年第一季度再生产 P2、P3 和 P4,则可以在第一年第三、四季度研发新产品,第二年第一季度再完成研发。

任务二 产品下线入库

一、规则描述

不同的生产线生产产品所需要的生产周期不同,系统以季度为单位进行生产,半自动生产线需要 2 个季度生产一批产品,全自动生产线和柔性生产线均需要 1 个季度生产一批产品。生产线上到期的在制品,执行此任务后将下线入库,成为产成品。

二、规则说明

此任务是必须操作的,否则无法继续后面的操作任务。执行此任务后,在制品变为成品。每条生产线生产的一批产品数量为 10 个。

任务三 购买/租赁厂房

一、规则描述

经营之初,企业拥有自主的 A 厂房。

A 厂房可以容纳 4 条生产线,如果企业希望购买更多的生产线,则必须先购买或者租赁厂房,才能将新购买的生产线安装到企业所购买或者租赁的厂房中。

企业购买和租赁厂房的规则如表 4-2 所示。

表 4-2 企业购买/租赁厂房规则

厂　房	购买费用(W)	付款分期数	租赁费用(W/年)	容纳生产线(条)
A	320	4	40	4
B	240	4	30	3
C	120	4	20	1

二、规则说明

(1) 企业是以分期付款的方式购买厂房的,但不能以分期付款的方式租赁厂房。

(2) 当企业资金紧张,需要依靠变卖厂房渡过难关时,要保证企业已付清购买厂房的费用,且厂房内没有生产线。即必须先出售完安装在指定厂房的生产线才能出售该厂房。

(3) 厂房不参与折旧,也无维修费用。

(4) 购买厂房不影响企业所有者权益,但租赁厂房将支付租金,因此会影响利润和权益。

任务四　生产线购买

一、规则描述

不同的生产线在购买价格、生产效率等方面均存在差异，企业需要根据自身的经营策略制定生产线购买决策。不同生产线的差异如表 4-3 所示。

表 4-3　不同生产线对比

生产线	购买价格（W/条）	生产周期（季度）	转产费用（W）	变卖价格（W/条）	维修费用（W/年）	周期产量（件）
半自动	40	2	0	10	5	10
全自动	80	1	10	20	4	10
柔性	120	1	0	30	5	10

二、规则说明

（1）从表 4-3 可见，全自动生产线和柔性生产线的生产效率最高，每个季度生产一批产品。企业在购买生产线时，一般都会选择全自动生产线或柔性生产线。半自动线由于生产效率较低，一般不作为新购生产线的选择。而对于原有的半自动生产线，则通常需要更换效率更高的全自动生产线或柔性生产线。

（2）柔性生产线的价格比全自动生产线贵，但其优势在于转产不需要费用。全自动生产线转产费用为 10W/（次·条），但全自动生产线的优势在于购买价格相对便宜，折旧费用和维修费用较低。

（3）在全自动生产线和柔性生产线之间如何做决策呢？

从折旧方面考虑，假定第一年买 1 条柔性生产线和 1 条全自动生产线，则第二年柔性生产线折旧为 40W，第三年柔性生产线折旧为 26W。而全自动生产线第二年和第三年的折旧分别为 26W 和 18W。因此，柔性生产线的折旧较全自动生产线的折旧多出 22W。若再考虑到维修费用，两年合计全自动生产线要比柔性生产线少 2W。此外，由于购买柔性生产线需要花费更多的资金，可能因为更多的银行贷款等而导致企业更多的利息支出及资金紧张。两种生产线比较如表 4-4 所示。

表 4-4　全自动生产线与柔性生产线比较表

生产线	购买价格（W/条）	转产费用（W）	第一次折旧（W）	第二次折旧（W）	维修费用（W/年）
全自动	80	10	26	18	4
柔性	120	0	40	26	5

因此，若经营者可以通过提前规划好生产线，尽量降低未来生产线的转产频率，企业应偏向于购买全自动生产线。在实战中，企业可以以全自动生产线为主，柔性生产线为

辅，一般1～2条柔性生产线即可。

任务五　原料采购

一、规则描述

（1）原料采购的计划需要根据企业自身的生产计划、生产产品所需的原材料结构、原材料库存和在途原材料来制定。

（2）原料采购都要有采购提前期，所以采购原材料必须要提前下达采购指令。其中R1、R2需要提前一个季度下达采购订单，R3、R4则需要提前两个季度下达采购订单。

（3）不论是何种原料，其采购价格均为1W/个。

（4）采购的原材料到达后，会自动入库。如果是批量采购原材料，则可以压供应商的账期。原材料采购数量及付款时间如表4-5所示。

表4-5　原材料采购数量及付款时间

采购数量	付款时间
R≤50	现金支付
50<R≤100	1Q
100<R≤150	2Q
150<R≤200	3Q
R>200	4Q

二、规则说明

（1）企业需要采购的原材料数量是由生产线来决定的。因此，在做出原材料采购计划时，需要先做出生产线的生产计划。而生产不同的产品需要不同的原材料，如表4-6所示。

表4-6　不同产品的原材料构成及加工费对比

产品	原材料构成	半自动加工费(W)	全自动、柔性加工费(W)
P1	R1	1	1
P2	R1+2R2	1	1
P3	2R2+R3	2	1
P4	R2+R3+2R4	2	1

若经营者在第一年年初规划好如表4-7所示的第一年的生产线布局。

表 4-7 第一年拟安排的生产线布局 单位：条

产品	第一季度	第二季度	第三季度	第四季度
P1	4(3全1柔)	8(7全1柔)	0	0
P2			3(全)	3(全)
P3			3(2全1柔)	3(2全1柔)
P4			2(全)	2(全)

则与生产相对应所需的原材料如表 4-8 所示。

表 4-8 第一年生产所需原材料数量 单位：个

产品	第一季度	第二季度	第三季度	第四季度
R1	40(原库存)	80	30	30
R2			140	140
R3			50	50
R4			40	40

(2) 购买原材料时需要考虑付款期限。

在上例中，第二季度需要 80 个 R1，第三、四季度各需要 30 个 R1、140 个 R2、50 个 R3 和 40 个 R4。但在采购的时候，考虑到采购提前期，可以在第一季度直接订购 140 个 R1、100 个 R3 和 80 个 R4，第二季度订购 280 个 R2，正好买够第一年所需原材料，并且年末没有原材料库存，还可以压供应商的原材料款的账期。

注意：为了不影响第二年生产，第一年第三季度要下订单采购 R3 和 R4 原材料，第一年第四季度要下订单采购 R1 和 R2 原材料。采购的原则是既不出现原材料短缺，又尽可能在当年末不要留库存，且能够压供应商原材料款的账期，将付款期限推迟。

任务六 投入生产

一、规则描述

(1) 选择空闲的生产线可以上线生产产品。

(2) 产品生产时必须要选择产品型号，产品型号是由经营者根据自己的产品功能组合自由命名的。如生产带有 F1 和 F4 功能的 P1 产品，产品型号可定义为 P1F1F4，然后勾选 F1 和 F4 功能，这样只要看到型号就可以知道产品的功能。当然，经营者也可以在命名的时候不直接显示出产品的功能，避免暴露企业的产品信息。

(3) 经营者可以在投产时添加产品型号，也可以通过特殊任务中的“产品型号管理”进行设定。添加产品型号后，可以随时通过特殊任务中的“产品型号管理”进行查看，以确定产品型号的设置是否正确。

二、规则说明

(1) 结合表 4-6 中不同生产线生产不同产品的加工费比较,为了节省加工费及提高生产效率,建议不要用半自动生产线生产 P3 和 P4 产品,也尽量在合适的时间将半自动生产线出售以便更换为生产效率更高的全自动生产线或者柔性生产线。

(2) 投产时,需要关注产品的成本。产品的成本由原材料成本和加工费构成,每增加一个流行功能,产品的加工费将增加 1W,因此产品的成本也相应增加,如表 4-9 所示。

表 4-9 不同生产线生产不同产品及不同数量功能时的成本

产品	不带功能成本(W/件)		带一个功能成本(W/件)		带五个功能成本(W/件)	
	半自动	全自动/柔性	半自动	全自动/柔性	半自动	全自动/柔性
P1	2	2	3	3	7	7
P2	4	4	5	5	9	9
P3	5	4	6	5	10	9
P4	6	5	7	6	11	10

任务七 交货给客户

一、规则描述

(1) 只有当本年度市场部获取了直销订单和/或批发订单,才需要执行此操作。零售消费人群通过零售商购买商品后直接结算,不需要执行交货操作。

(2) 当年内可以选择任一季度交货。交付直销订单后,根据订单的账期收到现金或者产生应收账款。

二、规则说明

(1) 当年拿到的订单必须在当年内交货,如果不能按时交货,视为违约,则会被扣罚违约订单原价总金额的 25%作为违约金,并取消订单。

例如,某直销订单原价为 15W/件,数量为 20 件,总金额为 300W,某企业以 11W/件的价格中标,中标总金额为 220W,该订单违约后,违约金将按 300W 的 25%计算,即违约金为 75W。

(2) 交货时,如订单对产品功能有明确需求,那么企业选择的交货产品也须带有所要求的产品功能,如果产品功能不符合要求,则不能交货。例如,企业获得 20 件 P2 产品直销订单,该订单所要求的流行功能为 F3,则企业交货时,产品中必须具备 F3 功能。包含 F3 功能且还有其他功能的产品也可以交货,例如,有 20 件 P2F3F4,也可交货。但如果 10 件 P2F3 和 10 件 P2F3F4,则不能完成交货,即一个订单不能被拆分执行交货任务。

(3) 如果当年无法交货而违约，则企业失去下一年的直销资格。有一个订单违约则失去下一年直销资格；如果超过一个订单违约则后续两年均无直销资格，但违约不影响下一年的批发竞单。

(4) 因为直销与批发订单交货会算作交货季度的交易额，因此会影响下一季度的企业综合指数，故经营者可以选择合适的交易时机来配合企业的经营策略。

学习情景五

零售部经营规则

学习目标

1. 理解不同产品在不同市场出现零售需求的时间；
2. 理解零售人群的划分及六类消费人群的交易规则；
3. 理解三种促销方式的区别；
4. 理解媒体广告对产品销售的影响。

零售是一种通过零售商直接面对终端消费人群的销售方式。零售部需要选择合适的零售商签约进店，针对六类消费人群（情感型、习惯型、理智型、冲动型、经济型、不定型）的特性制定相应的价格和促销策略，并投放媒体广告，由系统模拟消费习惯促成交易。

任务一　认识零售市场及交易规则

一、零售市场划分及市场需求特点

按照区域将零售市场划分为五个市场，分别为南部市场、东部市场、中部市场、北部市场和西部市场。其中南部市场无须开发，是已经开放的市场，企业要想在其他市场销售产品，需要先开发完成相应的市场。

各市场出现需求的时间存在差异，经营者可以根据市场需求的特点选择在合适的时间签约零售商及配货，如表 5-1 所示。

表 5-1　各零售市场产品需求时间表

	南部	东部	中部	北部	西部
P1	1.1～3.1①	1.3～3.4	2.2～3.4	3.1～3.4	3.3～3.4
P2	1.4～3.4	1.4～3.4	2.2～3.4	3.1～3.4	3.3～3.4
P3	1.4～3.4	1.4～3.4	2.2～3.4	3.1～3.4	3.3～3.4
P4	1.4～3.4	1.4～3.4	2.2～3.4	3.1～3.4	3.3～3.4

从表 5-1 可知：

① 1.1～3.1 表示第一年第一季度销售至第三年第一季度。

(1) 在南部市场，从第一年第一季度至第三年第一季度对 P1 有需求，从第三年第二季度开始即无法销售 P1。而南部市场对 P2、P3 和 P4 的需求均是从第一年第四季度开始，直至整个经营期间。

(2) 在东部市场，P1 的需求开始于第一年第三季度。而 P2、P3 和 P4 的需求均开始于第一年第四季度。

(3) 在中部市场，各产品的需求均开始于第二年第二季度。

(4) 在北部市场，各产品的需求开始于第三年第一季度。

(5) 在西部市场，各产品的需求开始于第三年第三季度。

二、零售人群的划分及交易规则

在零售市场，有六类消费人群，这六类消费人群在购买产品时遵循一定的交易先后顺序，只有当前一类消费人群购买行为结束后，才会进行下一类消费人群的购买行为。

六类消费人群的交易顺序为情感型消费人群、习惯型消费人群、理智型消费人群、冲动型消费人群、经济型消费人群和不定型消费人群。

每季度媒体广告结束后，系统会按照交易条件自动撮合交易。按照交易顺序，首先是进行情感型消费人群的交易，当情感型消费人群交易结束后，即轮到习惯型消费人群的交易，以此类推。

1. 情感型消费人群购买规则

情感型消费人群的购买行为受该产品历史优惠额度影响，该产品历史优惠额度最高的零售商将获得优先交易权；如果该产品的零售商历史优惠额度相同，则比较企业的综合指数，综合指数高者获得优先交易权。如果综合指数相同，则比较该产品的销售价格，销售价格低的零售商获得优先交易权。

针对以上规则，说明如下。

(1) 因为情感型消费群体受历史优惠额度影响，而经营初期各企业 P1 的历史优惠额度均为 0，因此系统设定第一年第一季度零售市场上没有情感型消费需求。情感型消费需求最早出现在第一年第二季度的南部市场上。

(2) 情感型需求订单的交易可以提前明确。在第一季度媒体结束后，各企业可以通过查询“辅助信息”中的“企业信息”了解各企业的历史优惠额度。历史优惠额度最高者，将享有第二季度情感消费订单的优先交易权。

(3) 企业某产品在某个市场上的历史优惠额度是累积的，每个季度的优惠额均可能发生变化，因此情感型消费订单的优先交易权也将随之发生变化。

(4) 尤其需要注意，**当一个新市场开放后，该市场也有情感型消费需求**。例如，第一年第三季度东部市场对 P1 的需求以及在第一年第四季度对 P2、P3、P4 的需求均有情感型消费需求。但由于各组历史优惠额度均为 0，此时情感型消费订单的优先交易权是由企业的综合指数决定的。

除第一年外，情感型订单由企业综合指数决定的情况还有：第二年第二季度中部市场对各产品的需求、第三年第一季度北部市场对各产品的需求以及第三年第三季度西部市场对各产品的需求。

2. 习惯型消费人群购买规则

习惯型消费人群属于媒体广告主导人群。各组按照某季度某产品获得的媒体影响力与所有小组该季度该产品获得的媒体影响力总和的百分比分配订单。

媒体广告有两大类,即央视和百度。不同媒体所对应的影响力如表 5-2 所示。

表 5-2　不同媒体所对应的影响力及关系值

媒体类型	媒 体 时 段	媒体影响力	媒体关系值[①]
央视	黄金时段	40	2
央视	午间时段	12	10
央视	晚间时段	6	8
百度	排名第一	20	5
百度	排名第二	18	9
百度	排名第三	15	8
百度	排名第四	13	7
百度	排名第五	11	6
百度	排名第六	10	5
百度	排名第七	9	4
百度	排名第八	7	3
百度	排名第九	6	3
百度	排名第十	5	3
合计		172	

例如,若第一年第一季度南部市场 P1 产品的习惯型消费人群的实际需求量[②]为 48 件,如果某企业媒体中标的项目为央视黄金时段和百度排名第七(假定每个媒体项目都有小组中标),则该企业媒体影响力为 49(其中央视黄金时段的影响力为 40,百度排名获得的影响力为 9)。若该企业 P1 产品的价格定为期望价(实际定价对产品销售将产生影响)。则该企业 A1 和 A2 零售商各能销售多少习惯型订单?

解:(1) 该企业媒体影响力所占比例为:49÷172

(2) 由于 A1 零售商的市场覆盖率为 40%,A2 零售商的市场覆盖率为 60%。所以:

A1 零售商所销售的习惯型订单数量为:49÷172×48×40%=5.47≈5(件)

A2 零售商所销售的习惯型订单数量为:49÷172×48×60%=8.20≈8(件)

---

① 关系值的作用表现在当投标价格相同时,该媒体历史关系值高者优先获得。

② 实际需求量表示已经考虑了市场需求波动率而计算出的需求量,实际需求量=调查报告给出的需求量×(1+市场需求波动率)。

即企业在定期望价格的情况下，A1 零售商可销售 5 件，A2 零售商可销售 8 件。

3. 理智型消费人群购买规则

理智型消费人群属于企业综合指数主导群体。企业综合指数高者优先交易，如果综合指数相同，则比较产品的价格，价格低者优先成交。

企业综合指数计算公式：（ISO 14000 按 20 计算＋ISO 9000 按 10 计算）/所有小组总认证×20＋上季度小组销售额/上季度所有小组销售额×40＋小组媒体影响力累加/所有小组媒体影响力累加×40。

从企业综合指数计算公式可知：

(1) 影响综合指数的因素主要体现在两方面：一是媒体影响力；二是销售额。当然，ISO 9000 和 ISO 14000 认证也会影响企业的综合指数。

例如，若某企业第一年放弃 ISO 9000 认证（由于 ISO 14000 认证需要 2 年，第一年不能完成认证，故是否认证 ISO 14000 对企业综合指数无影响），其他企业均进行了 ISO 9000 认证，以 10 组比赛模式为例，该企业 ISO 认证对企业综合指数的贡献为 0，其他企业 ISO 认证对综合指数的贡献为 10÷90×20＝2.22，即该企业的综合指数比竞争对手均低 2.22。

(2) 媒体影响力对综合指数的影响是累加的、长期的，但销售额对综合指数的影响是一次性的、短暂的。某季度的销售额只会影响下一季度的综合指数，但某季度的媒体广告中标而产生的影响力则一直持续影响企业的综合指数。

(3) 在某个季度媒体结束前，通过“辅助信息”所看到的综合指数高低并不意味已经明确了理智型消费人群的优先交易权，因为该季度的媒体广告中标结果对综合指数还会产生影响。

4. 冲动型消费人群购买规则

冲动型消费人群属于流行功能主导人群。由于产品的流行功能有持续周期，并且产品开始流行的时间受到零售商市场敏感度的影响，只有在流行功能的流行持续周期内，冲动型消费人群才会产生交易。在此期间，拥有此项流行功能的优先成交；如果都拥有该流行功能，则比较该产品拥有的所有功能数量，拥有最多功能数量者优先成交；如果仍旧相同，则比较价格，价格低者优先成交；如果价格也相同，则比较企业综合指数，综合指数高者优先成交。

从规则来看，冲动型消费人群购买的优先权如下。

(1) 先比较是否具备正在流行中的功能。具备正在流行中的功能则优先交易，不具备正在流行的功能则不会产生交易。比如，A1 零售商第一年第三季度流行 F3 功能，则要想卖冲动型，F3 功能为必备功能，不拥有 F3 功能（哪怕拥有其他 4 个功能）的不会销售冲动型。

(2) 如果都拥有正在流行中的功能，则再比较流行功能的数量，功能多者优先交易。同样，上例中，若都拥有 F3 功能，但其中一个组除 F3 功能外，还带有其他功能，则该组优先交易。

(3) 如果流行功能相同，则再比较价格。例如，有多个小组所销售的 P1 产品都带有五个流行功能，则再比较产品的销售价格，价格低者优先交易。

(4) 如果功能和价格都相同，再比较企业综合指数，综合指数高者优先交易。

5. 经济型消费人群购买规则

经济型消费人群属于价格主导群体。价格低者优先成交，如果价格相同，则比较企业综合指数，综合指数高者优先成交。

(1) 经济型消费人群按价低者优先成交，这里的低价是初始定价而不是促销折后价。例如，甲企业对 P1 产品的定价为 5.5W/件，无折扣，乙企业对 P1 产品的定价为 8W/件，2 折促销，折后为 1.6 元/件，由于初始价格更低，经济型消费群体会优先购买甲企业的产品。

(2) 不同零售商需要单独比较价格来确定经济型订单的优先交易权。例如，甲企业 A1 和 A2 零售商的 P1 产品定价分别为 3W/件和 4W/件，乙企业 A1 和 A2 零售商的 P1 产品定价分别为 2.9W/件和 4.3W/件。则分别比较 A1 和 A2 零售商可知，经济型消费人群会优先购买甲企业 A2 零售商的 P1 产品和乙企业 A1 零售商的 P1 产品。

(3) 同一类产品不论有多少功能，均按定价高低来确定经济型优先交易权。即经济型人群购买时只看价格，不看产品成本。

6. 不定型消费人群购买规则

不定型消费人群属于促销活动主导群体，没有促销就不会产生该人群的交易，并且产品的定价不能高于市场期望价格，否则也不会产生该类人群的交易。促销后价格低者优先成交，如果促销后的价格相同，则比较企业综合指数，综合指数高者优先成交。

(1) 如果企业制定的销售价格高于该产品的市场期望价，则不会产生任何不定型消费人群的交易，也就是说，要满足不定型消费人群的基本交易条件，必须同时满足：有促销优惠且产品定价不能高于市场期望价。

(2) 企业所制定的促销活动对其他五类消费群体同样有效，并不只针对不定型消费人群。如果企业制定的促销策略为"满 10 送 1"，则只要消费者购买额达到 10W，就返还 1W，不管是不定型交易，还是习惯型交易，或者其他类消费人群的购买，只要达到 10W 即返还 1W。

(3) 如果两个小组均是 0 折销售，折后价为 0，则看谁的综合指数高，谁就优先交易。

任务二　签约零售商

一、规则描述

在营销沙盘中，把整个市场按照地域划分为南部、东部、中部、北部和西部五个市场，每个市场对应两个零售商。各市场零售商在市场覆盖率、市场敏感度、进场费等方面进行对比，如表 5-3 所示。

表 5-3　各市场零售商对比表

市场	零售商名称	市场覆盖率(%)	市场敏感度(季度)	进场费(W)	到货周期(季度)	回款周期(季度)	提成比例(%)	管理费(W)
南部	A1	40	2	20	0	4	10	2
	A2	60	4	20	0	1	10	2
东部	B1	40	2	20	0	2	10	2
	B2	60	4	20	0	3	10	2
中部	C1	40	3	20	0	2	10	2
	C2	60	4	20	0	3	10	2
北部	D1	40	3	20	0	2	10	2
	D2	60	2	20	0	3	10	2
西部	E1	40	3	20	0	2	10	2
	E2	60	2	20	0	3	10	2

由表 5-3 可知：

(1) 每个市场 1 号零售商的市场覆盖率均为 40%，2 号零售商的市场覆盖率均为 60%，说明 2 号零售商的销售能力更强。

(2) 不同零售商的市场敏感度存在差异。所谓市场敏感度，是指零售商对零售市场上产品流行功能开始流行的感知速度。其中，A1、B1、D2、E2 的市场敏感度为 2，表明这些零售商对产品的市场流行功能最为敏感，最先感知到某个流行功能的流行。C1、D1、E1 的市场敏感度为 3，这些零售商对产品流行功能的感知时间居中，A2、B2、C2 的市场敏感度为 4，这些零售商对市场上流行功能的反应时间最为迟钝。

相比之下，对于同一个产品项目而言，零售商市场敏感度越长，则其可销售该产品项目的时间就越长。例如，销售纯 P1 产品，A2 零售商比 A1 零售商可多销售 2 个季度。当纯 P1 在 A1 零售商处已过销售期，可将货物从 A1 零售商调拨到 A2 零售商继续销售。

(3) 进场费均为 20W。所谓进场费，是指企业产品进入零售商所需支付的一笔费用。企业要想通过该零售商销售产品，则必须先与该零售商签约。如果企业无意于通过某个零售商销售，则不必签约。

(4) 到货周期均为“0”季度，表明企业给零售商配货时，随配随到，不用考虑物流运输的在途时间。

(5) 回款周期表示当零售商出售产品后，将销售款项返回给企业的时间。由表 5-3 可见，A2 零售商的回款周期最快，为 1 个季度。即 A2 零售商本季度销售了货物，则于下季度将货款返回给企业。

(6) 提成比例均为 10%。提成比例是指零售商销售产品后，按照销售额的 10% 提成。当产品售出后，在返款给企业时，零售商按销售额的 10% 直接扣除提成款项，将余款回款给企业。例如，零售商 A2 销售 1 件 P1 产品，销售价格为 10W/件，无折扣，则企业会获得 10W 的应收账款，同时产生 1W 的应付账款(作为零售商的提成)，实际收入为 9W。

(7) 管理费均为 2W。企业签约零售商后，零售商需要向企业征收管理费用，按季度收取。新签约的零售商在签约当季不收取管理费，而是从签约后下一季度开始征收。

二、规则说明

(1) 由于单个零售商的销售能力有限，企业要想通过零售实现销售目标，则往往需要签约零售商。签约零售商的目的是通过零售商销售产品，所以签约后应给零售商配货，否则，没有必要签约零售商。

(2) 签约零售商意味着费用投入，如签约时需 20W 的进场费和签约下一季度开始的零售商管理费等。经营者可根据企业情况及竞争环境选择合适的签约时间。例如，第一年第三季度，东部市场可销售 P1 产品，企业可以选择在第一年第三季度签约并配送货物，如果东部市场并未实现销售目标，则签约零售商反而会影响第一年企业的利润及权益。

(3) 不同市场对不同产品出现需求的时间是不同的，避免过早签约零售商而产生不必要的费用支出。具体如下。

南部市场在第一年第一季度对 P1 产品即有需求，第一年第四季度才对 P2、P3 和 P4 产品有需求。进入第三年第二季度，南部市场对 P1 产品的需求降为 0。

东部市场在第一年第三季度才对 P1 产品有需求，第一年第四季度才对 P2、P3 和 P4 产品有需求。进入第三年，东部市场对 P1 产品的期望价格迅速下降。

中部市场在第二年第二季度才开始对各产品有需求。

北部市场在第三年第一季度才开始对各产品有需求。

西部市场在第三年第三季度才开始对各产品有需求。

任务三　货物配送

一、规则描述

零售部在选择合适的零售商签约以后，需要将自己的产品配送给各个零售商进行销售。配送货物时需要支付配送费，当一次配送量≤10 个时，配送费为 1.5W，每多一件配送费增加 0.2W。

二、规则说明

(1) 根据配送费规则，可知一次最佳配送数量为 10 个产品。例如，若企业打算在第一年第一季度给 A2 零售商配 90 个 P1 产品，则最经济的配送方式为每次配送 10 个，分 9 次配送，配送费用为 9×1.5＝13.5(W)。若一次配送 90 个，则配送费为 1.5＋(90－10)×0.2＝17.5(W)。

(2) 不同的零售商之间可以通过“特殊任务”中的“库存调拨”进行产品的调拨，可以将在某个零售商已过销售期限的产品调拨到其他零售商继续销售。

任务四　价格制定

一、规则描述

给零售商配货后，企业需要为零售产品制定销售价格，并将制定好价格的产品执行“上架”操作，产品上架后才可以进行销售。

二、规则说明

(1) 产品零售价格最高不能超过市场期望价格的2倍，否则将不会产生任何交易。

(2) 价格的高低将影响到产品的销量。价格对销量产生的影响如下式所示。

产品的实际销售数量＝实际需求数量×(1－销售数量变动率)

其中：

实际需求数量＝调查报告预测的需求数量×(1＋市场需求波动率)

$$销售数量变动率=\frac{销售价格-市场期望价格}{市场期望价格}\times 价格需求弹性系数^{①}$$

可见，当销售价格等于市场期望价格时，销售数量变动率为0，则产品的实际销售数量等于实际需求数量；当销售价格高于市场期望价时，销售数量变动率为正值，则产品的实际销售数量将小于实际需求数量；当销售价格低于市场期望价格时，销售数量变动率为负值，则产品的实际销售数量将大于实际需求数量。

任务五　促销策略

一、规则描述

企业零售部将根据自身的营销策略制定相应的促销策略，企业在制定促销策略时，可选择该促销策略针对的促销范围(零售商)和产品范围(产品)，如果不选择，则默认为该促销策略对所有促销范围和产品范围生效。一旦对某个范围内的某种产品做了促销，则该范围内成交的该产品均享受促销优惠，促销策略包括三种。

1. 满就送

可以设定购买某种产品达到某个金额就可以享受返多少现金的优惠活动。其中“送”的数值不能大于“满”的数值。

2. 多买折扣

可以设定顾客一次性购买达到多少数量后，全部按折扣价格结算。享受折扣额填写折扣数值，比如八五折，就填写8.5。

① 价格需求弹性系数已知，P1、P2、P3、P4产品的价格需求弹性系数分别为0.8、0.9、1.0、1.2。

3. 买第几件折扣

可以设定一次性购买达到多少数量后，该件商品按照折扣价购买，并且如果继续购买，每逢设定数量的倍数，均可按照折扣价购买。比如第 3 件起享受五折，即为前 2 件按一口价，第 3 件打五折，第 6 件也可以打五折，以此类推。

二、规则说明

（1）促销是不定型人群购买的必备条件之一。如果企业将不定型人群作为一个目标市场，则必须制定促销策略。

（2）如果同时设置了多种促销，则交易时按照优惠力度最大的促销方案执行。

任务六　投放媒体广告

一、规则描述

（1）企业零售部需要根据自身的营销策略，对不同产品投放媒体广告。媒体广告中标后，将获得相应媒体的影响力，媒体影响力会影响习惯型人群的成交比例。另外，媒体影响力也会影响到企业的综合指数，同时影响到受综合指数因素影响交易的消费人群。

（2）媒体广告有两种类型。

① 竞价排名广告，按照投标金额依次排名，分别计算其获得的媒体影响力和关系值（如百度排名）。

② 高价中标方式，按照投标金额最高者中标，获得相应的媒体影响力和关系值（如央视的各个时段）。

二、规则说明

（1）关系值的作用是投标价格相同时，关系值高者优先获得。如果针对同一媒体的关系值相同，则比较媒体广告提交的先后顺序。

（2）媒体广告中标的作用主要表现为两个方面：一是影响习惯型消费群体的购买比例。二是媒体中标后，企业将获得相应的媒体影响力，媒体影响力将直接影响企业的综合指数。进而可能会影响到受综合指数影响的其他消费群体的交易，如理智型消费群体。

（3）若企业的媒体广告没有中标，其所投放的媒体广告费用在媒体结束后会自动退回。

学习情景六

财务部经营规则

学习目标

1. 掌握不同融资方式的利率及贷款期限;
2. 理解应收款及应付款的来源;
3. 理解交税规则。

财务部主要承担以下十项任务,分别是:应收账款/应付账款、短期贷款、缴纳管理费、缴纳应交税费、长期贷款、支付租赁费/维修费、支付库存费、折旧、进入下一季度/进入下一年、关账。

任务一　应收账款/应付账款

一、规则描述

企业运营的每个季度,企业财务部需要进行应收账款和应付账款的结算。

二、规则说明

1. 企业的应收账款主要来源

(1) 零售销售收入。企业通过不同零售商所销售的产品将形成不同账期的应收账款。

(2) 交付直销订单后形成的应收账款。直销订单都有相应的账期。如果账期为"0",则交货即收到现金,但如果账期不为"0",则形成相应账期的应收账款。

(3) 将空闲的厂房变卖后形成 4 个账期的应收账款。

2. 企业的应付账款主要来源

(1) 产品通过零售商销售后企业需要按销售额的 10%给予零售商提成。

(2) 企业收到原材料时形成的应付账款。当购买的原材料≤50 个时,按现金支付,当购买的原材料大于 50 个时,则按照企业所购买的数量形成相应账期的应付账款。

任务二 短期贷款

一、规则描述

企业有三种融资方式：短期贷款、民间融资和长期贷款。经营者根据企业经营情况进行融资。其中，企业可在每个季度的任何时间进行短期贷款和民间融资。

短期贷款融资规则如表 6-1 所示。

表 6-1 短期贷款融资规则

<table>
<tr><th>融资方式</th><th>规定贷款时间</th><th>贷款额度</th><th>还贷规定</th><th>年息(%)</th><th>期限</th></tr>
<tr><td>短期贷款</td><td rowspan="2">每个季度任何时间</td><td rowspan="2">上年所有者权益的两倍－已贷短期贷款额，并能被 100 整除的最大整数</td><td rowspan="2">到期一次还本付息</td><td>5</td><td rowspan="2">4 个季度</td></tr>
<tr><td>民间融资</td><td>15</td></tr>
</table>

二、规则说明

(1) 如果企业有到期需要偿还的贷款，则需要先还款才能再次进行贷款。能否贷款及贷款额度由企业上年关账时所有者权益决定。

(2) 短期贷款与民间融资的贷款期限是 4 个季度，贷款到期后，企业需要归还本金并支付利息。

(3) 民间融资的利息要远高于短期贷款，因此，当贷款不可避免时，企业应优先选择短期贷款。

任务三 缴纳管理费

一、规则描述

企业在每个季度都必须缴纳 2W 行政管理费和所签约零售商的管理费，每个零售商的管理费为 2W/季度。新签约的零售商，企业在签约当季度只交进场费，不需交管理费。

二、规则说明

(1) 无论企业生产与否，每个季度 2W 的行政管理费必须缴纳，是企业无法控制的。

(2) 如果企业主要是通过直销与批发销售产品，则可少签约零售商，从而可减少零售商管理费。

任务四 缴纳应交税费

一、规则描述

(1) 每年第一季度需要缴纳上年度所得税。

(2) 所得税的计算公式为：税前利润(先弥补前 2 年亏损)×25%，保留小数点后两位。

二、规则说明

(1) 经营年度如果亏损，无须缴纳所得税。

(2) 经营年度盈利，在弥补之前年度亏损的前提下，如有剩余再缴税。

由于市场营销沙盘的经营期为 3 年，假定某企业第一年亏损 200W、第二年亏损 1000W，则第一年、第二年因未盈利均无须缴纳所得税。如果该企业第三年的税前利润为 3000W，则第三年需要支付的所得税为：(3000－200－1000)×25%＝450(W)，第三年的净利润为 2550W。

任务五　长期贷款

一、规则描述

企业在每年第四季度可以进行长期贷款的操作。长期贷款融资规则如表 6-2 所示。

表 6-2　长期贷款融资规则

融资方式	规定贷款时间	贷款额度	还贷规定	年息(%)	期限(年)
长期贷款	每年年底	上年所有者权益的两倍－已贷长期贷款额，并能被 100 整除的最大整数	每年年底还利息，到期一次还本付息	10	2

二、规则说明

(1) 如有到期需要偿还的长期贷款，则企业必须先偿还到期的长期贷款本金及所有长期贷款的利息，才能再次进行长期贷款。能否再次贷款及贷款的额度由企业的所有者权益决定。

在初始条件下，企业已贷有 800W 长期贷款，有 400W 于第一年末到期，还有 400W 于第二年末到期。因此第一年末需要偿还 400W 的长期贷款本金以及 80W 的长期贷款利息，共还 480W。

(2) 长期贷款的期限是 2 年，每年年底需要支付利息，贷款到期后，需要归还本金并支付当年利息。如果企业第一年偿还 400W 长期贷款本金后，再贷款 1700W，则第三年末需要偿还 1700W 本金及 170W 利息，共计偿还 1870W。

任务六　支付租赁费/维修费

一、规则描述

租赁费是指厂房租赁费，如果企业没有购买而是租赁厂房，则企业在每年第四季度需要支付下一年的厂房租赁费。

维修费是指生产线维修费，企业在每年第四季度需要支付本年生产线维修费，当年新安装的生产线不需要缴纳维修费。

二、规则说明

（1）如果资金比较充足，企业应偏向于购买厂房。原因在于：

① 厂房无折旧，购买厂房不会影响企业的所有者权益，而租赁厂房所支出的租赁费影响了企业的所有者权益。

② 自有厂房可以得到相应的加分，则租赁的厂房则不能加分。

（2）不同生产线维修费不同，其中全自动生产线最便宜，维修费为 4W/条，半自动生产线和柔性生产线均为 5W/条。

任务七　支付库存费

一、规则描述

当企业在年末有产品或者原材料库存，以及零售商有产品库存时，均需要支付库存费用。当某种产品或者原材料的库存数量≤50 时，需要支付 3W 的库存费，每超过一件则需要增加 0.02W 的库存费。

二、规则说明

（1）企业产品的库存数量是以产品大类加总进行计算的。例如，某企业年末有 20 个 P1，20 个 P1F1，30 个 P1F1F3 以及 20 个 P2，则该企业产品库存费为 P1 产品库存费＝3＋20×0.02＝3.4（W），P2 产品库存费为 3W，总库存费为 6.4W。

（2）零售商产品库存费是根据每个零售商的产品库存量收取库存费的，由于库存费的最低标准是 3W，而调拨费的最低标准为 1.5W，经营者可通过“库存调拨”操作达到节省费用的目的。

例如，某企业第三年末各零售商剩余的产品数量如表 6-3 所示。

表 6-3　某企业第三年末零售商剩余的产品数量表

	A1	A2	B1	B2
P2F3F4	6	7	5	4
P3F1	5	6	4	4
P3F1F3	5	6	4	5
P4F1	6	6	5	5
库存费(W)	9	9	9	9

以 A1 零售商来说，P2F3F4 产品的库存费为 3W，而 P3F1 和 P3F1F3 均属于 P3 产

品，共支付库存费3W，P4F1产品的库存费为3W，共计9W。

同理，A2、B1、B2也各需支付库存费9W，四个零售商需要支付的库存费共计36W。

为了节省费用，可通过"特殊任务"中的"库存调拨"，将P2、P4产品均调拨给一个零售商，如表6-4所示。

表6-4 进行调拨后产品数量表

	A1	A2	B1	B2
P2F3F4	22	0	0	0
P3F1	5	6	4	4
P3F1F3	5	6	4	5
P4F1	22	0	0	0
库存费(W)	9	3	3	3

进行调拨后，产品总的库存费为18W，一共进行了6次调拨(P2和P4各3次)，调拨费为6×1.5=9(W)，费用合计为18+9=27(W)，与不调拨相比，节省了9W的费用。

因此，年末经营者可将不同零售商的同一类产品通过调拨集中到某个零售商，可节省费用，有利于提升企业利润，增加得分。上例中，P3无须调拨，因为调拨2次所需的费用为3W，正好等于库存费。

任务八 折 旧

一、规则描述

随着生产线的使用，企业将通过折旧的形式折算生产线的价值。折旧方式是按单条生产线价值乘以0.33取整(按四舍五入)。新购买的生产线当年不计提折旧，但下一年将会提取折旧，折旧额计入经营成本。厂房不计提折旧。

二、规则说明

(1) 折旧的计算。

例如，若某企业在第一年购买一条柔性生产线，该柔性生产线第一年折旧为0(新购买的生产线当年不提折旧)，第二年该生产线的折旧为120×0.33=39.6≈40(W)，第三年该生产线的折旧为(120－40)×0.33=26.4≈26(W)。而如果企业第一年购买的是全自动生产线，则第二年该生产线的折旧额为80×0.33=26.4≈26(W)，第三年该生产线的折旧额为54×0.33=17.82≈18(W)。

(2) 考虑折旧因素、生产线购买价格及维修费，建议经营者在购买生产线时以全自动生产线为主，柔性生产线为辅。做一个简单对比，第一年购买柔性线，第二、三年折旧共计66W，比全自动折旧高出22W/条，柔性线维修费为5W，全自动维修费为4W，两个相差2W/条。因此，即使全自动生产线转产两次，也比柔性线划算。

任务九　进入下一季度/进入下一年

一、规则描述

每季度运营结束后，经营者可以单击“进入下一季度”，企业即进入下一季度的运营。

企业每年需要经营四个季度，当第四季度运营结束后，如果经营者认为没有其他决策需要进行操作时，可单击“关账”，并在允许进入下一年操作后，单击“进入下一年”，企业即进入下一年的运营。

二、规则说明

在企业进入下一季度或下一年操作前，经营者最好再次检查企业的经营状况，看看是否遗漏了操作任务。例如，是否需要采购原材料；是否需要银行贷款以便偿还下一季度到期的贷款额及利息等。企业一旦进入下一季度或者下一年，将无法逆向操作。

任务十　关　　账

一、规则描述

当企业经营完四个季度以后，可以点击“关账”，“关账”以后可以看到本组的财务报表以及系统根据得分规则自动计算的得分。

二、规则说明

企业“关账”后，可通过“辅助信息”中的“各组财务报表”查看其他小组的财务报表数据，便于企业进行财务数据分析，为下一年的经营决策提供参考。

学习情景七

辅助信息的使用

学习目标

1. 通过辅助信息分析对手的产品策略；
2. 通过辅助信息了解对手的价格策略；
3. 通过辅助信息了解对手的媒体策略；
4. 通过辅助信息了解各组的综合指数、优惠额等信息。

辅助信息为企业经营者提供参考信息，便于经营决策。在营销沙盘中，辅助信息包括14项，如表7-1所示。

表7-1 辅助信息项目表

序号	辅助信息项目	备 注
1	市场预测图	与市场部中的市场预测图一样，熟悉后基本不用
2	现金流量表	通过查看现金流量表，可了解资金类别，有时使用
3	各组财务报表	关账后可查看各组财务报表，经营中可查看自身报表，常用
4	市场占有率	可以查看直销、批发、零售等市场占有率，常用
5	直销中标公示	企业购买了标书的订单，可以查看中标公示，常用
6	直销订单信息	可查看本企业直销订单，与盘面“直销”功能相同，有时用
7	招商广告信息	可查看本企业投的招商广告信息，很少用
8	批发订单信息	可查看本企业批发订单，与盘面“批发”功能相同，有时用
9	媒体中标信息	可查看每季度媒体中标信息，常用
10	零售订单信息	可查看本企业零售订单，与盘面“零售”功能相同，有时用
11	各组零售订单	可查看每季度各组零售订单，常用
12	产品库存信息	可查看本企业产品库存详细信息，有时用
13	零售商库存信息	可查看本企业零售商产品库存信息，有时用
14	企业信息	可查看各企业综合指数及各企业各产品在各市场的销售量、优惠额等信息，常用

结合表7-1，拟选取在经营过程中经常使用的辅助信息项目进行介绍。

1. 现金流量表

现金流量表记录了本企业现金收入与支出的每一项经营活动。通过查看现金流量表,经营者可以清楚地了解到每一笔现金的来源与去向。

理解现金流量表有利于经营者认识到流动资金的重要性,也有利于经营者加深对财务报表的理解,比如利润表中的销售费用、管理费用的构成等。现金流量表示例如表 7-2 所示。

表 7-2　现金流量表示例

现金流量表　规则说明　学习资源　经营状态

统计

项目	变动金额
ISO 14000认…	-10
北部市场市场…	-5
订单预收账款	1318.84
短期贷款及利息	-1155
购买标书	-82
加工费	-630
客户开发费	-85
零售商管理费	-24
媒体广告费	-60
媒体广告投标…	-392
期初现金(*)	1286.18
市场调研	-10
投标保证金	-733
投标保证金退回	733
西部市场市场…	-5
行政管理费	-6
应付账款到期…	-604.74

明细

季度	类别	项目	变动金额
1		期初现金(*)	1286.18
2	销售费用	市场调研	-5.00
1	销售费用	中部市场市场…	-5.00
1	销售费用	北部市场市场…	-5.00
1	销售费用	西部市场市场…	-5.00
1	销售费用	ISO14000认…	-10.00
1	销售费用	客户开发费	-85.00
1	管理费用	购买标书	-34.00
1	管理费用	购买标书	-32.00
1	管理费用	购买标书	-16.00
1	其他应收款	投标保证金	-26.00
1	其他应收款	投标保证金	-34.00
1	其他应收款	投标保证金	-23.00
1	其他应收款	投标保证金	-30.00
1	其他应收款	投标保证金	-29.00

第 1 页,共9页

2. 各组财务报表

对本企业而言,通过查看"各组财务报表"来了解本企业的财务状况,包括利润表和资产负债表的动态信息,比如销售额、经营成本、利润、所有者权益等各种财务信息,为经营决策提供参考依据。

企业关账后,可以通过"各组财务报表"查看竞争对手的财务数据,并通过对财务数据的分析,评判竞争对手经营情况和竞争实力,以了解本企业的经营优势及不足,为经营者的经营决策提供重要参考。

总体而言,财务报表是企业分析竞争对手的一条重要途径。通过财务报表所提供的数据,经营者可以掌握竞争对手的产品销售情况、利润情况、资金情况、厂房规模、生产线配置、产品库存量的大小、对手是否存在订单违约等重要信息。

3. 市场占有率

市场占有率反映了各企业产品销售数量所占的比例。如图 7-1 显示的是第二年直销市场占有率情况。

在直销和批发方面，即使企业未购买标书或者未投放招商广告，也可以通过查询市场占有率，根据市场调研报告给出的市场需求数量，大致计算出直销与批发订单的归属及数量。

在零售方面，企业既可以通过“各组零售订单”了解各组销售情况，也可以通过“市场占有率”了解各企业不同产品在零售市场上所占的市场份额。

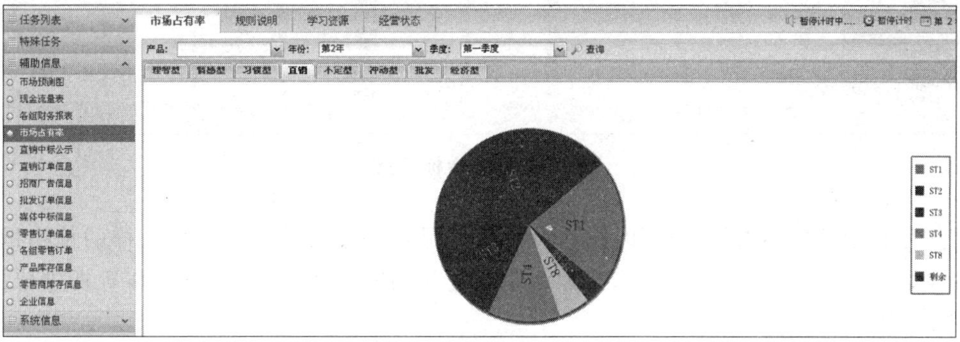

图 7-1　市场占有率分布

4. 直销中标公示

企业可以通过直销中标公示查看本企业购买了标书的直销订单的归属情况，包括该订单是谁中标及中标的价格等信息。但是，企业未购买标书的订单在此不会显示。

此外，经营者可以在各季度查看中标小组是否交了直销订单，以此作为营销决策的参考信息，如图 7-2 所示。

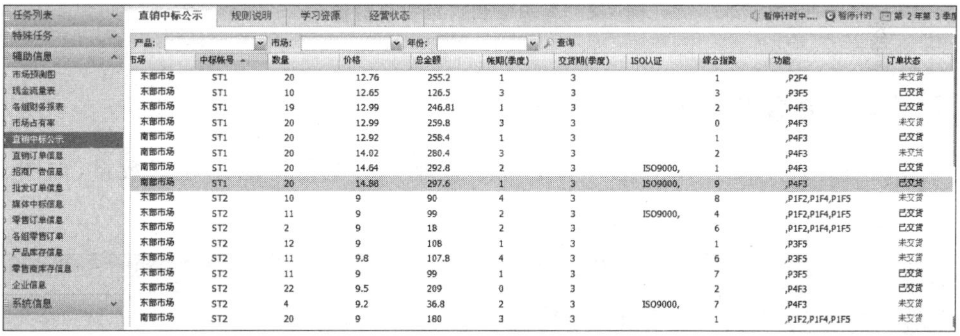

市场	中标帐号	数量	价格	总金额	帐期(季度)	交货期(季度)	ISO认证	综合指数	功能	订单状态
东部市场	ST1	20	12.76	255.2	1	3		1	,P2F4	未交货
东部市场	ST1	10	12.65	126.5	3	3		3	,P3F5	已交货
东部市场	ST1	19	12.99	246.81	1	3		2	,P4F3	已交货
东部市场	ST1	20	12.99	259.8	3	3		0	,P4F3	未交货
南部市场	ST1	20	12.92	258.4	1	3		1	,P4F3	已交货
南部市场	ST1	20	14.02	280.4	3	3		2	,P4F3	未交货
南部市场	ST1	20	14.64	292.8	2	3	ISO9000,	1	,P4F3	已交货
南部市场	ST1	20	14.88	297.6	1	3	ISO9000,	9	,P4F3	已交货
东部市场	ST2	10	9	90	4	3		8	,P1F2,P1F4,P1F5	未交货
东部市场	ST2	11	9	99	2	3	ISO9000,	4	,P1F2,P1F4,P1F5	已交货
东部市场	ST2	2	9	18	2	3		6	,P1F2,P1F4,P1F5	已交货
东部市场	ST2	12	9	108	1	3		1	,P3F5	未交货
东部市场	ST2	11	9.8	107.8	4	3		6	,P3F5	未交货
东部市场	ST2	11	9	99	1	3		7	,P3F5	已交货
东部市场	ST2	22	9.5	209	0	3		2	,P4F3	已交货
东部市场	ST2	4	9.2	36.8	2	3	ISO9000,	7	,P4F3	未交货
南部市场	ST2	20	9	180	3	3		1	,P1F2,P1F4,P1F5	未交货

图 7-2　直销中标公示

5. 媒体中标信息

每季度媒体结束后，企业即可查看该季度媒体中标情况，包括各类媒体的中标费用、中标企业等。企业也可以按照年度及季度查询以往的媒体中标数据，如图 7-3 所示。

6. 各组零售订单

该信息向我们提供了各组所销售的零售订单情况，既可以按小组查询，又可以按产品

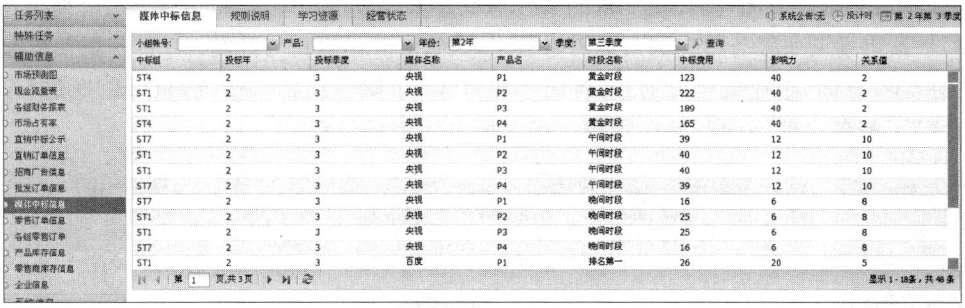

图 7-3　媒体中标示例

或者按零售消费群体查询。比如可以查看 P1 产品经济型订单是谁以什么样的价格销售了多少数量等。通过了解这些信息，为企业制定与调整销售策略、价格策略等提供依据，如图 7-4 所示。

图 7-4　各组零售订单交易数据

7. 产品库存信息

企业通过查询产品库存信息可以了解本企业不同型号产品的库存数量，如图 7-5 所示。

图 7-5　产品库存数量信息

8. 企业信息

通过辅助信息，可以查看各组的综合指数，也可以了解各组不同产品在每个市场的销售额及优惠额，如图 7-6 所示。

图 7-6　企业信息

学习情景八

特殊任务的使用

学习目标

1. 通过产品型号管理查看及设置产品型号；
2. 理解库存调拨功能的使用；
3. 理解贴现的使用规则。

在营销沙盘中，共设置了11项特殊任务，如表8-1所示。根据比赛中的使用权限，拟介绍几种经常使用的特殊任务。

表8-1　特殊任务项目表

序号	特殊任务项目	备　注
1	产品型号管理	可查看、设置产品的具体型号
2	生产线变卖	在生产线空闲时，可变卖
3	生产线转产	在生产线空闲时，可进行转产
4	生产线搬迁	可将空闲生产线搬迁至有空闲位置的厂房，**比赛中禁止使用**
5	厂房租转买	可将原来租赁的厂房转为购买，**比赛中禁止使用**
6	厂房变卖	可将空闲的厂房变卖
7	厂房退租	可将原来租赁的空闲厂房退租，**比赛中禁止使用**
8	紧急采购	在缺少原材料的情况下可以以双倍价格紧急采购，**比赛禁止使用**
9	库存调拨	可将库存产品在不同零售商之间进行调拨
10	贴现	可将未到期的应收账款通过贴现到现在使用
11	追加股东投资	可给企业追加资金，**比赛禁止使用**

1. 产品型号管理

（1）经营者可以通过此功能添加产品型号，包括产品型号的名称、功能等信息。

（2）如果经营者忘记了某个名称所代表的产品及其所包含的功能，可通过“产品型号管理”进行查询，避免企业生产错误的产品型号。

2. 生产线变卖

经营者可以通过此功能变卖空闲的生产线。变卖生产线后，能够得到相应的现金，其中半自动生产线变卖价格为 10W/条，全自动生产线变卖价格为 20W/条，柔性生产线变卖价格为 30W/条。

3. 生产线转产

经营者通过此功能可以转变空闲生产线所生产的产品种类。例如某条生产线原本生产 P1 产品，可以通过此功能转而生产其他产品。

不同生产线转产条件不同，半自动生产线和柔性生产线转产时无须支付转产费用，而全自动生产线转产需要支付 10W/条的转产费用。

4. 厂房变卖

经营者通过此功能可以变卖自己所拥有的空闲厂房。厂房变卖后形成 4 个账期的应收账款。其中，变卖 A 厂房得到 320W 的应收账款，变卖 B 厂房得到 240W 的应收账款，变卖 C 厂房得到 120W 的应收账款。

5. 库存调拨

经营者在经营实战中经常使用"库存调拨"这一功能。当某个型号的产品在某些零售商处因超过销售期限而无法销售时，经营者可通过此功能将产品在零售商之间进行调拨。比如 P1F1 在 A1 零售商处过了销售期限，由于 A2 零售商的市场敏感度为 4 个季度，销售期限比 A1 零售商多 2 个季度，因此经营者可以通过此功能将 P1F1 调拨给 A2 零售商继续销售。

经营者执行调拨功能需要支付一定的费用。其中一次调拨 10 件以内(包括 10 件)的调拨费用为 1.5W，每增加 1 件则增加 0.2W 的调拨费用。

6. 贴现

经营者通过此功能操作可以将未到期的应收账款提现使用。但要注意，贴现是以 100W 为单位的，当企业的应收账款不足 100W 时无法贴现。另外，企业需要支付 14%的贴现利息，即每贴现 100W 的应收账款，企业只能获得 86W 的现金。

分 析 篇

在上篇中主要对经营规则进行了详细介绍。即便经营者理解了规则，具备了基本的操作运营能力，但要在企业模拟经营对抗中具备优势，除了理解规则，经营者还需要掌握分析的方法和主要内容，尽量做到知己知彼。

本篇旨在介绍如何分析经营过程中的一些关键信息，主要包括五个模块的内容。

一是市场环境分析，主要包括市场需求波动率分析、产品流行功能及流行周期分析、市场竞争环境分析等内容。

二是企业综合指数分析，主要包括企业综合指数的作用、影响企业综合指数的因素分析及提升企业综合指数的方法等内容。

三是零售价格策略分析。零售是营销沙盘三种销售渠道中最复杂的渠道，本模块主要包括市场需求量、销量与价格之间的关系，六类消费人群价格策略分析等内容。

四是财务报表分析。通过分析财务报表关键数据，了解竞争对手经营情况，掌握企业优劣势。

五是得分规则分析。尝试剖析得分规则并进行实例验证，为企业经营者提高经营得分提供分析思路。

学习情景九

市场环境分析

学习目标

1. 理解市场需求波动率对零售市场需求产生的影响；
2. 运用产品流行功能及周期分析产品销售期限；
3. 了解市场竞争程度的判断方法。

在营销沙盘中，市场环境对企业的经营活动产生较大的影响，经营者在制定与调整经营方案时，要考虑企业经营活动的环境因素，以提升经营效果。市场环境分析主要是分析市场需求波动率、产品流行功能及流行周期、市场竞争环境等。

任务一　市场需求波动率分析

一、市场需求波动率对零售市场的影响

每年年初，经营者都可以从“市场环境”任务栏看到市场需求波动率，如表 9-1 所示。

表 9-1　市场需求波动率

市 场 环 境	期初值	第一季度	第二季度	第三季度	第四季度
常住人口(万人)	1000	1030	1009	989	969
购买力指数(%)	20	19	19	19	19
通货膨胀率(%)	2.30	2.00	2.00	2.00	2.00
利息率(%)	1.50	1.53	1.61	1.69	1.77
人均 GDP(元)	5000.00	4950.00	5049.00	5149.98	5252.98
恩格尔系数(%)	40.00	38.80	40.35	41.96	43.64
市场需求波动率(%)	**0**	**11**	**2**	**−8**	**−17**

市场需求波动率是考察市场环境的一个主要因素，其并不影响直销与批发订单需求数量，但对零售市场需求量产生直接的影响。零售六类人群的需求量将随着市场需求波动率而相应增减。例如表 9-1 中，第一年第四季度市场需求波动率为−17%，则第四季度各产品对应的六类零售人群的需求量均较调研报告数量减少 17%。

二、市场需求波动率对直销与批发的影响

虽然市场需求波动率并不直接影响直销与批发订单，但由于其影响了零售市场，进而会间接影响直销与批发市场。

当市场需求波动率为正且幅度很大时，零售市场的实际需求量大幅度增加，企业对零售的期待或依赖将大大提高，从而减少了对直销与批发的依赖，此时将大大削弱直销、批发的竞争，从而导致直销与批发竞争可能不激烈。

相反，当市场需求波动率为负且幅度很大时，零售市场的实际需求量大幅度减少，企业通过零售市场销售产品的压力增加，从而增加了企业对直销与批发的依赖，并进一步激发了直销与批发的竞争。

三、市场需求波动率的变化规律预判

每次初始化数据后，市场需求波动率都是随机变化的。但市场需求波动率仍然存在一定的变化规律。

(1) 经营者可以根据当年各季度的波动率对其变化趋势进行判断。一般来说，如果市场波动率逐季度增长，则后续进一步增长的可能性较大。在表 9-1 中，市场需求波动率为负且逐季度递减，则后面仍为负市场的可能性也较大。

(2) 比较其他市场的需求波动率。例如，南部市场为负且逐季递减，若东部市场也反映出同样的特点，则后面仍为负市场的可能性较大。

(3) 观察未出现需求的市场情况。例如在第二年，南部、东部、中部市场是有有效市场需求的，北部市场并未开放，没有有效市场需求（第二年不可能在北部市场销售产品），但经营者却可以查看第二年第四季度北部市场需求波动率，若市场需求波动率呈增长趋势，则后面增长的可能性也较大。

对市场需求波动率的发展趋势只是经验预估，并不是完全遵循此规律，实际情况可能与预测存在较大的偏差。

四、针对市场需求波动率的经营策略选择

当市场需求波动率出现比较极端的情况，即波动幅度很大的时候，对企业经营策略的选择可能会产生一些影响。

一般来说，若波动率为正且大幅度递增时，零售市场需求量大。经营者可供选择的经营策略较多，整个市场的生存压力较小。企业既可以采取对媒体广告依赖较小的囤货策略[①]、经济＋不定型策略等，又可以采取比较激进的理智型策略等。

而当市场需求波动率为负且大幅度递减时，经营者的策略可能也更激进，一方面，对直销的竞争加剧，从而导致媒体广告竞争加剧、直销价格竞争更激烈等。另一方面，由于零售压力大，零售低价竞争的可能性和企业生存的压力也增加。在这种情况下，经营者采取批发＋直销策略也可行。当然，竞争激烈可能导致部分企业难以生存，退出竞争，或者

① 可参考经营策略部分。

虽然仍能支撑，但失去了竞争力，此情况下，第三年时市场竞争反而得到缓解，囤货策略也具有一定的可行性。

任务二　产品流行功能及流行周期分析

产品流行功能及周期是市场营销沙盘中的重点也是难点。产品流行功能及周期对企业经营策略的选择也会生产一定的影响。

一、产品流行功能及流行周期影响产品项目的销售期限

流行功能从什么时候开始流行？到什么时候流行结束？某个产品项目能销售到什么时候？这些都是企业从事经营活动的基础，当企业购买了市场调查报告后，应列出每一个产品项目的销售期限，避免盲目经营。

要掌握流行功能的流行起止时间及产品项目的销售期限，需要理解两点。

(1) 某个功能开始流行时间＝市场调查报告给出的时间＋零售商市场敏感度。

(2) 当下一个功能开始流行，则前面的功能成为基本功能，不带基本功能的产品无法销售(或者可以理解为带某个功能的产品项目可以销售至下一个功能流行结束的时间)。

例如，第一年产品流行功能及周期如表 9-2 所示。

表 9-2　产品流行功能及周期表

产品	第一季度	第二季度	第三季度	第四季度
P1	P1F1(流行 2 个季度)		P1F3(流行 2 个季度)	
P2			P2F2(流行 3 个季度)	
P3			P3F4(流行 3 个季度)	
P4			P2F1(流行 4 个季度)	

由于某个功能开始流行时间＝市场调查报告给出的时间＋零售商市场敏感度，而零售商市场敏感度为已知(A1、B1 零售商市场敏感度为 2 个季度，A2、B2 零售商市场敏感度为 4 个季度)，则各功能流行起止时间如表 9-3 所示。

表 9-3　各产品流行功能流行起止时间表

产品	功能	A1 零售商	A2 零售商	B1 零售商	B2 零售商
P1	F1	1.3～1.4	2.1～2.2	1.3～1.4	2.1～2.2
P1	F3	2.1～2.2	2.3～2.4	2.1～2.2	2.3～2.4
P2	F2	2.1～2.3	2.3～3.1	2.1～2.3	2.3～3.1
P3	F4	2.1～2.3	2.3～3.1	2.1～2.3	2.3～3.1
P4	F1	2.1～2.4	2.3～3.2	2.1～2.4	2.3～3.2

再根据“当下一个功能开始流行，则前面的功能成为基本功能，不带基本功能的产品

无法销售”这一规则，可以分析 P1、P1F1、P2、P3 和 P4 的销售期限，如表 9-4 所示。

表 9-4　产品项目的销售期限表

产品	A1 零售商	A2 零售商	B1 零售商	B2 零售商
P1	1.4	2.2	1.4	2.2
P1F1	2.2	2.4	2.2	2.4
P2	2.3	3.1	2.3	3.1
P3	2.3	3.1	2.3	3.1
P4	2.4	3.2	2.4	3.2

以 P1F1 为例，当 P1 产品的第二个流行功能 F3 成为基本功能后，P1F1 便过了销售期，而 F3 成为基本功能的时间应该是其下一个功能开始流行的时间，根据流行周期，其下一个功能应该出现在第二年第一季度。对 A1 零售商而言，该功能开始流行的时间为第二年第三季度，因此，P1F1 只能销售至第二年第二季度（过了第二季度，F3 就成为基本功能了，P1F1 不带基本功能无法销售）。

另一种判断某个产品项目的销售期限的方法可以理解为：下一个功能流行结束的时间，即本产品项目的销售期限。同样以 P1F1 为例，其销售期限为 F3 功能流行结束的时间，对 A1 零售商来说，F3 流行结束的时间为第二年第二季度，因此 P1F1 在 A1 零售商这里可以销售至第二年第二季度。

注意：一个功能成为基本功能后，该功能永远是基本功能。因此，当企业生产 P1 产品带 F3 的时候，最好带上 F1，生产带后面功能的时候，应带上前面的功能，这样才能够延长产品的销售期限。

二、产品流行功能及周期影响直销、批发订单的成本

产品流行功能及周期不同，对下一年直销与批发的产品成本有影响。例如，假如第一年产品的流行功能与周期如表 9-5 所示。

表 9-5　产品流行功能及周期表

产品	第一季度	第二季度	第三季度	第四季度
P1	P1F1（流行 1 个季度）	P1F5（流行 1 个季度）	P1F3（流行 2 个季度）	
P2			P2F2（流行 1 个季度）	P2F5（流行 3 个季度）
P3			P3F4（流行 1 个季度）	P3F3（流行 2 个季度）
P4			P4F1（流行 4 个季度）	

表 9-2 与表 9-5 相比，表 9-5 出现的产品流行周期更短、流行功能更多。

根据经验，下一年直销与批发订单有如下特点。

（1）第二年直销订单肯定是第一年出现的流行功能，第三年直销订单肯定是第一、二年出现的流行功能。因此，根据表 9-2，第二年直销订单的功能肯定是：P1F1F3、P2F2、

P3F4、P4F1。而根据表 9-5，第二年直销订单的功能肯定是：P1F1F5F3、P2F2F5、P3F4F3、P4F1。

(2) 第二年批发订单会有两种可能，一是包括第一年出现的流行功能；二是不包括第一年第四季度出现的流行功能。因此，根据表 9-2，第二年批发订单的功能肯定是：P1F1F3、P2F2、P3F4、P4F1。而根据表 9-5，第二年批发订单的功能 P1 肯定是包括 F1F5F3 功能，P4 肯定是 F1 功能。但 P2 既可能是 F2F5 功能，也可能只是 F2 功能；P3 既可能是 F4F3 功能，也可能只是 F4 功能。

而每增加一个流行功能，产品的成本增加 1W/件(加工费增加 1W/件)。因此，若出现表 9-5 中的流行功能，其 P1、P2、P3 直销订单的成本均比表 9-2 要高出 1W/件。

三、产品流行功能决定了冲动型订单最早出现的时间

产品流行功能最开始真正流行的时间是冲动型人群出现需求的时间。由于 P1 产品的流行功能真正开始流行的时间为第一年第三季度(A1、B1 零售商)，因此，在第一年第三季度 A1 和 B1 零售商才可以销售 P1 产品冲动型订单(必须至少包括正在流行的功能才可能销售冲动型订单)。而 A2 和 B2 零售商最早可以销售 P1 产品冲动型订单的时间则为第二年第一季度。

经营者在年初除了分析市场需求波动率、产品流行功能外，还需要了解批发平均价格、零售期望价格及各类人群的需求数量等。

任务三　市场竞争环境分析

如果说分析市场需求波动率、产品流行功能、市场期望价格及需求量等是属于分析市场静态环境，那么分析市场竞争环境则是在动态环境下对竞争对手进行分析，以便经营者制定合适的经营策略并能及时进行策略调整。

分析市场竞争环境主要包括分析招商广告及媒体广告竞争激烈程度、价格竞争激烈程度等。

一、招商广告分析

一般而言，招商广告的竞争主要体现在第一年，进入第二、三年，由于批发价格往往不高，并不能给企业带来丰厚的利润，因此招商广告的竞争往往并不激烈。但是当各组都有大量库存且市场环境并不好的情况下，经营者也并不能忽略批发订单的竞争。

经营者在第一年抢夺批发订单，主要目的并不一定通过批发订单获利，而是拿到批发订单，利用交货所产生的交易额达到提升企业综合指数的目的，为理智型订单、直销等提供条件。

若参与招商广告竞争的小组多且投入的广告费用高，则竞争激烈，尤其是投入大量招商广告却未获得订单的小组，损失较大。

当然，若本企业未参与招商广告竞标，则对招商广告竞争的激烈程度也无法把握。只能待关账后通过分析对手的财务报表大致了解招商广告的竞争情况。

二、媒体广告分析

媒体广告的中标费用是反映竞争激烈程度的一个主要指标。媒体结束后，经营者即可查看媒体中标情况及中标费用，据此推测媒体竞争的激烈程度。例如，有时第一年第一季度黄金时段 200W 左右即可中标，但有时中标费用却高达 600W 左右。

如果多个小组都参与到媒体争夺战，则整体市场的竞争程度强，很可能出现两败俱伤的情况，此时在媒体广告方面比较保守的企业反而会有更好的发展机会。

三、价格竞争分析

体现竞争激烈程度的另一个重要指标便是价格竞争。当各企业相互压价销售，或者为了销售产品需要增加大量投入(如媒体广告费用、促销折扣等)，则各企业的利润被压缩，从而带来整体的经营困难。

例如，六类零售人群中，理智型、情感型适合制定较高的价格销售，但获取理智型订单和情感型订单往往需要付出的代价也大(前者往往需要更多的媒体广告费用，后者则需要打折销售做大优惠额)。冲动型虽然是流行功能主导，但若竞争者的功能相同，竞争仍由价格决定。经济型则直接由定价决定，价格低者优先交易。不定型也是由折后价格决定，低者优先(定价不能超过期望价)。习惯型订单则由当季度媒体影响力决定。

可见，当价格竞争激烈时，各小组的生存空间受到挑战，生存压力增加。定价在 3W/件左右卖成经济型绝对比定价在 7W/件左右就卖成经济型的生存压力大得多。

作为理性的经营者，当发现整个市场竞争异常激烈时，往往需要调整经营目标(如原本认为 5W/件可以销售 P1 经济型的，可能需要调整至 3W/件销售，否则可能过了销售期也无法售出)，或者转变经营策略(如原本打算抢夺媒体广告做理智型策略的，放弃理智型策略争夺而转化为囤货策略)，以适应竞争环境的需要。

学习情景十

企业综合指数分析

学习目标

1. 掌握企业综合指数的计算公式；
2. 理解企业综合指数的作用；
3. 理解影响企业综合指数的因素；
4. 理解提升企业综合指数的方法。

在 ITMC 市场营销沙盘中，综合指数是需要经营者关注的一项重要指标，综合指数高低，对零售、直销均会产生重要影响。

任务一　企业综合指数的作用

一、对直销产生的影响

直销是按照综合评分法计算投标小组的综合得分，并由综合得分最高者中标。综合得分的计算公式为

综合得分＝所有小组投标最低价/本小组投标价格×60

＋本小组企业综合指数/所有有效投标小组最高企业综合指数×40

由计算公式可知，影响综合得分的因素有两个，一是投标价格；二是企业综合指数。其中价格占 60％的权重，综合指数占 40％的权重。如果企业综合指数高，则直销中标的优势更大。

例如，假定某个价格为 16W/件的直销订单有 5 个组参与投标，各组的综合指数、投标价格如表 10-1 所示。

表 10-1　各组的综合指数、投标价格和综合得分表

小组	综合指数	投标价格（W/件）	综 合 得 分
1	10.44	12.5	＝10.44/18.77×40＋10/12.5×60＝70.25
2	18.77	16	＝40＋10/16×60＝77.5
3	9.88	11	＝9.88/18.77×40＋10/11×60＝75.6
4	7.98	10	＝7.98/18.77×40＋60＝77.01
5	14.55	13.5	＝14.55/18.77×40＋10/13.5×60＝75.45

从表10-1可知，第2组综合指数最高，该组按照订单原价投标，较其他小组而言价格最高，但其综合得分却为最高。这说明综合指数高者，在直销投标方面具有更大的竞争力。

但是，若只有第2组和第5组投标，投标价格相同，则第2组和第5组的综合得分如表10-2所示。

表10-2　第2组和第5组的综合得分表

小组	综合指数	投标价格(W/件)	综合得分
2	18.77	16	=40+13.5/16×60=90.63
5	14.55	13.5	=14.55/18.77×40+60=91.01

可见，投标价格不变，在只有第2组和第5组投标的情况下，第5组的综合得分高于第2组，因此第5组中标。

因此，直销中标与参与投标小组的组数、投标价格均存在一定的关系。

二、对零售产生的影响

根据零售六类人群交易规则，可知企业综合指数对零售交易产生以下影响。

(1) 决定理智型人群交易优先权。理智型人群是以综合指数为第一交易条件的，综合指数高者优先交易。若综合指数相同，则比较价格，价格低者优先交易。

(2) 决定新市场的情感型人群交易优先权。新开放的市场，其情感型人群需求实际上是以综合指数作为第一交易条件，综合指数高者优先交易。这是由于对于新开放的市场各产品的历史优惠额均为0，即优惠额相同，此时再比较企业综合指数，若指数再相同，则比较价格。

(3) 企业综合指数是情感型、经济型和不定型人群的第二交易条件。在情感型人群交易中，当历史优惠额相同时，情感型的优先交易权由企业综合指数决定；在经济型人群体交易中，当价格相同时，则交易由综合指数决定，指数高者优先交易；在不定型人群交易中，若两家企业均满足交易条件，且折后价格相同，则不定型交易的优先权也由综合指数决定。例如，市场期望价为10W，A、B两家企业均定价为10W，均0折销售，则不定型的优先交易权就由综合指数决定。

(4) 企业综合指数是冲动型人群的第三交易条件。冲动型消费人群的交易首先由流行功能决定，当流行功能相同时，由价格决定，当价格也相同时，由综合指数决定。

由以上分析可知，理智型订单交易及新市场的情感型订单交易与企业综合指数关系最为密切，而不定型订单、经济型订单、原有市场的情感型订单与企业综合指数也存在关联。

虽然习惯型订单的交易与综合指数没有直接联系，但决定习惯型订单交易条件的是媒体影响力，则媒体影响力也直接影响企业综合指数。

任务二　影响企业综合指数的因素分析

根据经营规则,企业综合指数计算公式如下:

企业综合指数=(ISO 14000 按 20 计算+ISO 9000 按 10 计算)/所有小组总认证×20
+上季度小组销售额/上季度所有小组销售额×40
+小组媒体影响力累加/所有小组媒体影响力累加×40

从企业综合指数计算公式可知,影响企业综合指数的因素主要有三个。

一、ISO 认证影响企业综合指数

年初是否进行 ISO 认证会影响企业综合指数。例如,在 10 组模式中,初始年各组登录后企业综合指数为 4(由于没有认证完成 ISO,也无媒体影响力,各组的综合指数可理解为均由上季度小组销售额决定,即 1/10×40=4)。若其中有 9 组进行了 ISO 9000 的认证(第一年是否参与 ISO 14000 的认证对企业综合指数无影响,因为 ISO 14000 需要 2 年才能认证完,认证完成才影响综合指数),1 组放弃了认证。则参与认证的小组的综合指数为 10/90×20+4=6.22,未参与认证的小组仍然是 4。

可见,完成 ISO 认证对企业综合指数产生影响,其对综合指数产生影响占有 20%的权重。

二、上季度小组销售额

第一季度的交易额会影响第二季度企业综合指数,第二季度交易额会影响第三季度企业综合指数,以此类推。销售额对企业综合指数产生的影响占有 40%权重。

注意:交易额不仅包括零售交易额,也包括企业交付直销和/或批发订单的交易额。但不包括零售交易中的优惠额。

例如,第一年第一季度各组的交易额如表 10-3 所示,则交易额对第一年第二季度综合指数产生的影响如表 10-3 中最后一列所示。

表 10-3　第一年第一季度各组的交易额及其对综合指数的影响

组号	零售实付金额(W)	直销交货金额(W)	批发交货金额(W)	总交易额(W)	对第二季度综合指数影响
1	29.94	0	0	29.94	0.55
2	47.92	0	0	47.92	0.88
3	30.52	0	0	30.52	0.56
4	160.85	0	366	526.85	9.66
5	163.80	0	0	163.80	3.00
6	64.89	0	0	64.89	1.19
7	674.42	0	0	674.42	12.37

续表

组号	零售实付金额（W）	直销交货金额（W）	批发交货金额（W）	总交易额（W）	对第二季度综合指数影响
8	296.39	0	0	296.39	5.44
9	37.92	0	0	37.92	0.70
10	308.26	0	0	308.26	5.65
合计				2180.91	

以第 7 组为例，该组交易额对综合指数的贡献为：674.42/2180.91×40＝12.37。可见，若某个季度某个小组的交易额所占比重越大，其下一季度的综合指数越高。

三、媒体影响力影响企业综合指数

与上季度小组交易额对综合指数产生的短期影响不同，媒体影响力对企业综合指数会产生持续的影响。

例如，若某小组第一年第一季度媒体影响力为 72（黄金时段、午间时段和百度第一），所有小组媒体影响力之和为 172，则第一季度该小组媒体影响力对综合指数的贡献为 72/172×40＝16.74。若第二季度该小组媒体影响力为 32（午间时段和百度第一），第二季度所有小组媒体影响力之和为 172，则第二季度该小组媒体影响力对综合指数的贡献为 (72＋32)/(172＋172)×40＝12.09。

任务三　提升企业综合指数的方法

从影响企业综合指数的因素可知，要提升企业综合指数，也需从这三个方面入手。

一、通过 ISO 认证提升企业综合指数

ISO 9000 或 ISO 14000 认证完成即可提升企业综合指数。若本企业放弃认证而竞争对手未放弃，则相对于竞争对手而言，本企业的综合指数就处于劣势。若所有小组均参与认证，则各企业均处于同一水平，此时 ISO 认证对综合指数的影响可以不用考虑。

若企业无意于关注第一年企业综合指数，则经营者第一年可以放弃 ISO 9000 的认证，待到第二年再全部认证，则在其他条件相同的情况下，第一年企业综合指数相对于竞争对手而言偏低，但第二年认证完成后 ISO 对综合指数的作用相同。

对于经营者而言，若想达到迷惑竞争对手的目的，可以先不进行 ISO 认证（第二年直销订单往往只有 ISO 9000 的资质要求，而无 ISO 14000 的资质要求），待投好直销，在直销结束前再进行认证。但采用此方法一定要注意，若订单有相应 ISO 资质要求的，但企业未认证，则直销报名后相应的直销订单审核不通过，并无法购买标书，即使回头再完成认证，也同样审核不过关。

二、通过交易额提升企业综合指数

企业通过做大交易额可以短期内迅速提升企业综合指数。例如,某小组第二年直销中标较多,该组将直销订单留待第二年第四季度一次性交货,则交易额有助于提升企业第三年第一季度的综合指数,使企业在第三年直销中具备优势。

企业的交易额来自于三种渠道,即交付直销订单、交付批发订单和零售。正是由于交易额对企业综合指数产生较大的影响,经营者可以根据这一规则制定多种营销策略。

例如,经济型转理智型经营策略,通过经济型交易量做大了交易额,提升了企业下一季度的综合指数,从而再通过抢媒体广告成功获取理智型订单。再如,情感型转理智型,通过先做情感型,获得情感型订单提升了交易额,再通过抢媒体广告获得理智型订单,等等。

再如,第一年通过竞标获得大量直销与批发订单,留待第一年第四季度交货,为第二年直销打下基础,第二年若获得较多的直销订单,再留待第二年第四季度交易,提升了第三年第一季度的综合指数,为直销创造了条件。

注意:通过交易额只能短期内影响企业综合指数。例如,若企业在第二年第四季度通过交付直销、批发订单,同时通过零售交易额等使得企业在第三年第一季度综合指数排名第一,但进入第三年第二季度,企业综合指数可能会迅速下滑。

三、通过媒体广告提升企业综合指数

与交易额对综合指数的影响不同,媒体广告中标对企业综合指数的影响是长期的。如果某个小组主要依靠媒体影响力拉升企业综合指数,则该企业的综合指数持续维持在较高水平的可能性较大。

通过媒体广告提升企业综合指数往往需要付出较大的代价,由于媒体中标意味着销售费用的增加,如果媒体中标所带来的利润增长无法弥补媒体广告费用,则企业将处于亏损,但由于企业的经营活动更在于企业长期的发展,若短期的亏损能够带来远期的高额利润,企业经营仍能获得成功。通过抢夺媒体广告提升企业综合指数,其目的便在于能够获得长远的利益。

在媒体广告竞争激烈时,通过高额的媒体广告费用往往也会给企业带来较大的风险。毕竟影响综合指数的因素还要考虑交易额的短期影响,媒体中标也并不一定意味着可能主导理智型交易人群。

综上可见,企业要提高综合指数,一是要参与 ISO 认证,否则综合指数会低于竞争对手。二是依靠交易额短期提升企业综合指数,实现企业的战略目标。三是通过媒体广告竞标提升企业综合指数。当然,在实战中,可以将这三条途径配合使用,以实现企业经营目标。

学习情景十一

零售价格策略分析

学习目标

1. 掌握零售定价的基本规则；
2. 理解定价与产品销量之间的关系；
3. 理解针对不同零售人群的定价方法。

零售渠道在三种销售渠道中最为复杂，而在零售渠道中，给产品如何定价又极为重要，价格策略关系到企业如何更有效、更有利的销售产品，影响着企业利润。

任务一　市场需求量、销量与价格之间的关系

一、零售市场各产品实际需求量

企业购买市场调研报告后，即可以查看各产品的零售市场需求量，而零售市场的实际需求量还受市场需求波动率的影响。市场实际需求量的计算公式为

实际需求数量＝调查报告预测的需求数量×(1＋市场需求波动率)　　(1)

例如，第一年南部市场需求波动率及调研报告给出的 P1 产品市场需求数量如表 11-1 所示。

表 11-1　南部市场需求波动率与 P1 产品市场需求量

季　度	需求波动率(%)	习惯型(件)	理智型(件)	冲动型(件)	经济型(件)	情感型(件)	不定型(件)
第一季度	13	54	0	0	70	0	252
第二季度	18	56	51	0	61	51	137
第三季度	23	43	43	48	56	43	69
第四季度	19	39	43	39	51	35	67

通过市场需求量可计算出南部市场 P1 产品各类零售群体的实际需求量，计算结果如表 11-2 所示。

表 11-2　南部市场 P1 产品各类零售群体的实际需求量

季　度	市场期望价格（W/件）	习惯型（件）	理智型（件）	冲动型（件）	经济型（件）	情感型（件）	不定型（件）
第一季度	9.04	61.02	0	0	79.1	0	284.76
第二季度	10.65	66.08	60.18	0	71.98	60.18	161.66
第三季度	11.3	52.89	52.89	59.04	68.88	52.89	84.87
第四季度	12.54	46.41	51.17	46.41	60.69	41.65	79.73

二、实际销售量的计算

产品的实际销售量并不一定等于市场实际需求量，实际销售量还受企业零售价格的影响。

$$\text{实际销售数量}=\text{实际需求数量}\times(1-\text{销售数量变动率}) \tag{2}$$

其中，

$$\text{销售数量变动率}=\frac{\text{销售价格}-\text{市场期望价格}}{\text{市场期望价格}}\times\text{价格需求弹性系数} \tag{3}$$

若用 S 表示实际销售数量，D 表示实际需求数量，P 表示销售价格，$\bar{P}$ 表示产品的市场期望价格，ρ 表示价格需求弹性系数①。将方程式(3)代入(2)中，可得

$$S=D\times(1+\rho)-\frac{D\times\rho}{\bar{P}}\times P\quad(\text{其中 } P\leqslant 2\bar{P}\text{②}) \tag{4}$$

其中，ρ、$\bar{P}$ 及 D 均已知。由方程式(4)可知，实际销售数量 S 与销售价格 P 成反比。

例如，从表 11-2 已知第一季度 P1 产品的市场期望价格 $\bar{P}=9.04$，经济型人群市场实际需求量 $D=79.1$，若企业定价 $P=5.21$ 且成功销售经济型订单，代入方程式(4)，可计算出实际销售数量 S。

$$\text{解：}S=D\times(1+\rho)-\frac{D\times\rho}{\bar{P}}\times P=79.1\times(1+0.8)-\frac{79.1\times0.8}{9.04}\times5.21=105.91(\text{件})$$

经实战检验，当以 5.21 的价格销售经济型订单，总销量为 106 件，如表 11-3 所示。可见，当价格低于市场期望价时，P1 产品的实际销售数量大于实际需求量。

表 11-3　经济型订单销售数量

账号	年	季度	市场	零售商名称	产品	产品型号	消费人群	销售数量	销售价格	实付金额	返回金额
ST10	1	1	南部市场	A1零售商	P1	P1	经济型	10	5.21	52.09	0.01
ST10	1	1	南部市场	A1零售商	P1	P1	经济型	8	5.21	41.67	0.01
ST10	1	1	南部市场	A1零售商	P1	P1	经济型	15	5.21	78.14	0.01
ST10	1	1	南部市场	A1零售商	P1	P1	经济型	6	5.21	31.25	0.01
ST10	1	1	南部市场	A1零售商	P1	P1	经济型	2	5.21	10.41	0.01
ST10	1	1	南部市场	A1零售商	P1	P1	经济型	1	5.21	5.2	0.01
ST10	1	1	南部市场	A1零售商	P1	P1	经济型	1	5.21	5.2	0.01
ST10	1	1	南部市场	A2零售商	P1	P1	经济型	49	5.21	255.28	0.01
ST10	1	1	南部市场	A2零售商	P1	P1	经济型	11	5.21	57.3	0.01
ST10	1	1	南部市场	A2零售商	P1	P1	经济型	2	5.21	10.41	0.01
ST10	1	1	南部市场	A2零售商	P1	P1	经济型	1	5.21	5.2	0.01

① P1、P2、P3 和 P4 产品的弹性系数分别为 $\rho_1=0.8$，$\rho_2=0.9$，$\rho_3=1.0$，$\rho_4=1.2$。

② 根据营销沙盘规则，零售价格不能高于市场期望价的 2 倍，否则产品无法销售。

可再检验第一年第二季度 P1 产品情感型销售数量，由于 $D=60.18$，$\bar{P}=10.65$，当 $P=12.78$ 时，根据方程式(4)可计算情感型实际销售数量为

$$S=D\times(1+\rho)-\frac{D\times\rho}{\bar{P}}\times P=60.18\times(1+0.8)-\frac{60.18\times0.8}{10.65}\times12.78=50.55(\text{件})$$

核查销售数据可知，优先交易情感型的 ST4 小组共销售了 50 件 P1 产品，如表 11-4 所示。而剩余的 10 件情感型订单则寻求优惠额排名第二的小组再交易。可见，当价格高于市场期望价时，交易的数量将会减少。

表 11-4　第一年第二季度 P1 产品情感型订单交易数量

账号	年	季度	市场	零售商名称	产品	产品型号	消费人群	销售数量	销售价格	实付金额	返回金额
ST4	1	2	南部市场	A1零售商	P1	P1	情感型	12	12.78	122.69	30.67
ST4	1	2	南部市场	A1零售商	P1	P1	情感型	5	12.78	51.12	12.78
ST4	1	2	南部市场	A1零售商	P1	P1	情感型	2	12.78	20.45	5.11
ST4	1	2	南部市场	A1零售商	P1	P1	情感型	1	12.78	10.22	2.56
ST4	1	2	南部市场	A2零售商	P1	P1	情感型	29	12.78	296.5	74.12
ST4	1	2	南部市场	A2零售商	P1	P1	情感型	1	12.78	10.22	2.56

任务二　六类零售人群价格策略分析

在经营实战中，为了提升交易量及交易额，经营者需要根据六类零售人群的交易条件，制定不同的价格策略。

一、针对经济型人群的价格策略

经济型人群属于价格主导型，如果针对某一产品在某个市场上企业定价最低，则经济型人群将优先购买该企业的产品。

需要注意的是，经济型人群首先比较的是价格，而不考虑产品的流行功能以及折扣等。例如，当 A 企业销售 P1 产品，定价为 5W/件，无折扣；B 企业销售 P1F1，定价为 5.8W/件，8 折销售，折后价为 4.64W/件，则经济型会优先购买 A 企业的 P1 产品，只因其定价更低。

一般而言，由于经济型人群的需求量较大，以经济型人群为目标顾客的企业仍可以获利。针对经济型人群制定价格时，通常以获取利润或清理库存为目的。

1. 以清理库存为目的的价格策略

在营销沙盘中，一些产品项目的销售期限通常都是有限的，如果过了销售期限而产品未能及时售出，就会造成产品积压、占用资金的情况。

为达到清理库存的目标，经营者往往以微利甚至亏损的价格出售产品。此情况通常出现在以下两种情况：一是企业处理不带任何功能的 P1 产品。由于各组都有相当数量的不带功能的 P1 产品，从而导致 P1 产品竞争激烈，如果经营者预测到产品难以销售，则可能以低价销售。二是当某个产品项目的销售期即将过期时，经营者为避免产品无法销售而被迫通过低价销售。

2. 以销售获利为目标的价格策略

企业以经济型消费群体为目标顾客，也可以获取较为可观的利润。通常，在以下情况下，企业可以尝试经济型定价。

（1）当一个产品项目被市场淘汰时，新的产品项目将获得市场机会。

以表 11-5 中的产品流行功能及流行周期为例加以说明。表中 P1 产品第一年第一季度流行 F2 功能且只流行 1 个季度，因此，对于 A1、B1 零售商而言，不带功能的 P1 产品只能销售至第一年第三季度，到了第四季度，则 F2 功能为必带的基本功能，且 P1F2 对 A1 和 B1 零售商来说可以销售至第二年第一季度。

表 11-5　产品流行功能及流行周期表

产品	第一年				第二年			
	第一季度	第二季度	第三季度	第四季度	第一季度	第二季度	第三季度	第四季度
P1	P1F2(1)	P1F4(2)		P1F1(1)	P1F5(2)		P1F3(2)	
P2			P2F3(3)			P2F5(3)		
P3			P3F4(2)		P3F2(2)		P3F5(3)	
P4			P4F5(4)				P4F1(3)	

可见，第一年第四季度作为临界点，对 A1 和 B1 零售商而言，纯 P1 产品项目被淘汰，无法销售，但带有一个功能的 P1F2 则获得销售机会。同理，A2、B2 零售商在第二年第二季度时，P1F2 将获得同样的销售机会。

（2）新产品上市之初，也是销售经济型订单的机会。

表 11-5 中，P2、P3、P4 产品在第一年第四季度开始出现市场需求。新产品上市之初，企业对产品的定价主要有高价低促销策略、高价高促销策略和低价低促销策略。所谓高价低促销，是指企业往往以高于市场期望价，无促销或微小促销（如 9.99 折）销售产品。此策略适合于综合指数高的企业，以情感型和理智型消费群为销售对象。所谓高价高促销，是指企业往往以期望价格、打 0 折销售产品，目的在于做到最大的优惠额进而为销售情感型订单做铺垫。此种情况下，若企业以低于期望价来销售新产品，则经济型订单成交的可能性更大。

（3）经营后期，某些产品项目仍可以经济型人群为对象并获利。

表 11-5 中，P4 产品的流行功能较少，且第一个流行功能 F5 可流行 4 个季度，第二个流行功能 F1 可流行 3 个季度，对 A1、B1 等市场敏感度为 2 的零售商而言，F5 功能在第三年第一季度成为基本功能，也就意味着不带任何功能的 P4 产品可以销售至第二年第四季度。同理，对于 C1、D1、E1 等市场敏感度为 3 的零售商而言，纯 P4 产品可以销售至第三年第一季度，而 A2、B2、C2 零售商更是可以销售至第三年第二季度。由此可见，纯 P4 产品的销售期限相当长。进入第三年，当竞争对手都生产多个附加功能的 P4 产品、以理智型、冲动型等消费人群为销售对象时，本企业以纯 P4 产品、低价格、经济型为销售对象，同样可以获得很大的收益。

综上所述，企业以经济型消费人群为目标顾客，在不同的经营时期，可以制定不同的销售目标。不论是以清理库存为目的，还是以获取利润为目的，在不同时期不同竞争环境下都是可行的。

此外，企业以经济型消费群为目标顾客，可以同时兼顾不定型消费群。这一点可以从不定型消费群的交易规则得出。因为当企业以经济型消费群为目标顾客时，其定价通常都低于期望价格，这满足了不定型人群交易的第一个条件。而不定型人群交易的第二个条件是企业必须有促销活动。因此，当企业以低于期望价销售产品时，只要给予一个象征性的小促销，即可满足不定型订单的两个基本交易条件。对企业而言，优惠额几乎可以忽略不计，但销售量却可能因销售不定型订单而大幅度增加。

二、针对不定型人群的价格策略

根据经营规则，不定型人群属于促销活动主导群体。不定型人群的交易必须满足两个基本条件：一是产品的价格不能高于期望价；二是必须要有促销。

在满足以上两个条件的基础上，不定型消费群体最终购买谁的产品，取决于促销后的价格，促销后价格低者优先成交；如果促销后的价格相同，则比较企业综合指数，综合指数高者优先成交。

以不定型人群为目标顾客，经营者一般都是出于两个目的销售产品的。其一是为了获得情感型订单做铺垫；其二是为了提升产品销售量，同时兼顾情感型消费群体。

1. 为情感型消费订单做铺垫的不定型价格策略

由于某市场上情感型消费群体购买产品的条件是看企业在该市场该产品的历史优惠额，优惠额最大者优先成交。而最容易提升企业历史优惠额的销售途径是将产品销售给不定型消费群体。

企业可以从两方面促成不定型消费交易的达成。一方面，将优惠额做到最大，使促销后价格最低；另一方面，提高企业综合指数，使之在折后价相同的情况下能够优先交易。

经营者要使产品促销后价格最低，只需要在第二种促销方案（多买折扣）中设定购买最少件数为 1 件，享受折扣为 0 折，促销后价格均为 0；或者在第三种促销方案（买第几件折扣）中，将折扣方式设置为买第 1 件享受折扣 0 折。采用这两种促销方式，均能使企业不论销售多少数量的促销产品，企业实际收入均为 0，销售额将全部转化为优惠额。

而企业为了使优惠额达到最大，零售价格最好定价为期望价。

2. 基于提升产品销售量的不定型价格策略

通常，在六类零售人群交易中，不定型的需求数量是最多的。因此，企业通过销售不定型订单对提升企业产品销量起到了很大的作用。

基于提升产品销售量考虑，且企业不愿意亏本销售，此时经营者可采取以下做法。

一是将价格定为期望价，但折后价高于成本价。这样当销售不定型订单时，既可以有较大的优惠额，又能够适当获取利润。

二是定价低于期望价，但折后价高于成本价。采取此种定价策略，最主要的目的是既有较大机会销售不定型订单，也有更大的机会销售经济型订单。

综上所述，当经营者拟将不定型人群作为目标顾客时，可以考虑两种销售组合。一是不定型＋情感型，即前期通过不定型订单做优惠额，为后期销售情感型订单打基础；二是不定型＋经济型，同时兼顾两种消费群体，做大销售额，甚至有可能成功转入理智型市场。

三、针对习惯型人群的价格策略

习惯型消费群体属于媒体主导型，按照企业当季度某产品媒体中标所获得的影响力占该产品各组媒体影响力之和的比例来分配订单。如果企业放弃媒体广告，或者所投放的媒体广告未能中标，或者虽然有中标但其影响力不足以分配到一个订单，则均无法销售习惯型订单。在企业媒体有中标的情况下，企业的定价将会影响到习惯型订单的销售量。因此，企业若想销售习惯型订单，则必须既有媒体中标，且媒体影响力大到能够分配到订单，在此过程中，价格对所能分配的订单数量有影响。

1. 理解习惯型订单交易规则

习惯型订单的交易是按照各组媒体影响力所占总媒体影响力的比例分配订单，销售数量还受企业定价的影响。

例如，第一年第一季度南部市场的市场波动率为14%，第一季度市场调查报告给出的习惯型订单的需求量为54件，零售期望价格为8.80W/件。

假定第一季度某组媒体中标为央视三个时段以及百度排名第一，则该组媒体影响力为40＋12＋6＋20＝78，所有小组总媒体影响力合计为172。假定该组的定价为10.56W/件，试计算该组可以销售的习惯型订单数量。

解：习惯型订单的实际总需求数量为

实际总需求数量＝调查报告预测的需求数量×(1＋市场需求波动率)

＝54×(1＋14%)＝61.56(件)

该组媒体影响力占所有小组媒体影响力之和为

$$78\div172\times100\%=45.35\%$$

按照比例，该组分配的P1产品数量为＝实际总需求数量×该组媒体影响力占比

＝61.56×45.35%＝27.92(件)

该组习惯型订单的实际销售数量为

$$S=D\times(1+\rho)-\frac{D\times\rho}{\bar{P}}\times P$$

$$=27.92\times(1+0.8)-\frac{27.92\times0.8}{8.80}\times10.56$$

$$=23.45(\text{件})$$

其中，S表示实际销售数量；D表示实际需求数量；P表示销售价格；$\bar{P}$表示产品的市场期望价格；ρ表示价格需求弹性系数。

其中，A1零售商销售为23.45×0.4＝9.38≈9(件)，A2零售商销售为23.45×0.6＝14.07≈14(件)。

2. 针对习惯型人群的价格策略

企业制定产品价格时，一方面需要考虑产品的需求量，另一方面需要考虑产品的价格需求弹性系数，弹性系数较小的，适合于制定高价，如 P1 产品。而弹性系数较大的，适合于制定低价，如 P4 产品。企业针对习惯型消费群体销售产品时，还需要考虑媒体中标的因素。

对 P1 产品而言，在第一年第一、二季度时，由于习惯型消费需求量大，一般只要企业投放了百度广告，价格制定合理，即可实现产品销售。以 P1 产品的习惯型需求数量是 44 为例，若企业媒体广告中标为百度排名第十，则媒体影响力为 5，总的媒体影响力为 172，则企业的媒体影响力所占的比例为 5/172。在不考虑市场需求波动率，当产品定价为期望价时，企业可分配的习惯型订单为 44×5/172＝1.28(件)，其中 A1 零售商为 1.28×0.4＝0.51≈1(件)，A2 零售商为 1.28×0.6＝0.77≈1(件)。可见，针对 A2 零售商，即使适当提高 P1 产品的定价，仍然可以销售 1 件。

而对于 P3、P4 产品而言，由于习惯型需求数量很少，企业很难获取习惯型订单，除非该企业既占有较大比例的媒体影响力，又制定较低的零售价格。

假如某小组中标了央视的三个时段媒体广告及百度排名第一，则其媒体影响力为 78，由于媒体影响力合计为 172，则该小组的媒体影响力所占比例为：78/172＝45.35％。如果习惯型订单实际需求量为 2 件，定价为期望价，则 A1 零售商的销量为：45.35％×2×0.4＝0.36(件)，即无法销售，而要想 A1 零售商能够销售产品，必须降低价格使理论计算的销量在 0.5 之上。

可见，当市场上习惯型订单的需求量很少时，通过抢夺媒体广告来获得习惯型订单是不明智的。当然，这并不是说企业不应抢夺媒体广告，但此时抢夺媒体广告的目的更在于提高企业的综合指数，以便满足理智型消费需求以及为下一年的直销竞标打基础。

四、针对冲动型人群的价格策略

冲动型消费群体的交易是以流行功能为主导的，它的交易条件相对独立。一般来说，由于冲动型订单以流行功能为主导，而增加功能将导致产品的直接成本上升，因此经营者通常期望以高价来达成交易。但如果有多家企业抢夺冲动型订单，则企业就会难以实现高价销售。所以，当企业将冲动型消费群体作为目标顾客时，需要时时关注冲动型订单历史交易价格，并善于发现市场机会。

1. 冲动型人群开始产生需求的时间

由于冲动型人群是流行功能主导的，只有当产品功能真正开始流行，才会出现冲动型需求。

某个功能真正开始流行的时间＝市场调研报告给出的流行时间＋零售商市场敏感度

通过市场调研报告分析营销沙盘各产品出现流行功能时机可知，P1 产品第一年第一季度即出现流行功能，P2、P3、P4 产品在第一年第三季度出现流行功能，结合各市场开放时间及各零售商的市场敏感度，可知各产品在各市场出现冲动型订单的时间如表 11-6 所示。

表 11-6　各产品在各市场出现冲动型订单的时间

市场	零售商	市场敏感度	产品			
			P1	P2	P3	P4
南部	A1	2	1.3[①]	2.1	2.1	2.1
	A2	4	2.1	2.3	2.3	2.3
东部	B1	2	1.3	2.1	2.1	2.1
	B2	4	2.1	2.3	2.3	2.3
中部	C1	3	2.2	2.2	2.2	2.2
	C2	4	2.2	2.3	2.3	2.3
北部	D1	3	3.1	3.1	3.1	3.1
	D2	2	3.1	3.1	3.1	3.1
西部	E1	3	3.3	3.3	3.3	3.3
	E2	2	3.3	3.3	3.3	3.3

注①：1.3 表示第一年第三季度，以此类推。

2. 低价策略

以较低的价格销售冲动型订单，其目的通常有两个：一是通过销售冲动型订单提升该季度交易额，进而有助于提升下一季度的企业综合指数。二是以获利为目标，提升所有者权益。

例如，第一年第三季度，有的企业拟通过较低的价格销售 P1 产品的冲动型，其目的可能是要做大交易额，提升第四季度的综合指数，为第四季度交易理智型订单提供条件，若第四季度综合指数最高，则可高价销售产品，继续做大交易额并为第二年直销打下坚实基础。采用此定价策略时，通常还需要其他方法配合，使第三季度交易额提升，如第三季度交付直销、批发订单，抢夺媒体广告等。

另外，以获利为目标时，企业往往预期冲动型订单的竞争也比较激烈，因此会以相对较低的价格销售冲动型订单，如 P1 产品带 5 个流行功能，其成本为 7W/件，当以 12W/件的价格销售时，仍能获得 5W/件的毛利，有利于获利保权益。

3. 高价策略

当经营者认为冲动型订单竞争不激烈，自己生产的产品较竞争对手拥有更多的流行功能时，则往往会制定高价格。

如第一年第三季度 A1 和 B1 零售商高价销售全功能的 P1 产品，第二年第一季度 A2、B2 零售商高价销售全功能的 P1 产品，以及第二年第一季度 A1、B1 零售商销售全功能的 P2、P3、P4 产品等。

当打算以高价销售冲动型订单时，一方面要考虑竞争因素；另一方面要考虑冲动型订单的需求量。如果没有竞争，但市场需求量小，则也不能制定过高的价格，否则仍然没有销量。

例如，假定第二年第一季度 P3 产品南部市场的冲动型需求量为 3 个（不考虑市场需求波动率)，则 A1 零售商的实际需求量为 $3\times0.4=1.2$(个)。若市场期望价为 12W/件，当企业定价为 19.5 时，根据方程式计算可知实际销量为

$$\begin{aligned}S&=D\times(1+\rho)-\frac{D\times\rho}{\bar{P}}\times P\\&=1.2\times(1+1)-\frac{1.2\times1}{12}\times19.5\\&=0.45(\text{件})\end{aligned}$$

可见，价格制定过高，即使没有竞争仍无法销售。

总之，冲动型订单由于交易条件独立，无法通过其他手段，如媒体广告、综合指数、历史优惠额等达成交易。因此，需要经营者创新经营思路，同时关注冲动型订单交易的历史价格去调整产品定价，灵活经营。

五、针对情感型、理智型人群的价格策略

情感型和理智型订单比较特殊。前者以历史优惠额高低来判断订单归属，主动权掌握在历史优惠额最高者手中，且历史优惠额是已知的，即情感型订单归属可以提前确定。后者以企业的综合指数高低来衡量订单归属，综合指数高低主要受媒体影响力和交易额的影响，由于在媒体未结束前，尚不知当季媒体中标情况，所以理智型订单不能像情感型订单那样提前判断归属，但预判的可能性比较大，尤其是当企业综合指数差距较大时。

企业针对情感型、理智型消费群体的定价主要出于两个目的。其一是拥有最大的市场份额。要做到这一点比较简单，只要企业制定的价格合理，比如制定的价格不高于市场期望价，就能获得 100%的市场份额。其二是获取最大的利润。要使得企业总体利润最大化，还需要考虑商品的需求价格弹性。在营销沙盘中，追求自身利润最大化而实施的价格策略往往意味着企业需要放弃一部分市场订单。

在竞争市场，企业很难在利润和市场份额两方面都实现最大化。因此，企业在制定价格时，往往需要在市场份额最大化和利润最大化之间寻求一个平衡，企业若是更多地考虑利润，则需要接受竞争对手将分享一部分市场订单，而企业若是出于压制竞争对手、增加市场份额的考虑，则往往需要采取更有竞争性的定价。当然，在一定条件下，企业也可能同时实现独占市场和获取利润最大化的双重目标。

1. 基于利润最大化的价格制定

由于

$$S=D\times(1+\rho)-\frac{D\times\rho}{\bar{P}}\times P \tag{1}$$

其中，S 表示实际销售数量；D 表示实际需求数量；P 表示销售价格；$\bar{P}$ 表示产品的市场期望价格；ρ 表示价格需求弹性系数。

若用 L 表示毛利，则

$$L=S\times P-S\times C \tag{2}$$

其中，C 表示直接成本，不附带任何流行功能的 P1、P2、P3 和 P4 产品的直接成本分

别为 $C_1=2, C_2=C_3=4, C_4=5$，各产品每增加一个流行功能，直接成本增加 1，将方程式(1)代入方程式(2)，经整理可得

$$L=-\frac{D\times\rho}{\bar{P}}\times P^2+\left[\frac{D\times\rho\times C}{\bar{P}}+D\times(1+\rho)\right]\times P-D\times C\times(1+\rho)$$

令 $L=0$，则

$$-\frac{2D\rho}{\bar{P}}P+\frac{D\rho C}{\bar{P}}+D(1+\rho)=0$$

解方程可得：

$$P=\frac{1}{2}\left(\frac{1+\rho}{\rho}\times\bar{P}+C\right) \tag{3}$$

即当 $P=\frac{1}{2}\left(\frac{1+\rho}{\rho}\times\bar{P}+C\right)$时，$L$ 达到最大值。且利润最大时的销量为

$$S=\frac{D}{2}\left(1+\rho-\frac{C\rho}{\bar{P}}\right) \tag{4}$$

将不同产品的 ρ 值代入方程式(3)和(4)，可得不同产品在利润最大时的价格及销量，如表 11-7 所示。

表 11-7　不同产品利润最大时的价格及销量

产品	价　格	销　量
P1	$P=\frac{9}{8}\bar{P}+\frac{C}{2}$	$S=\left(0.9-\frac{0.4C}{\bar{P}}\right)D$
P2	$P=\frac{19}{18}\bar{P}+\frac{C}{2}$	$S=\frac{19}{20}\left(1-\frac{C}{\bar{P}}\right)D$
P3	$P=\bar{P}+\frac{C}{2}$	$S=\left(1-\frac{C}{2\bar{P}}\right)D$
P4	$P=\frac{11}{12}\bar{P}+\frac{C}{2}$	$S=\left(1.1-\frac{0.6}{\bar{P}}C\right)D$

2. 基于市场占有率最大的价格确定

若企业追求市场占有率最大，依据方程式(1)，可直接令 $P=\bar{P}$，此时 $S=D$，即在该市场上企业的市场占有率为 100%。同样，由于实际销量 S 是按四舍五入取整数，因此当实际价格 P 略高于期望价时，也可以获取 100%的市场份额。

综上所述，经营者在制定零售价格时，首先，需要明确产品的销售对象，根据目标顾客的需求特点来考虑价格策略。其次，需要考虑各类消费群体的交易规则，有目的地实施销售计划，使企业的销售行为成为可持续的系统，并尽可能使企业的销售策略覆盖尽可能多的消费群体。最后，当企业具备特定消费人群的交易条件时，应根据企业目标合理制定价格。当然，在经营实战中，经营者所面临的经营环境可能较为复杂，并且经营时间有限，对零售价格的计算可能不能面面俱到，这就要求经营者充分利用有限时间，分析各企业信息、交易数据等市场信息，理性经营决策。

学习情景十二

财务报表分析

学习目标

1. 理解利润表中各数据的来源；
2. 能够通过利润表、资产负债表分析竞争对手；
3. 理解影响企业所有者权益的因素。

加强对财务报表的分析，能加深经营者对经营活动的理解，对经营者理解经营规则、提升经营水平至关重要。同时，分析竞争对手的财务报表，有助于加深对竞争对手的了解，为企业发展制定合理的经营策略提供依据。

在每年经营结束后，经营者即可以通过“辅助菜单”查看、分析各组的利润表和资产负债表，通过分析财务报表这一窗口，达到“知己知彼”的目的。

任务一　分析利润表

利润表反映企业在一定会计期间的收入实现情况以及费用耗费情况，反映企业生产经营活动的成果，即净利润的实现情况，为经营者的决策提供参考依据。

一、利润表样式

在市场营销沙盘中，利润表如表 12-1 所示。

表 12-1　利润表　　单位：W

项　目	表达式	上 年 金 额	当 年 金 额
营业收入	＋		
减：营业成本	－		
营业税金及附加	－		
销售费用	－		
管理费用	－		
财务费用	－		
营业利润	＝		

续表

项　　目	表达式	上 年 金 额	当 年 金 额
加：营业外收入	＋		
减：营业外支出	－		
利润总额	＝		
减：所得税费用	－		
净利润	＝		

二、利润表项目说明

在市场营销沙盘的利润表中，各项目的数据来源说明如下。

（1）营业收入：在营销沙盘中仅指产品的销售收入。

（2）营业成本：包括所销售产品的直接成本和生产线的折旧费用。

（3）营业税金及附加：在营销沙盘中，此项为0。

（4）销售费用：包括购买市场调研报告费用、市场开拓费、ISO认证、客户开发费、招商广告费、零售商进场费、配货费、产品调拨费和媒体广告费及零售商销售提成等。

（5）管理费用：包括购买标书费、产品研发费、行政管理费、零售商管理费、设备维修费、生产线转产费、厂房租金及支付库存费等。

（6）财务费用：包括银行利息和贴现费用。

（7）营业利润：营业利润＝营业收入－营业成本－营业税金及附加－销售费用－管理费用－财务费用。

（8）营业外收入：企业出售生产线所得到的收入。根据规则，出售半自动生产线可获得10W/条，出售全自动生产线可获得20W/条，出售柔性生产线可获得30W/条。

（9）营业外支出：来自于两个方面，一是出售生产线产生营业外支出；二是因企业违约罚款而产生营业外支出。

当出售生产线时，生产线价值与当年折旧额的差计入营业外支出。例如，第一年出售一条半自动生产线，半自动生产线价值40W，第一年半自动生产线的折旧为$40\times 0.33=13.2\approx 13$(W)，则该生产线的残值为：$40-13=27$(W)，计入营业外支出。

此外，需要注意的是，企业一旦出现直销或批发订单违约，则需要支付违约金，违约金也计入营业外支出。若批发订单违约，则在收回违约订单的预付款外，还要按照违约金额的25%支付违约金；若直销订单违约，则按违约订单原价计算的违约金额的25%支付违约金，而不是按中标价计算。只要出现违约，则下一年就会失去直销资格。

（10）利润总额：利润总额＝营业利润＋营业外收入－营业外支出。

（11）所得税：按所得税的计算公式为：利润总额（先弥补前2年亏损）×25%，保留小数点后两位按四舍五入取整。

（12）净利润：净利润＝利润总额－所得税。

三、分析利润表的意义

1. 了解企业盈亏情况

通过查看利润表，经营者可以直观地了解企业的盈亏状况，并可以与竞争对手的盈亏进行对比分析，吸取经验与教训，有利于提升经营水平。

2. 分析影响企业盈亏的因素，有利于制定更好的经营策略

在营销沙盘中，经营者需要树立以盈利为中心的指导思想。

经营者要提高企业的盈利水平，需理解影响利润的各项因素。通过分析利润表不难发现，经营者需从两方面来考虑。

一是要尽可能提高“＋”的项目。在利润表中，要求经营者尽可能提高营业收入，即需要企业“开源”。

二是要尽可能降低“－”的项目，即考虑如何“节流”。从“节流”的思想出发，企业需要思考：①如何降低营业成本；②如何降低销售费用；③如何降低管理费用和财务费用，等等。

当然，“开源”与“节流”往往是对立的，企业营业收入的增长往往同时伴随着成本费用的上升，但若成本费用的增加能够带来收入的更大幅度的增加，利润仍然会增长。因此，树立“开源、节流”的指导思想，对提高企业的盈利、提升经营者的经营水平是大有帮助的。

3. 有利于了解竞争对手的经营状况

分析利润表可以了解竞争对手的销售、费用及利润水平。在利润表中，尤其需要关注竞争对手的“营业外支出”项目，营业外支出主要来自变卖生产线及订单违约。但变卖生产线所产生的营业外支出一定是整数。而订单违约由于是按照违约订单原价总金额的25％支付违约金，往往是小数，一旦发现竞争对手“营业外支出”存在小数，则可以判定该竞争对手出现违约情况，下一年就会没有资格参与直销竞标。

任务二　分析资产负债表

资产负债表是反映企业在某一特定日期（如月末、季末、年末）全部资产、负债和所有者权益情况的会计报表，是企业经营活动的静态体现，根据“资产＝负债＋所有者权益”这一平衡公式，依照一定的分类标准和一定的次序，将某一特定日期的资产、负债、所有者权益的具体项目予以适当的排列编制而成。

一、资产负债表样式

在市场营销沙盘中，资产负债表如表12-2所示。

表 12-2　资产负债表　　单位：W

资产				负债及所有者权益合计			
项　目	表达式	上年金额	当年金额	项　目	表达式	上年金额	当年金额
流动资产				流动负债			
货币资金	+			短期借款	+		
其他应收款	+			应付账款	+		
应收账款	+			预收账款	+		
存货				应交税费	+		
原材料	+			流动负债合计	=		
在途物资	+			非流动负债			
在制品	+			长期借款	+		
库存商品	+			非流动负债合计	=		
发出商品	+			负债合计	=		
流动资产合计	=			所有者权益			
非流动资产				实收资本	+		
固定资产原价				未分配利润	+		
土地和建筑	+						
机器和设备	+						
减：累计折旧	−						
固定资产账面价值	=						
在建工程	+						
非流动资产合计	=			所有者权益合计	=		
资产总计	=			负债和所有者权益总计	=		

二、资产负债表项目说明

资产负债表中的各项数据说明如下。

（1）货币资金：企业当前的现金。

（2）其他应收款：当企业投放媒体广告后，所投广告费将以媒体广告投标保证金的项目计入其他应收款。媒体结束后，未中标的费用退回。所以在年末的资产负债表中，其他应收款均为 0。

（3）应收账款：由零售商售出产品的销售收入、企业交付直销订单后形成的应收款、企业变卖厂房后形成的应收款构成。

（4）存货：由原材料、在途物资、在制品、库存商品和发出商品构成。但在此沙盘中，在途物资和发出商品均为0。因此，存货来源于三类：库存的原材料金额、在制品金额、库存商品的价值。

（5）原材料：按照企业所拥有的原材料计算，每个原材料计“1W”。

（6）在制品：需要注意，按照在制品的直接成本计算，直接成本由原材料成本和加工费构成。不带功能的P1产品的直接成本为2W，P2产品为4W，全自动生产线或柔性生产线生产的P3、P4产品分别为4W、5W。但如果用半自动生产线生产P3、P4产品，则直接成本增加1W。此外，每增加一个附加功能，加工费用增加1W。

例如，P3F4F2F5，其原材料成本为3W/件，附加功能成本为3W/件，若是全自动生产线或柔性生产线生产，加工费为1W/件，则在制品价值为7W/件。若用半自动生产线生产则加工费为2W/件，则在制品价值为8W/件。

（7）库存商品：按照库存产品的直接成本计算。比如库存50个带三个功能的P2产品，其直接成本为50×7=350（W）。库存商品不仅包括企业库存商品，还包括零售商的库存商品。

（8）土地和建筑：在此仅指自有厂房。A厂房320W，B厂房240W，C厂房120W。且厂房不折旧。

（9）机器和设备：在此仅指生产线价值。其中，半自动生产线价值40W，全自动生产线价值80W，柔性生产线价值120W。

（10）累计折旧：生产线折旧的累加，注意新购买的生产线当年不折旧。

例如，某企业第一年购买2条全自动生产线和2条柔性生产线，则第一年此4条生产线均无折旧。第二年全自动生产线折旧为80×0.33=26.4≈26（W），柔性生产线折旧为120×0.33=39.6≈40（W），4条生产线共折旧26×2+40×2=132（W）。第三年全自动生产线折旧为（80－26）×0.33=17.82≈18（W），柔性生产线折旧为（120－40）×0.33=26.4≈26（W），所以此4条生产线第三年折旧为18×2+26×2=88（W）。因此，此4条生产线的累计折旧为132+88=220（W）。

（11）固定资产账面价值：由厂房价值和生产线价值构成。

（12）在建工程：因为营销沙盘中生产线购买无须安装期，故在建工程均为0。

（13）短期借款：包括短期贷款和民间融资。

（14）应付账款：包括未到期的原材料款，以及给予零售商的未到期的销售提成。

（15）预收账款：获得的批发订单款。批发订单款以预付款的方式支付给企业，如果不能按期交货，则款项和违约金一并收回。

（16）应交税费：按所得税交税规则计算，或者直接参考利润表中的应交税费。该税费会在下一年以现金支付。

（17）实收资本：均为1000W，除非追加股东投资。

（18）未分配利润：未分配利润=上期未分配利润+本年净利润。

三、分析资产负债表的意义

作为分析竞争对手的一个重要窗口，资产负债表为经营者提供了丰富的信息，因此经营者年末需要认真研究竞争对手的资产负债表。

(1) 查看所有者权益和库存商品价值，分析各企业的成长潜力。

所有者权益的高低和库存商品价值的高低，是反映企业成长潜力的重要指标。按营销沙盘经营规则，企业的所有者权益越高，说明企业融资能力越强，经营风险越小；企业库存的可销商品越多，说明企业在未来可能拥有更大的销售量和更高的利润水平。

如果某企业在第二年末所有者权益较高，且库存商品价值高，则说明该企业的成长潜力较大，且经营风险较低。相反，如果某企业所有者权益较低，且库存商品价值小，则说明该企业的成长潜力较小，且经营风险较大。

如果某企业的所有者权益较低，但库存量很大，说明该企业具备成长的潜力，但由于受融资额度限制，其经营风险也较大。

因此，在分析此两项指标时，一般可认为产品库存量对企业成长潜力的影响更大，而所有者权益则对企业经营风险的影响更大。

当然，大量的库存商品能否转化为销售额和利润，还受企业经营策略、产品可销售条件及市场竞争程度的制约。

(2) 查看土地和建筑、机器和设备价值，分析对手的生产线规模。

通过资产负债表中土地和建筑项目，可以了解竞争对手的厂房建设情况。由于A厂房价值320W，B厂房价值240W，C厂房价值120W，并且按照经营规则，厂房无折旧。因此，若某企业土地和建筑项目价值560W，则说明该企业拥有A和B厂房；若该项目价值680W，则说明该企业拥有A、B、C三个厂房。

当然，土地和建筑项目只能反映出企业自主拥有的厂房情况，并不能准确判断其生产线规模。要了解其生产线建设情况，还需要通过机器和设备价值项目进行分析，判断其生产线数量。

(3) 查看累计折旧，分析对手的生产线买卖情况。

(4) 查看现金、应收款、短期贷款、长期贷款，分析对手的资金情况，并据此判断竞争对手参与直销与批发竞标是否受资金限制。

(5) 查看在制品，分析对手产品生产情况。

任务三　财务报表分析实例

一、第一年末财务报表分析

以10个组模式为例，第一年经营结束，各组“关账”后，企业可以通过“辅助信息”中的“各组财务报表”项目查看各组的财务报表，经过统计整理，各组财务数据如表12-3所示。

表12-3　各组财务数据统计表

组别	权益(W)	库存(W)	在制品(W)	土地与建筑(W)	机器与设备(W)	短期贷款(W)	长期贷款(W)	现金(W)	累计折旧(W)	企业综合指数
1	1147	1297	380	680	720	2100	2100	1631	66	5.53
2	−392	683	440	680	760	2900	2100	980	66	21.45

续表

组别	权益(W)	库存(W)	在制品(W)	土地与建筑(W)	机器与设备(W)	短期贷款(W)	长期贷款(W)	现金(W)	累计折旧(W)	企业综合指数
3	352	546	460	680	680	1700	2100	1520	66	6.66
4	27	772	450	680	720	3100	2100	2177	66	12.19
5	980	929	620	680	720	1200	2100	1145	66	5.57
6	1314	566	390	680	920	1200	2100	1984	66	11.82
7	1278	154	390	680	760	800	2100	1165	66	10.4
8	−426	679	450	680	760	2700	2100	1265	66	11.58
9	1470	159	370	680	720	1300	2100	2196	66	8.21
10	1437	743	550	680	680	700	1600	856	66	6.59

通过以上数据,分析如下。

(1) 从各组的"土地与建筑"项目看,均为680W,说明每个小组均买下了A、B、C三个厂房。

(2) 从"折旧"项目看,所有小组均为66W。根据折旧规则可知,各组均在第一年出售了半自动生产线。卖掉半自动生产线后,折旧即为一条全自动生产线的折旧26W和柔性生产线的折旧40W。

(3) 从"机器与设备"项目看,各组存在一些差异。出于理性考虑,企业新购买的生产线普遍以全自动生产线为主,以柔性生产线为辅,基本不会新购买半自动生产线。若企业有8条全自动生产线,其价值应为80×8=640(W),若其中有一条是柔性生产线,则增加40W,柔性生产线价值为120W。因此,可以大致判断出各组的生产线构成,如表12-4所示。

表 12-4 各组生产线构成推测表

组别	设备价值(W)	生产线布局可能性之一
1	720	6条全自动生产线、2条柔性生产线
2	760	5条全自动生产线、3条柔性生产线
3	680	7条全自动生产线、1条柔性生产线
4	720	6条全自动生产线、2条柔性生产线
5	720	6条全自动生产线、2条柔性生产线
6	920	1条全自动生产线、7条柔性生产线
7	760	5条全自动生产线、3条柔性生产线
8	760	5条全自动生产线、3条柔性生产线
9	720	6条全自动生产线、2条柔性生产线
10	680	7条全自动生产线、1条柔性生产线

(4) 从“所有者权益”和“库存”项目看，第 1、5、6、7、9、10 组的权益都比较高，资金相对比较宽松。同时，第 1、5、6、10 组的库存也较高，说明这几个组的产品供应能力较强。

另外，第 2、4、8 三个小组的权益较低，第二年无法获得贷款，而且到期的贷款还需要偿还，因此这三个组的资金压力比较大，如果第二年得不到较好的直销订单，生存将面临一定的困难。

(5) 从“贷款”项目看，除第 10 组外，其他各组长期贷款均为 2100W，用完长期贷款的额度。但短期贷款存在较大差异，尤其是权益低的几个小组，短贷额大。

(6) 从“在制品”看，第 5 组在制品达到 620W，即使一个小组全部 8 条生产线均生产带全功能的 P1 产品，在制品金额也只是 8×70＝560(W)，这说明第 5 组还生产了全功能的 P2、P3 或 P4 产品，该组一方面为后期销售产品囤货，另一方面也将冲动型人群纳入企业的目标顾客。

(7) 分析完财务报表后，还需要关注各组的企业综合指数，以判断直销竞争情况。进入第二年后，需要查看各组的企业综合指数，如表 12-3 最后一列所示。由综合指数可知，第 2 组综合指数领先优势比较大，而第 4、6、8 组比较接近。这说明第 2 组直销优势明显，第 4、6、8 在直销方面应该处于同一水平的竞争。而由于第 2、4、8 组权益低，其对直销的依赖较大，若直销不能中标，则资金压力就会比较大。

注意：第二年在综合指数的处理上，往往也有一定的技巧来迷惑竞争对手。我们知道，ISO 认证是影响企业综合指数的因素之一，进入第二年后，企业可以先投参与直销竞标，而不进行 ISO 认证，待直销快结束时，再进行 ISO 认证，认证后，企业综合指数会较认证前有一定的提升。

第二年直销与批发结束后，通过辅助信息可以查看市场占有率情况，如图 12-1 所示。

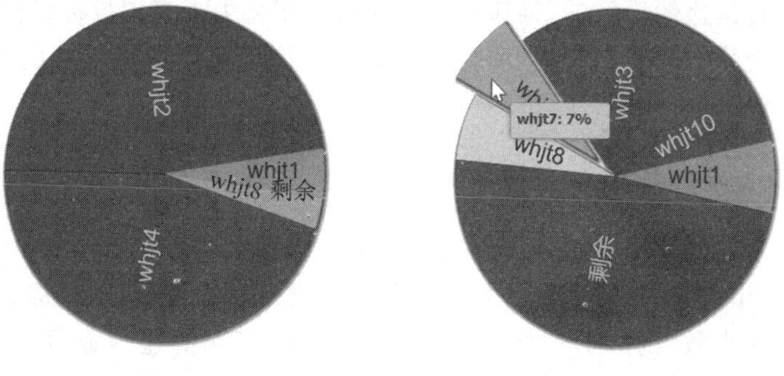

(a) 直销　　(b) 批发

图 12-1　第二年直销与批发市场占有率图

由图可见，直销基本上被第 2 组和第 4 组占有，且第 2、4 组均有较大的库存量，因此违约的可能性较小。第 8 组由于权益为负，第二年生存的压力将比较大。

二、第二年末财务报表分析

延续上例，第二年各组“关账”后，根据“辅助信息”中的“各组财务报表”项目，获取如表 12-5 所示的数据。

表 12-5　第二年结束各组经营数据表

组别	权益（W）	库存（W）	在制品（W）	土建（W）	设备（W）	现金（W）	应收款（W）	营业外支出（W）	综合指数
1	1107	1960	560	680	720	1325	700	0	7.11
2	1280	202	560	680	760	903	863	0	17.42
3	未关	700	0	680	680			0	10.35
4	591	229	560	680	720	67	744	0	12.42
5	1306	1659	560	680	720	529	1207	0	5.06
6	1647	915	670	680	920	845	2564	0	8.28
7	810	731	660	680	760	914	1598	80.18	7.61
8	破产							0	6.88
9	1239	369	510	680	720	215	3602	0	16.61
10	2228	1063	560	680	680	1648	2673	0	8.27

1. 选取数据说明

与第一年末选取的数据不同，本年增加选取了应收款、营业外支出等项目，而去除了短期贷款和长期贷款项目。

增加“应收款”项目的目的在于分析第三年初各小组的资金状况，是否存在因资金困难而无法参与直销投标和批发招商广告的投放。

增加“营业外支出”项目的目的在于分析营业外支出是否是由于第二年直销违约导致的，如果是由于直销违约导致的，则违约小组在第三年将失去直销投标资格。

去除“短期贷款”和“长期贷款”项目的原因在于该项目对第三年初的影响不大，且每个小组的长期贷款基本相同，所以没有比较价值。

2. 分析“营业外支出”项目

通过分析“营业外支出”项目，可以发现第 7 小组产生了营业外支出 80.18W，为小数，可以判断第 7 组出现订单违约情况（如果有营业外支出且为整数，则通常是由于变卖生产线导致的；如果为小数，则由于违约需要支付违约金额 25％的违约金而导致的）。通过查看第二年直销与批发市场占有率，发现第 7 组只要拿了一部分批发订单，说明第 7 组可能因为失误而导致订单违约。

3. 通过“所有者权益”和“库存”项目分析各组的成长潜力

由表 12-5 可见，权益最高的为第 10 组，其次是第 6、5、2、9、1 组。而从库存看，最高为第 1 组，其次是第 5、10、6 组。因此，这几个小组均具有较强的增长潜力。

4. 分析“现金”和“应收款”项目

从“现金”和“应收款”项目看，各组的资金并不是很大，除第 7 组不能参与直销，第

3 组和第 8 组破产外，其他小组都具备直销资格。虽然第 4 组现金并不高，但该组权益有大幅度增长，第三年可能先通过短期贷款来筹措资金，参与直销。

5. 进入第三年再收集各组“综合指数”

各组综合指数如表 12-5 所示，第 2、9 组综合指数最高，在直销方面最有优势。其次是第 4 组，再接下来是第 6、10 组。

如果站在第 10 组的角度分析，第 2、9 组处于第一集团，第 4 组处于第二集团，但这三个组的库存量均较小，如果投标面较广，则会顾虑中标太多而违约。因此，第 2、9 组会针对高价订单投标。第 4 组由于资金影响也不会参与太多的直销投标，这给第 10 组较大的直销机会。

第 10 组最主要的竞争对手是第 6 组，其次是第 1 组，尤其是第 1 组，库存量较大，资金也比较充足，综合指数相比劣势也不算大。

基于此，第 10 组将主要竞争对手定位于第 6 组和第 1 组，拟采取广撒网策略，对于价格高于 12W 的订单参与投标，其中价格在 12～13W 的采取原价投标，价格高于 13W 的则适当降低价格投标。最终中标情况如图 12-2 所示。

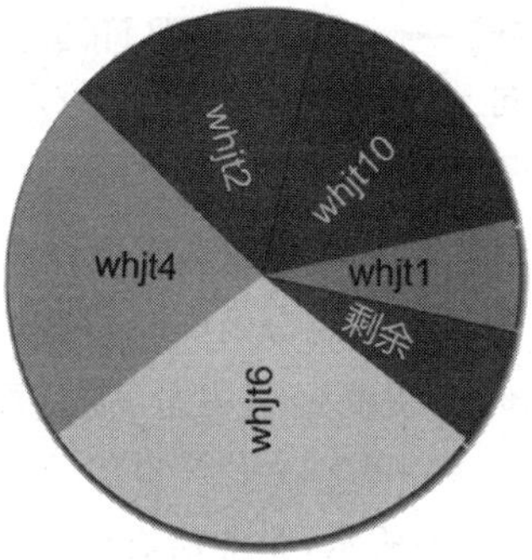

图 12-2　第三年直销中标市场占有率

学习情景十三

得分规则分析

学习目标

1. 掌握得分的计算公式；
2. 理解变动得分项目对得分产生的影响；
3. 理解提高得分应注意的事项。

任务一　得分规则描述

每年经营结束后，系统根据经营得分公式自动核算企业的经营得分，并以第三年经营结束后系统计算的得分排名作为经营成果的最终评价指标。经营得分的计算公式为

经营得分＝(1＋总分/100)×所有者权益

根据经营得分计算公式可知，要提高经营得分，需从两大方面入手：一是提高总分；二是提高所有者权益。

其中，总分的构成计算如表 13-1 所示，企业所有者权益的影响因素如表 13-2 所示。

表 13-1　总分构成项目表

项　目	得　分
① 未借民间融资	20
② 未贴现	20
③ 东部市场开拓完成	10
④ 中部市场开拓完成	15
⑤ 北部市场开拓完成	20
⑥ 西培市场开拓完成	25
⑦ ISO 9000 认证研发完成	10
⑧ ISO 14000 认证研发完成	20
⑨ P2 产品研发完成	5
⑩ P3 产品研发完成	10

续表

项　　目	得　　分
⑪ P4 产品研发完成	15
⑫ 生产线(条)	半自动生产线＋10 分，全自动生产线/柔性生产线＋15 分
⑬ 自主拥有 A 厂房	15
⑭ 自主拥有 B 厂房	10
⑮ 自主拥有 C 厂房	5
⑯ 营业成本分摊得分	(1－营业成本/营业收入)×100
⑰ 综合费用分摊得分	[1－(销售费用＋管理费用)/营业收入]×100
⑱ 资金周转率得分	营业收入/资产总计×100
⑲ 净利润率得分	净利润/营业收入×100
⑳ 资产报酬率(ROA)得分	利润总额/资产总计×100
㉑ 权益报酬率(ROE)得分	净利润/所有者权益合计×100
㉒ 资金流动性得分： 速动比 QR＝(货币资金＋应收账款)/(短期借款＋应付账款＋应交税费) 流动比 CR＝流动资产合计/(短期借款＋应付账款＋应交税费)	$CR<1$ 和 $QR<0.5$，资金流动性差，－10 $1.5<CR<2$ 和 $0.75<QR<1$，资金流动性一般，＋50 $CR\geqslant 2$ 和 $QR\geqslant 1$，资金流动性好，＋100
㉓ 资产负债率得分	(1－负债合计/资产总计)× 100

表 13-1 可以将总分分为两大类。第一类是固定得分项目，见表 13-1 中的①～⑮项，该类得分最高为 320 分；第二类是变动得分项目，见表 13-1 中的⑯～㉓项。

经营者若希望取得高分，除了力争固定得分项目最高外，还需要重点考虑变动得分项目，以提高企业的总分。

表 13-2　影响企业所有者权益因素

影响因素	构　　成	表达式
上一年所有者权益	① 上一年末企业所有者权益	＋
营业收入	② 产品销售收入	＋
营业成本	③ 产品总成本	－
	④ 当年折旧额	－
销售费用	⑤ 购买市场调研报告费用	－
	⑥ 市场开拓费	－
	⑦ ISO 认证	－
	⑧ 客户开发费	－

续表

影 响 因 素	构　　成	表达式
销售费用	⑨ 招商广告费	－
	⑩ 零售商进场费	－
	⑪ 配货费或调拨费	－
	⑫ 媒体广告费	－
	⑬ 零售商提成	－
管理费用	⑭ 购买标书费	－
	⑮ 产品研发费	－
	⑯ 行政管理费	－
	⑰ 零售商管理费	－
	⑱ 设备维修费	－
	⑲ 生产线转产费	－
	⑳ 厂房租金	－
	㉑ 支付库存费	－
财务费用	㉒ 银行利息	－
	㉓ 贴现费用	－
营业外收入	㉔ 变卖生产线	＋
营业外支出	㉕ 支付违约金	－
	㉖ 变卖生产线	－
所得税	㉗ 按税前利润 25%征收	－
本年末企业所有者权益	㉘ 年末所有者权益	＝

由于本年度末所有者权益＝上年度末所有者权益＋本年净利润，因此，表 13-2 实际上是细化了利润表中的项目而得来的。企业要想提高所有者权益，则需尽可能提高企业净利润，即经营者需要在控制营业成本和费用的基础上，尽可能提升企业的营业收入。

任务二　得分规则分析

一、从总分的角度分析

1. 固定得分项目分析

从表 13-1 中可看出，项目①～⑮的得分是固定的，企业最高可以得到 320 分的总分。要得到最高分，经营者还需注意几个问题。

（1）企业在第三年最好能避免民间融资和贴现。若没有民间融资和贴现，则总分可以加 40 分。

第三年要尽量避免融资和贴现，需要保证资金充足。一方面，若企业在第三年想较大规模的参与直销投标，则需要有现金作为投标保证金，若第三年第一季度没有大量到期的净应收账款，第二年末就应通过贷款或/和贴现备好资金。另一方面，进入第三年后，需要关注每季度应付账款及贷款还款时间，以便合理安排直销订单交货时间，尽可能解决资金问题。

(2) 企业开拓市场、进行 ISO 认证、研发新产品等会产生相应的销售费用和管理费用，一方面，这些费用支出会降低企业的所有者权益；另一方面，企业投入费用，完成市场的开拓、认证及研发后可以获得相应的加分。一般而言，企业为了更好地发展，这些费用的支出往往不可避免。但经营者可以调整这些经营活动的进度，在一定范围内能够控制企业所有者权益。例如，第一年为了保持较高的所有者权益，经营者可以放弃东部市场的开拓、ISO 9000 的认证及延缓产品研发进度等，待第二年再完成认证、开拓等。这样做既维持了第一年的所有者权益，又不影响第三年的加分项目。

(3) 生产线加分项中，由于全自动生产线/柔性生产线比半自动生产线加分高，且生产效率也比半自动生产线高，因此，一般来说，企业新购买生产线时，应考虑购买全自动生产线或柔性生产线。但需要注意，只有当生产线投产后，企业才能够获得相应的加分，空闲的生产线不能加分，所以企业在第三年第四季度需要投入生产，发挥生产线的加分功能。但为了节省资金，企业在投产时，可以生产不带任何功能的产品。

2. 变动得分项目分析

在表 13-2 中，得分项目⑯～㉓并不固定，而是由企业的经营情况决定的，企业的经营成果不同，得分的差距就会很大。

(1) 从营业成本分摊得分和综合费用分摊得分项目可知，第三年营业收入越高、营业成本、综合费用越低，则该两项得分就越高。

若企业在制定高价销售的情况下，又能够减少产品的流行功能，则营业成本分摊得分会比较高。例如，第三年销售理智型、情感型等，销售带 2 个流行功能的 P2 产品和带 3 个流行功能的 P2 产品，前者成本低，后者成本高，在产品销售相同的情况下，前者得分高。

若企业在第三年主要通过直销销售产品，则企业往往无须投放媒体广告，配货费用将大大减少；也无须签约新市场的零售商，零售商 10％的提成也将大大降低。因此和大量产品零售相比，节省了综合费用，若直销与零售价格相同，则通过直销销售的综合费用分摊得分会更高。

(2) 从资金周转率得分看，营业收入越高，资产越低，则得分越高。而要提高营业收入，一方面，在销量一定的情况下，可以通过高价销售实现；另一方面，在价格一定的情况下，可以通过提高销售量来实现，或者两者共同作用实现。对企业而言，前期特意库存一定的产品集中在第三年销售，也是值得考虑的。

(3) 从净利润率得分看，即要提高净利润所占营业收入的比重。

假定 A、B 两个组的营业收入均是 7000W，但 A 组净利润是 2000W，B 组净利润是 1500W，则 A 组得分更高。要想提高净利润率，则应尽量降低营业成本和各项费用，尽量提高产品价格。

(4) 从资产报酬率(ROA)得分看,需要提高利润总额,则关键还是提高销售额并控制成本费用的支出,以提高利润。

(5) 从权益报酬率(ROE)得分看,同样需要企业尽可能提高利润,并且此项得分也可能会超过100分。由公式

$$本年企业所有者权益=上一年企业所有者权益+本年净利润$$

可知,只要上一年度企业的所有者权益为负值,则本年净利润便会大于本年企业所有者权益。

(6) 从资金流动性得分看,如果企业销售额大,适当控制贷款等因素,即可获得高分。要想 $CR \geqslant 2$ 和 $QR \geqslant 1$,从分母看,包括短期借款、应付账款和应交税费,因此一方面尽量避免短期借款,另一方面努力降低应付账款也有利于使 $CR \geqslant 2$。应付账款中一个重要项目是原材料款,当企业资金不紧张时,经营者可以按季度少量多批次购买原材料,尽量在第三年内支付完该款项。当然,如果企业资金紧张,则可以大量采购原材料以延迟付款时间。

(7) 从资产负债率得分看,第三年负债越低,则该项得分将越高。因此,第三年在条件允许的情况下,减少或避免贷款(包括短期和长期贷款)是有利的。

变动得分项目分析如表13-3所示。

表13-3 变动得分项目分析

得分项目	得分规则	得分要点
① 营业成本分摊得分	(1－营业成本/营业收入)×100	提高营业收入,节省生产成本和折旧(全自动生产线比柔性生产线折旧少)
② 综合费用分摊得分	[1－(销售费用＋管理费用)/营业收入]×100	提高第三年营业收入,节省费用
③ 资金周转率得分	营业收入/资产总计×100	提高第三年营业收入
④ 净利润率得分	净利润/营业收入×100	提高第三年净利润
⑤ 资产报酬率(ROA)得分	利润总额/资产总计×100	提高第三年利润
⑥ 权益报酬率(ROE)得分	净利润/所有者权益合计×100	提高第三年净利润(若第二年负权益,第三年获得高额净利润,则此项往往得分高)
⑦ 资金流动性得分: 速动比 QR＝(货币资金＋应收账款)/(短期借款＋应付账款＋应交税费) 流动比 CR＝流动资产合计/(短期借款＋应付账款＋应交税费)	$CR<1$ 和 $QR<0.5$,资金流动性差,－10 $1.5<CR<2$ 和 $0.75<QR<1$,资金流动性一般,＋50 $CR \geqslant 2$ 和 $QR \geqslant 1$,资金流动性好,＋100	第三年尽量不借款,在不需借款的基础上,可尽量减少应付账款(应付账款一方面来自零售商提成,另一方面来自未到期的原材料款。因此,控制好资金的情况下,尽量付清原材料款)
⑧ 资产负债率得分	(1－负债合计/资产总计)×100	努力降低负债

3. 小结

通过分析总分项目，企业若想获得高分，主要需要抓好以下几点。

(1) 固定得分项目争取最高分。因此，第三年尽量避免民间融资和贴现，生产线最好是全自动线或柔性生产线，且第三年第四季度生产线必须投产(可不带流行功能)。

(2) 尽量提高第三年的营业收入，同时尽可能降低成本和费用。

(3) 第三年尽量不贷款，在资金不紧张的情况下，合理安排采购原材料，第三年末减少应付账款。

二、从所有者权益角度分析

企业要提升所有者权益，则考虑如何提高企业净利润。

从表 13-2 可知，作为企业所有者权益的增项，只来源于企业的营业收入。而减项则包括营业成本、销售费用、管理费用、财务费用、营业外支出等。因此，经营者若想提高企业所有者权益，可考虑以下几种方法。

1. 增加营业收入

增加营业收入即提高产品销售额。

2. 控制成本和费用

控制营业成本(主要是产品的生产成本)、销售费用、管理费用、财务费用及营业外支出等。

一般而言，要增加营业收入，往往需要投入更多的成本与费用。既想增加营业收入，又想将成本和费用控制在较低点是较难实现的。例如，企业若想高价销售理智型产品，以提升营业收入和利润，则往往需要付出高额的媒体广告。因此，在营业收入增加的情况下，销售费用也增加了。再如，企业若想获得情感型订单，则往往需要在前期以高额的促销获取产品的优惠额，尽管后期获得了情感型订单，但需要弥补前期的亏损，企业总体的利润并不一定很高。

尽管更高的销售费用往往意味着更高的成本费用投入，但开源节流的思想应贯穿企业经营始终，经营者需要合理分析、理性决策。尽可能在控制成本费用的情况下，增加收入。例如，同样是销售理智型 P1 产品，在纯 P1 产品可销的情况下，一家企业用带 2 个流行功能的 P1 产品满足理智型市场，另一家企业却用纯 P1 产品去满足理智型市场，前者的产品成本则比后者的产品高出 2W/件，在销售价格相同的情况下，显然后者的利润更高。

要控制成本和费用，经营者需要考虑：

(1) 分析销售对象，控制产品成本。例如，企业若想以经济型人群为销售对象，以较低的价格销售产品，则在分析产品项目的销售期限的情况下，尽可能减少流行功能，降低产品成本。同理，若企业可以获得理智型、情感型等订单，同样在产品可销的条件下，尽可能少带流行功能，从而节省成本，提升利润空间。

注意：并不是企业的产品带的流行功能越多，产品就越好销售或者销售的价格更高。产品是否可销是由企业是否满足零售交易条件来决定的。

（2）控制销售费用，如表 13-4 所示。

表 13-4　销售费用项目及控制方法

销售费用项目	控 制 方 法
① 购买市场调研报告费用	在无须了解各零售市场的情况下，只需买一份报告
② 市场开拓费	一般需要开拓，无须控制
③ ISO 认证	一般需要认证，无须控制
④ 开发客户	针对直销订单去开发客户，避免无谓的开发
⑤ 招商广告费	第一年依经营策略投放，第二、三年应控制费用避免浪费
⑥ 零售商进场费	若不需零售或少量零售，则少签约零售商
⑦ 配货费（或调拨费）	选择较经济的配货量，每次 10 个最经济
⑧ 媒体广告费	尽可能发挥广告效益。媒体广告对权益影响较大，是控制重点。依经营策略不同采取不同的媒体广告策略
⑨ 零售商提成	不可控制，按零售额的 10%提成

（3）控制管理费用，如表 13-5 所示。

表 13-5　管理费用项目及控制方法

管理费用项目	控 制 方 法
① 购买标书费	投标则买标书，否则不买
② 产品研发费	一般需要研发，但根据需要调整研发进度
③ 行政管理费	不可控制，每季度为 2W
④ 零售商管理费	每个零售商每季度为 2W，一般不需控制，除非少签约零售商
⑤ 设备维修费	生产线维修费，不需要控制，不同生产线差异较小，应以全自动生产线为主
⑥ 生产线转产费	尽量合理安排好全自动生产线，减少转产次数
⑦ 厂房租金	资金允许的情况下，购买厂房
⑧ 支付库存费①	年末根据需要调整零售商的产品库存，减少库存费

三、总结

综上所述，企业要想获得高分，需从以下几方面思考。

（1）企业获利是根本。利润越高，所有者权益就越高。尤其当企业的利润集中在第三年获得时，经营得分通过比较高。

① 例如，若第三年末 P2 产品的库存为：A1 零售商有 2 个 P2F1F5F3，A2 零售商有 4 个 P2F1F5，B1 零售商有 4 个 P2F1F5，B2 零售商有 3 个 P2F1F5，有 4 个 P2F1F5F3。则可将 A1、A2、B1 零售商的 P2 产品均调拨给 B2 零售商，支付的库存费用最低；若不调拨，支付的库存费为 $4\times3=12$(W)。调拨后，调拨费用为 $3\times1.5=4.5$(W)，库存费为 3W，合计 7.5W，可节省费用 4.5W。

(2) 第三年经营成果是关键。经营者应尽量增加第三年的销售额,且尽可能以较低的成本和费用投入,获得较高的产出,提高产品利润率。这样有利于增加第三年总分项目的得分。

(3) 提高资金流动性,尽量减少负债。实现此目标,企业的资金流动性和资产负债率得分将较高。

(4) 第三年尽量不要贴现和民间融资,且企业在第三年第四季度需要投产。

任务三　得分规则实例验证

某次经营最终得分如图 13-1 所示,根据得分规则对该得分进行检验。

得分: 29690

利润表

项目	表达式	上年金额	当年金额
营业收入	+	3720.63	7422.10
减: 营业成本	-	1652.00	3683.00
营业税金及附加	-	0.00	0.00
销售费用	-	1344.93	414.64
管理费用	-	268.60	207.00
财务费用	-	588.02	422.00
营业利润	=	-132.92	2695.46
加: 营业外收入		0.00	0.00
减: 营业外支出	-	0.00	0.00
利润总额	=	-132.92	2695.46
减: 所得税费用	-	0.00	544.76
净利润	=	-132.92	2150.70

资产负债表

资产				负债及所有者权益合计			
项目	表达式	上年金额	当年金额	项目	表达式	上年金额	当年金额
流动资产:				流动负债			
货币资金	+	1653.31	68.36	短期借款	+	1800.00	0.00
其他应收款	+	0.00	0.00	应付账款	+	1381.92	438.67
应收账款	+	633.92	2244.08	预收账款	+	0.00	0.00
存货:				应交税费	+	0.00	544.76
原材料	+	100.00	0.00	流动负债合计	=	3181.92	983.43
在途物资	+	0.00	0.00	非流动负债			
在制品	+	560.00	330.00	长期借款	+	1700.00	0.00
库存商品	+	1394.00	89.00	非流动负债合计	=	1700.00	0.00
流动资产合计	=	4341.23	2731.44	所有者权益			
非流动资产:				实收资本	+	1000.00	1000.00
固定资产原价:				未分配利润	+	-446.69	1704.01
土地和建筑	+	680.00	680.00				
机器和设备	+	680.00	680.00				
减: 累计折旧	-	266.00	404.00				
固定资产账面价值	=	1094.00	956.00				
在建工程	+	0.00	0.00				
非流动资产合计	=	1094.00	956.00	所有者权益合计	=	553.31	2704.01
资产总计	=	5435.23	3687.44	负债和所有者权益总计	=	5435.23	3687.44

图 13-1　经营得分图

由于"经营得分=(1+总分/100)×所有者权益"从财务报表可知所有者权益为 2704.01,要计算经营得分,还需要算出总分,而总分由以下各项组成(见表 13-6)。

表 13-6　经营得分项目

项　　目	得　　分	本次得分	备　　注
① 未借民间融资	20	20	未借
② 未贴现	20	0	本年度有贴现
③ 东部市场开拓完成	10	10	开拓完成
④ 中部市场开拓完成	15	15	开拓完成

续表

项　目	得　分	本次得分	备　注
⑤ 北部市场开拓完成	20	20	开拓完成
⑥ 西部市场开拓完成	25	25	开拓完成
⑦ ISO 9000 认证研发完成	10	10	认证完成
⑧ ISO 14000 认证研发完成	20	20	认证
⑨ P2 产品研发完成	5	5	研发完成
⑩ P3 产品研发完成	10	10	研发完成
⑪ P4 产品研发完成	15	15	研发完成
⑫ 生产线/条	半自动生产线＋10 分，全自动生产线/柔性生产线＋15 分	120	7 条全自动生产线，1 条柔性生产线
⑬ 自主拥有 A 厂房	15	15	拥有 A 厂房
⑭ 自主拥有 B 厂房	10	10	拥有 B 厂房
⑮ 自主拥有 C 厂房	5	5	拥有 C 厂房
⑯ 营业成本分摊得分	(1－营业成本/营业收入)×100	50.38	营业收入与营业成本参见利润表
⑰ 综合费用分摊得分	[1－(销售费用＋管理费用)/营业收入]×100	91.62	销售费用、管理费用参见利润表
⑱ 资金周转率得分	营业收入/资产总计×100	201.28	资产总计参见资产负债表
⑲ 净利润率得分	净利润/营业收入×100	28.98	净利润见利润表
⑳ 资产报酬率(ROA)得分	利润总额/资产总计×100	73.10	利润总额见利润表
㉑ 权益报酬率(ROE)得分	净利润/所有者权益合计×100	79.54	所有者权益见资产负债表
㉒ 资金流动性得分： 速动比 QR＝(货币资金＋应收账款)/(短期借款＋应付账款＋应交税费) 流动比 CR ＝流动资产合计/(短期借款＋应付账款＋应交税费)	$CR<1$ 和 $QR<0.5$，资金流动性差，－10 $1.5<CR<2$ 和 $0.75<QR<1$，资金流动性一般，＋50 $CR\geqslant 2$ 和 $QR\geqslant 1$，资金流动性好，＋100	100	$QR=2.35$ $CR=2.78$
㉓ 资产负债率得分	(1－负债合计/资产总计)×100	73.33	
合　计		998	取整数

将总分和所有者权益代入方程式：

$$
\begin{aligned}
\text{经营得分} &= (1+\text{总分}/100)\times\text{所有者权益}\\
&=(1+998/100)\times 2704.01\\
&\approx 29690
\end{aligned}
$$

策 略 篇

掌握了营销沙盘的经营规则及分析方法后，如何制定合适的经营策略就成为沙盘经营的关键。

在营销沙盘实战中，经营策略多种多样，由于经营是在动态环境中进行的，并不存在以不变应万变的最优方案，作为经营者，除了了解一些常规的经营策略外，还应能够根据经营环境的变化及时调整经营策略，使自身的经营策略更具灵活性、适应性。

本篇将重点介绍几种常规的经营策略以供参考，包括批发＋直销策略、囤货策略、理智型策略、情感型策略、经济型＋不定型策略等。

假如你是一个初学者，刚踏入沙盘的奇幻大门，对各位“大神”的操作还一知半解，此时，批发＋直销策略或许是你不错的选择，此策略操作简单，不会让你疲于应付，还有较充足的时间去学习、分析竞争对手的经营策略，逐步提升自身的操作能力。

随着经营水平的提升，此时你可以尝试囤货策略，经营前期保存自身实力、积蓄增长潜能，以旁观者的姿态关注竞争对手之间厮杀，经营后期寻找时机，以求逆袭。同时，学习竞争对手理智型、情感型的经营策略。

经过这两个阶段，你熟悉了营销沙盘经营流程，理顺了各部门之间内在关联，进一步增强了对经营规则尤其是零售交易规则的理解与运用。此时可以尝试理智型策略、情感型策略。

经历这些策略的运用阶段，你或许会发现，成功的企业或许并不一定要定位于单位利润较高的高端人群(如情感型、理智型等)，为了追求高端人群的交易，可能需要付出太高的代价，严重影响了企业利润。而那些定位于低端人群(如经济型、不定型等)的企业，虽然单位产品的利润不高，但付出代价小，总利润仍然非常可观。此时，你也不妨试试经济型＋不定型策略。在经历各种经营策略的尝试后，你或许会逐步形成自己的经营风格，并能够制定出更适应环境变化的柔性策略，不知不觉就完成了从“菜鸟”到“大神”的蜕变。

学习情景十四

批发+直销策略

学习目标

1. 了解批发+直销策略的基本思路；
2. 理解方案的适用条件；
3. 理解方案存在的风险及防范措施。

批发+直销策略是最简单的一种经营策略，比较适合初学者，且往往能取得不错的效果。

本策略的基本思路是：第一年尽量保权益，以销售原有的纯 P1 产品为主，将新生产的产品囤货，为第二年批发准备货物。第二年拿到批发订单后，于第二年第四季度集中交货，目的在于提升第三年初的综合指数，从而为第三年拿直销订单奠定基础。第二年生产的产品一方面为批发订单备货，另一方面可将多余的产能生产带第一、二年的流行功能，为第三年直销准备货物。第三年以直销为主，若能拿到直销，则目标基本达成。

任务一　经营方案设计

一、第一年经营方案设计

第一年经营方案如表 14-1 所示。

表 14-1　第一年经营方案

部门	项目任务	具体任务操作			
		第一季度	第二季度	第三季度	第四季度
市场部	1. 市场分析	买南部市场调研报告			
	2. 市场开拓	全选开拓（或放弃东部）			
	3. ISO 认证	全选认证（或放弃 ISO 9000）			
直销部	4. 开发客户	不用开发			
	5. 参与投标	放弃			
批发部	6. 投放广告	放弃			
	7. 选单	无			

续表

部门	项目任务	具体任务操作			
		第一季度	第二季度	第三季度	第四季度
生产部	8. 产品研发	研发 P2、P3、P4	研发 P2、P3、P4	研发 P2、P3、P4	无
	9. 产品下线入库	下线入库	下线入库	下线入库	下线入库
	10. 租赁/购买厂房	购买 B 厂房	购买 C 厂房	无	无
	11. 生产线购买及调整	买 2 条 P1 产品全自动生产线	卖 2 条半自动生产线，买 4 条 P1 产品全自动生产线（或者 3 条全自动生产线、1 条柔性生产线）	将 3 条 P1 产品转产至 P2 产品，4 条 P1 转产至 P3 产品（包括柔性生产线），1 条 P1 产品转产至 P4 产品	与第三季度相同
	12. 原料采购	根据未来生产线分布买原材料。本参考方案的生产线安排为：第二季度 8 条 P1 产品，第三、四季度分别为 3 条 P2 产品，4 条 P3 产品，1 条 P4 产品。因此，本年度需要购买的原材料数量分别为 R1：80＋30＋30＝140（个），R2：150＋150 ＝ 300（个），R3：50＋50＝100（个），R4：20＋20＝40（个） 根据原材料采购提前期，第一季度需要采购 R1、R3 和 R4 原材料。第二季度下 R2 原材料的采购订单	如前生产线安排计划为 R2：150＋150＝300（个）	本季度需要采购 R3 和 R4 原材料，用于第二年第一季度 P3 和 P4 产品的生产。采购数量需要保证第二年第一、二季度的生产，以及可能的转产需要。例如，可以采购 R3、R4 原材料各 160 个。如果希望将原材料推迟到第三年付款，则可采购 210 个 R3 原材料和 220 个 R4 原材料	本季度需要采购 R1 和 R2 原材料，同样，若想将原材料款推迟到第三年，R1 原材料可采购 210 个，由于 R2 原材料需求量大，可以采购 280 个 R2 原材料
	13. 投入生产（投产的产品均为第二年批发订单备货）	4 条线投产 P1 产品，带第一年流行功能（说明：如果第一年第四季度新出现流行功能，则批发订单可能包括也可能不包括第四季度出现的功能，此时，可生产一部分带第一年出现的全部功能，也生产一部分不包括第四季度出现的功能，这也适用于 P2 和 P3 产品）	8 条线生产 P1 产品	3 条线生产 P2 产品，4 条线生产 P3 产品，1 条线生产 P4 产品。（说明：如果 P2 产品或 P3 产品出现 2 个流行功能，则可生产一部分带 1 个功能的，生产一部分带 2 个功能的，以生产带 1 个功能为主）	同第三季度
	14. 交货给客户	无	无	无	无

续表

部门	项目任务	具体任务操作			
		第一季度	第二季度	第三季度	第四季度
零售部	15. 签约零售商	签约 A2 零售商	无	无	无
	16. 货物配送	给 A1、A2 零售商配货，例如，再给 A1 零售商配 20 个（分 2 次配货），给 A2 零售商配 80 个（分 8 次配货），要注意纯 P1 产品可销售的期限	将新下线的 20 个纯 P1 产品配给 A1 或 A2 零售商	无	无（如果 A1 零售商已无法销售纯 P1 产品，要将未卖完的调拨给 A2 零售商）
	17. 价格制定	以经济型、不定型为主，价格低于期望价	以经济型、不定型为主，价格低于期望价	以经济型、不定型为主，价格低于期望价	以经济型、不定型为主，价格低于期望价
	18. 促销策略	采取多买折扣，满 1 件打 9.99 折	同第一季度	同第一季度	同第一季度
	19. 媒体广告投标	不抢媒体，百度投 10W 以内（但尽量提高广告的性价比，在低价位进行适当调整）	不抢媒体，百度投 10W 以内（但尽量提高广告的性价比，在低价位进行适当调整）	不抢媒体，百度投 10W 以内（但尽量提高广告性价比，在低价位进行适当调整）	不抢媒体，百度投 10W 以内（但尽量提高广告的性价比，在低价位进行适当调整）
财务部	20. 应收/应付账款	更新	更新	更新	更新
	21. 短期贷款/还本付息	第一季度不需贷款	适量贷款（如果第一季度卖得好，有净应收款，则少贷）	适量贷款	适量贷款
	22. 管理费缴纳	缴纳	缴纳	缴纳	缴纳
	23. 应交税费缴纳	缴纳	无	无	无
	24. 长期贷款/还本付息				不贷长贷（由于第二年拿批发订单，缓解了资金问题，且少支付利息，更有利于保持或提升权益）
	25. 租赁费/维修费				支付费用
	26. 支付库存费				支付费用（可将已过销售期的 P1 产品调拨给 A2 零售商）
	27. 折旧				折旧
	28. 关账				关账

二、第二年经营方案设计

第二年经营方案如表 14-2 所示。

表 14-2　第二年经营方案

部门	项目任务	具体任务操作			
		第一季度	第二季度	第三季度	第四季度
市场部	1. 市场分析	买南部市场调研报告			
市场部	2. 市场开拓	全选开拓			
市场部	3. ISO 认证	认证			
直销部	4. 开发客户	可开发			
直销部	5. 参与投标	可投标			
批发部	6. 投放广告	投放合适的广告			
批发部	7. 选单	按照原有生产线布局，各产品的供应能力应为 120 个 P1 产品、150 个 P2 产品、200 个 P3 产品和 50 个 P4 产品，总供应能力为 520 个，可对生产线生产的产品各类进行调整			
生产部	8. 产品研发	无	无	无	无
生产部	9. 产品下线入库	下线入库	下线入库	下线入库	下线入库
生产部	10. 租赁/购买厂房	无	无	无	无
生产部	11. 生产线购买及调整	根据拿单情况调整生产线（在满足批发订单的情况下，尽量多生产 P2 产品和 P4 产品库存，为第三年直销备货）	根据拿单情况调整生产线	根据拿单情况调整生产线	根据拿单情况调整生产线
生产部	12. 原料采购	根据规划好的生产线，计算原材料数量，合理的安排采购时间。例如，接上一年，若第一季度入库的原材料分别为 R1 210，R2 280，R3 210，R4 220，且本年度生产线安排为第一季度 P2：P3：P4＝4：2：2；第二、三、四季度 P2：P3：P4＝3：2：3。则本年度对原材料的需求数量为 R1 40＋30＋30＋30＝130（个），R2 140＋130＋130＋130＝530（个），R3 40＋50＋50＋50＝190（个），R4 40＋60＋60＋60＝220（个）。则 R1、R3 有剩余，R4 数量合适，R2 还需采购 250 个，采购时间为第二年第二季度。另外，第三季度还需要采购 R3 和 R4 原材料，第四季度还需采购 R2 原材料，以备第三年之需			
生产部	13. 投入生产	在满足批发订单交货的条件下，可生产带第一、二年的流行功能的产品，为第三年直销备货。例如，本年度若拿到 100 件 P1、120 件 P2、120 件 P3 和 30 件 P4 的批发订单。而 P1 产品有 120 件，P2 产品有 30＋30＋40＋30＋30＝160（件），P3 产品有 40＋40＋20＋20＋20＝140（件），P4 产品有 10＋10＋20＋30＋30＝100（件）。则本年度剩余 20 件 P1（零售处理），40 件 P2（带第一、二年功能库存），20 件 P3（带第一、二年功能库存），70 件 P4（带第一、二年功能库存）。即可为第三年直销准备 40 件 P2、20 件 P3 和 70 件 P4			
生产部	14. 交货给客户	不交货	不交货	不交货	一次性交货

续表

部门	项目任务	具体任务操作			
		第一季度	第二季度	第三季度	第四季度
零售部	15. 签约零售商	无(可节省签约费用及配货费等,有利于保持或提升企业利润及所有者权益)	无	无	无
	16. 货物配送	拿到批发后,将零星的货物配送给 A1 和 A2 零售商			
	17. 价格制定	由于是处理零星货物,且带有第一年功能,可能可以销售至第三年初(要计算),前三季度价格可高一点,如果卖不出,第四季度降价处理,以巩固第四季度的交易额			
	18. 促销策略	采取多买折扣,满 1 件打 9.99 折	同第一季度	同第一季度	同第一季度
	19. 媒体广告投标	不抢媒体,百度投 10W 以内(但尽量提高广告的性价比,在低价位进行适当调整)	不抢媒体,百度投 10W 以内(但尽量提高广告的性价比,在低价位进行适当调整)	不抢媒体,百度投 10W 以内(但尽量提高广告的性价比,在低价位进行适当调整)	不抢媒体,百度投 10W 以内(但尽量提高广告的性价比,在低价位进行适当调整)
财务部	20. 应收/应付账款	更新	更新	更新	更新
	21. 短期贷款/还本付息	由于拿了批发订单,资金应该比较充足,前三季度一般都不需要贷款,第四季度可适当短贷,为第三年直销准备保证金			
	22. 管理费缴纳	缴纳	缴纳	缴纳	缴纳
	23. 应交税费缴纳	缴纳	无	无	无
	24. 长期贷款/还本付息				不贷代贷
	25. 租赁费/维修费				支付费用
	26. 支付库存费				支付费用
	27. 折旧				折旧
	28. 关账				关账

三、第三年经营方案设计

第三年主攻直销。由于第二年第四季度交了大批货物,以较大的交易额提升第三年第一季度的企业综合指数,因此,在直销方面应该具备一定的竞争力。

企业在参与直销竞标时,一定要分析好竞争对手,以便确定企业的投标价格,确保能够中标。如果第三年企业未拿到满意的直销数量,则再通过批发和零售达到销售的目的。

任务二 方案适用的条件

本方案操作简单,适用性比较强,对初学者来说是不错的选择。在符合以下条件下,本方案尤其适用。

一、市场环境条件

(1) 在负市场环境下,由于零售受到较大不利影响,直销显得更加重要,采用本方案,企业费用支出比较节省,直销也有一定的优势,因此本方案更有利。当然,在负市场条件下,也可能导致第二年批发订单的竞争加剧,从而对本企业产生不利影响。

(2) 第一年各产品流行功能出现得越少越有利。一般而言,P1 产品第一年会出现 2～3 个流行功能,P2 和 P3 产品一般会出现 1～2 个流行功能,P4 产品只可能出现一个流行功能,如表 14-3 和表 14-4 所示。

表 14-3 产品流行功能及周期(1)

产品	第一年			
	第一季度	第二季度	第三季度	第四季度
P1	P1F3(流行周期 2 季度)		P1F2(流行周期 2 季度)	
P2			P2F4(流行周期 2 季度)	
P3			P3F3(流行周期 3 季度)	
P4			P4F2(流行周期 3 季度)	

表 14-4 产品流行功能及周期(2)

产品	第一年			
	第一季度	第二季度	第三季度	第四季度
P1	P1F3(流行周期 1 季度)	P1F5(流行周期 2 季度)		P1F2(流行周期 1 季度)
P2			P2F4(流行周期 1 季度)	P2F3(流行周期 3 季度)
P3			P3F3(流行周期 3 季度)	
P4			P4F2(流行周期 3 季度)	

以上两种情况,很显然表 14-3 中的情况更有利。表 14-3 中,第二年 P1 产品批发订单一定要求带有 F3 和 F2 两个功能,P2 产品一定只需要带功能 F4;而表 14-4 中,第二年 P1 产品批发订单既可能带 F3 和 F5 两个功能,也可能要求带 F3、F5 和 F2 三个功能,P2 产品则可能只要求带 F4 功能,也可能要求带 F4 和 F3 功能。功能增加,产品成本也增加,批发订单的利润就会受到影响。

二、第二年直销中标情况的影响

(1) 如果第一年竞争激烈,导致综合指导较高的几个小组权益都为负,且第二年直销由这几个小组分享了直销订单。由于受资金影响，直销中标的小组均无法将直销订单留至第二年第四季度集中交货，从而更凸显本组第四季度的交易额所占比例，这将有利于提升本组第三年第一季度的综合指数，进而增加第三年直销机会。

（2）如果第二年直销中标很集中，尤其是某一个小组占有绝大部分市场份额（比如占有超过70%份额），且该组权益为负，需要通过交货缓解资金压力，但货物不足，第二年肯定出现违约的情况。

这种情况，直销中标小组因违约丧失了第三年直销资格，且第二年第四季度交货数量不大，从而使本组的批发订单在拉升企业综合指数上的作用更加明显。

任务三　方案的风险及防范

一、存在的风险

（1）批发竞争激烈，拿到的订单数量少。

当市场环境不好时，各组为了避免零售市场的激烈竞争，可能加大批发订单的争夺，从而导致本组拿不到理想数量的批发订单。交付批发订单的货物起不到拉升综合指数的作用。

（2）第二年直销被卷后，为了缓解资金压力，权益较低的小组转而寻求批发订单。

原本打算第二年拿直销的小组，由于未能拿到直销订单，加上自身权益低，融资能力弱，为了解决资金问题，转而也要抢夺一部分批发订单，影响了本组的批发订单数量及质量。

（3）第三年未能拿到理想的直销订单。

本方案成败的关键是第三年是否拿到直销订单，一旦第三年未能拿到直销，则不得不转而寻求批发与零售。

（4）批发方面，由于价格不高，影响了利润。

（5）零售方面，一方面，企业需要签约大量的零售商，也需要较高的费用；另一方面，由于本小组的综合指数优势是以交付批发订单来提升的，往往只能维持一个季度，因此零售也难以获得较高的利润。

因此，第三年能否拿到合适的直销订单，往往决定了本企业的经营成果。

二、风险防范

针对存在的风险，经营者一般可以从以下几方面考虑。

（1）若拿不到理想数量的批发订单，则通过交付批发订单提升指数的目标就会很难实现。此时，经营者可以考虑转变方案。例如可以转向理智型经营策略。由于第一年生产的产品都带有第一年的流行功能，因此产品的销售期限较长，企业可以在第二年第一季度即交付批发，同时抢媒体广告，低价零售，即通过媒体、零售、批发共同拉升综合指数，从而转向理智型经营策略。

（2）第二年结束后，应加强对竞争对手的分析。

① 要识别竞争对手。由于本组的主要目标是第三年直销，因此竞争对手主要是那些

综合指数较高的小组，尤其是综合指数与本组比较接近的小组。

② 要分析竞争对手的能力。主要包括：竞争对手的库存水平（会在多大范围内参与直销竞标），竞争对手的资金状况（是否有足够的直销保证金），竞争对手是否存在违约情况（一旦违约，则无资格参与直销竞争），等等。

③ 竞争对手对直销的依赖程度。如果第三年市场环境较好，零售需求量较大，且竞争对手的综合指数主要来源于媒体影响力，则对手对直销的依赖度就较小，而零售往往会给对手带来更大的收益。

基于以上分析，本组可以调整直销价格及投标范围，达到中标的目的。

任务四　方案的改进方向

本方案最终的目的是通过第二年第四季度交付批发订单，以交易额达到提升第三年第一季度综合指数的目的，从而为第三年直销创造条件。

由于第二年第四季度本身零售市场的规模较大，以及其他小组可能集中在第二年第四季度交货，从而削弱了本组交易额对综合指数的提升力。

基于此，为了增强第二年第四季度交易额所起的作用，可以于第二年第四季度通过零售提升本企业的交易额，同时抑制竞争对手的交易额。

在零售目标市场方面，由于企业综合指数低，因此可定位于经济型、不定型和冲动型等与企业综合指数关联度小的消费群。

在零售产品方面，应尽量以 P1、P2 需求量较大的产品为主，同时也配备一定数量的 P3 和 P4 产品。

学习情景十五

囤货策略

学习目标

1. 了解囤货策略的基本思路；
2. 理解方案的适用条件；
3. 理解方案存在的风险及防范措施；
4. 理解方案的改进方向。

囤货策略是指经营者将第一、二年生产的货物以囤积为主、适当销售的策略。一方面，可以避开前期市场的激烈竞争，保存实力以图第三年大发展；另一方面，根据得分规则，若第三年企业能够获得高额利润，与第三年所有者权益相同但第三年利润低的企业相比较，在得分上更具有优势。

本方案的基本经营思路如下。

第一年尽量维持较高的所有者权益，为囤货所需资金提供保障。第一年可以只生产和销售 P1 产品，而 P2、P3 和 P4 产品各只需要研发 2 个季度。这样既能节省产品的配货费用和库存费用，也能节省产品的研发费用等，有利于企业维持较高的所有者权益。但企业在生产 P1 产品时，要合理分配不同型号的 P1 产品的生产量，防止功能较少的产品过了销售期，以确保产品适销。

第二年不再生产 P1 产品，全部转产至 P2、P3 和 P4 产品。由于第二年产品的流行功能已经确定，因此可以直接生产带第一、二年流行功能的 P2、P3 和 P4 产品(新产品既适合第三年直销，也适合批发和零售)，少量用于零售，以冲动型为目标顾客。剩余的大量产品可库存。

第三年首先冲击直销，若直销能够以合适的价格获得大量订单，则意味着企业能够获得良好的经营业绩。若直销失败，则可根据市场环境、竞争情况等拿一部分批发订单，余下产品通过零售市场销售。

任务一　经营方案设计

一、第一年经营方案设计

第一年经营方案如表 15-1 所示。

表 15-1　第一年经营方案

部门	项目任务	具体任务操作			
		第一季度	第二季度	第三季度	第四季度
市场部	1. 市场分析	买南部市场调研报告			
市场部	2. 市场开拓	开发中部、北部和西部(可放弃东部)			
市场部	3. ISO 认证	认证 ISO 140000,可放弃 ISO 9000			
直销部	4. 开发客户	放弃			
直销部	5. 参与投标	放弃			
批发部	6. 投放广告	可放弃			
批发部	7. 选单	无			
生产部	8. 产品研发	不研发	不研发	研发 P2、P3、P4 产品	研发 P2、P3、P4 产品
生产部	9. 产品下线入库	下线入库	下线入库	下线入库	下线入库
生产部	10. 租赁/购买厂房	购买 B 厂房	购买 C 厂房	无	无
生产部	11. 生产线购买及调整	买 2 条 P1 产品全自动生产线	卖 2 条半自动生产线,买 4 条 P1 产品全自动生产线	无	无
生产部	12. 原料采购	根据未来生产线分布购买原材料。本参考方案的生产线安排为:第二、三、四季度均是 8 条 P1 产品。因此,本年度需要购买的原材料数量为 240 个 R1 原材料	无	本季度需要采购 R3 和 R4 原材料,用于第二年生产。本方案拟于第二年生产线安排为 P2 : P3 : P4 = 3 : 2 : 3。因此第二年所需 200 个 R3 和 240 个 R4 原材料。但为了能够将原材料款延迟至第三年第一季度付款,可购买 R3 原材料超过 200 个,例如购买 210 个 R3 和 240 个 R4 原材料	本季度需要采购 R1 和 R2 原材料,根据计算第二年需要 R1 原材料 120 个,R2 原材料 520 个。因此,可以采购 120 个 R1 和 260 个 R2 原材料。待第二年第二季度再下订单采购 260 个 R2 原材料。将 R2 原材料分两批次采购,既可将原材料款推迟至第三年,又可减缓原材料到期的付款压力
生产部	13. 投入生产	第一季度投产 4 条生产线,第二、三、四季度各投产 8 条生产线,因此新生产的 P1 产品总量为 280 件。加上原有的库存及在制品共 160 件 P1 产品,故 P1 产品产能大,生产的 P1 产品要保证适销,就需要带上不等的流行功能。假定第一年出现有三个流行功能,则可以生产 40 件带第一个功能,60 件带前两个功能,60 件带三个功能,120 件带五个功能。使得第二、三年均可销售 P1 产品			
生产部	14. 交货给客户	无	无	无	无

续表

部门	项目任务	具体任务操作			
		第一季度	第二季度	第三季度	第四季度
零售部	15. 签约零售商	签约 A2 零售商	无	无	无
	16. 货物配送	给 A1、A2 零售商配货，注意分配的数量，一般给 A2 零售商配货量更大。例如按 4∶6 分配	将新下线的 20 件纯 P1 产品配给 A1 或 A2 零售商	可将带五个功能和三个功能的产品配给 A1 零售商，以便能够卖冲动型	根据情况补货。注意 A1 零售商销售纯 P1 产品的期限，若过期则调拨给 A2 零售商继续销售
	17. 价格制定①	以经济型、不定型为主，价格低于期望价	以经济型、不定型为主，价格低于期望价。若可能销售一部分情感型或理智型，则可调整价格	以经济型、不定型为主，价格低于期望价。若可能销售一部分情感型或理智型，则可调整价格。针对冲动型则可定较高价格	以经济型、不定型为主，价格低于期望价。若可能销售一部分情感或理智，则可调整价格。针对冲动型则定较高价格
	18. 促销策略	可采取多买折扣，满1 件打 9.99 折	同第一季度	同第一季度	同第一季度
	19. 媒体广告投标	不抢媒体，百度投放 10W 以内（但尽量提高广告的性价比，在低价位进行适当调整）	不抢媒体，百度投放 10W 以内（但尽量提高广告的性价比，在低价位进行适当调整）	不抢媒体，百度投放 10W 以内（但尽量提高广告的性价比，在低价位进行适当调整）	不抢媒体，百度投放 10W 以内（但尽量提高广告的性价比，在低价位进行适当调整）
财务部	20. 应收/应付账款	更新	更新	更新	更新
	21. 短期贷款/还本付息	第一季度不需贷款	适量贷款	适量贷款	适量贷款
	22. 管理费缴纳	缴纳	缴纳	缴纳	缴纳
	23. 应交税费缴纳	缴纳	无	无	无

① 例如，若第一季度经济或不定销售成功，其交易额可能大幅度提升本企业第二季度综合指数，则可能销售一部分理智型；若第一季度优惠额排第二，则往往可以销售一部分情感型。此时价格可相应调整，以提升利润。

续表

部门	项目任务	具体任务操作			
		第一季度	第二季度	第三季度	第四季度
财务部	24. 长期贷款/还本付息				还长期贷款后，再借长期贷款 1700W
	25. 租赁费/维修费				支付费用
	26. 支付库存费				支付费用(可将已过销售期的 P1 产品调拨给 A2 零售商)
	27. 折旧				折旧
	28. 关账				关账

二、第二年经营方案设计

第二年经营方案如表 15-2 所示。

表 15-2　第二年经营方案

部门	项目任务	具体任务操作			
		第一季度	第二季度	第三季度	第四季度
市场部	1. 市场分析	买南部市场调研报告(也可同时买其他市场)			
	2. 市场开拓	全部开发			
	3. ISO 认证	全部认证			
直销部	4. 开发客户	放弃			
	5. 参与投标	放弃			
批发部	6. 投放广告	可放弃			
	7. 选单	无			
生产部	8. 产品研发	全部研发	无	无	无
	9. 产品下线入库	下线入库	下线入库	下线入库	下线入库
	10. 租赁/购买厂房	无	无	无	无
	11. 生产线购买及调整	转 3 条全自动生产线生产 P2 产品，转 2 条全自动生产线生产 P3 产品，转 2 条全自动生产线生产 P4 产品，柔性生产线转至 P4 产品	无	无	无

续表

部门	项目任务	具体任务操作			
		第一季度	第二季度	第三季度	第四季度
生产部	12. 原料采购	无	买 260 个 R2 原材料	买 110 个 R3 和 200 个 R4（为第三年生产购买原材料，尽量做到既不影响生产线转产，又减少第三年末原材料库存）	买 60 个 R1 和 220 个 R2 原材料
	13. 投入生产	生产的 P2、P3 和 P4 产品均带第一、二年流行功能(第二年销售的 P2、P3、P4 产品均以冲动型为主，能卖则卖，将大量产品库存。注意，P2、P3、P4 产品能够卖冲动型的时间为 A1、B1 零售商为第二年第一季度，C1 零售商为第二年第二季度，A2、B2、C2 零售商为第二年第三季度。而到第二年第一季度每个零售商均可卖 P1 产品的冲动型)			
	14. 交货给客户	无	无	无	无
零售部	15. 签约零售商	签约 B1、B2 零售商	签约 C1、C2 零售商	无	无
	16. 货物配送	给每个零售商都配 P1 产品。注意给每个零售商均配送带全功能的产品以销售冲动型。带少量功能的仍以经济型和不定型为主	将每类产品均配给各个零售商。注意：A1、B1、C1 零售商可销售 P2、P3、P4 产品的冲动型。也可以给 A2、B2、C2 零售商同时配货。如给每个零售商配5个 P2 产品，将 20 个 P3 产品和 20 个 P4 产品分配给 6 个零售商	根据销售情况适当补货	根据销售情况适当补货
	17. 价格制定	以经济型、不定型、冲动型为主要销售对象。因此，针对经济型、不定型定低于期望价，针对冲动型定较高价格			
	18. 促销策略	可保持不变	可保持不变	可保持不变	可保持不变
	19. 媒体广告投标	不抢媒体，但每一类媒体都可以尝试较低金额投放，例如黄金时段投 60W 左右。如果能中则能提高综合指数，不中也无损失			
财务部	20. 应收/应付账款	更新(如果应收大于应付，则可先收款)	更新(如果应收大于应付，则可先收款)	更新(如果应收大于应付，则可先收款)	更新(如果应收大于应付，则可先收款)
	21. 短期贷款/还本付息	一般不用贷款	注意下一季度是否需要还款，现金是否充足，如现金不足则本季度提前贷款，备好资金		可通过贷款准备比较充足的资金，用作下一年直销保证金

续表

部门	项目任务	具体任务操作			
		第一季度	第二季度	第三季度	第四季度
财务部	22. 管理费缴纳	缴纳	缴纳	缴纳	缴纳
	23. 应交税费缴纳	缴纳	无	无	无
	24. 长期贷款/还本付息				还长期贷款本息 610W
	25. 租赁费/维修费				支付费用
	26. 支付库存费				支付费用
	27. 折旧				折旧
	28. 关账				关账

三、第三年经营方案设计

第三年经营方案如表 15-3 所示。

表 15-3　第三年经营方案

部门	项目任务	具体任务操作			
		第一季度	第二季度	第三季度	第四季度
市场部	1. 市场分析	买南部市场调研报告，如需零售，也可以买其他市场调研报告			
	2. 市场开拓	全部开发			
	3. ISO 认证	无			
直销部	4. 开发客户	开发客户（可选取一部分客户开发）			
	5. 参与投标	可大范围投标			
批发部	6. 投放广告	根据直销情况、竞争情况、市场情况进行决策			
	7. 选单	选利润高的订单			
生产部	8. 产品研发	无	无	无	无
	9. 产品下线入库	下线入库	下线入库	下线入库	下线入库
	10. 租赁/购买厂房	无	无	无	无

续表

部门	项目任务	具体任务操作			
		第一季度	第二季度	第三季度	第四季度
生产部	11. 生产线购买及调整	根据拿单情况、市场需求情况调整生产线。如果直销拿单较多,则根据各产品数量调整生产线。如果拿单较少,需要大量零售,则需要考虑零售市场需求,一般应以 P1、P2 产品为主,P3、P4 产品为辅			
生产部	12. 原料采购	根据本年度生产线布局,对原材料进行调整,尽量在第四季度用完原材料,免交材料库存费			
生产部	13. 投入生产	满足直销与批发订单的生产,剩余产能用于零售。根据零售对象选择带流行功能的多少。如卖经济型、不定型,则尽量降低产品成本。注意,第四季度投产时为了节省费用,可生产不带任何功能的产品			
生产部	14. 交货给客户	注意交货的订单账期,尽量保证资金的回收并避免贷款。例如,第一季度交3个账期的订单、第二季度交2个账期的订单,以此类推,这样可以在第四季度回收到资金。如果某个季度较缺资金,则调整交货的订单,如通过交0账期的订单获取现金,解决资金问题			
零售部	15. 签约零售商	根据产品情况决定是否签约 D1、D2 零售商	无	根据产品情况决定是否签约 E1、E2 零售商	无
零售部	16. 货物配送	尽量给每个零售商配货,考虑零售商的市场敏感度,保证产品可销			
零售部	17. 价格制定	根据满足的交易条件、竞争情况等因素制定价格。如第一季度在交货的基础上,适当的价格零售(较低价的冲动等),以销量拉综合指数	若综合指数较高,则可针对理智型定高价,等等		
零售部	18. 促销策略	可保持不变	可保持不变	可保持不变	可保持不变
零售部	19. 媒体广告投标	总体而言,第三年尽量不要投入太多的媒体广告。但如果某季度抢到媒体广告就可以确保拿到理智型市场,也可以在一定程度上尝试抢媒体广告(由于本方案一直未加强媒体广告,第三年也较难通过媒体广告提升综合指数。因此,不主张投太高的媒体广告,否则对利润的影响较大)			
财务部	20. 应收/应付账款	更新(如果应收大于应付,则可先收款)			
财务部	21. 短期贷款/还本付息	尽量不贷款	尽量不贷款	尽量不贷款	尽量不贷款
财务部	22. 管理费缴纳	缴纳	缴纳	缴纳	缴纳
财务部	23. 应交税费缴纳	缴纳	无	无	无

续表

部门	项目任务	具体任务操作			
		第一季度	第二季度	第三季度	第四季度
财务部	24. 长期贷款/还本付息				还长期贷款本息
	25. 租赁费/维修费				支付费用
	26. 支付库存费				因为少于10件货物的调拨费用为1.5W，而库存费为3W。因此，可将未销售完的同一类货物集中调拨给某个零售商，节省费用
	27. 折旧				折旧
	28. 关账				关账

任务二 方案适用的条件

采取囤货策略能够使企业既能保持较高权益，又有大量的货物库存，保持增长潜力。总体而言，经营的风险较小，在满足以下条件的情况下，经营效果会更好。

一、市场环境条件

1. 市场需求

如果第三年为正市场，市场需求波动率越大越好，则零售需求量相对较大，对于囤货而言相对有利。尤其是市场需求波动率先负后正，对于前期投入费用较少、保存有实力的囤货策略而言效果更好。

另外，当第三年市场需求波动率为正，波动率越大，各企业对零售市场的期待越高，可能导致直销的竞争不激烈，这恰恰给了囤货策略第三年拿直销的好机会。

2. 流行功能

当第一年P2、P3产品出现的流行功能越多越有利。一般而言，第一年P2和P3产品出现的流行功能通常是一个，但有时会出现两个流行功能。由于第二年直销订单一定是需要具备第一年出现的功能的，而功能每增加一个，产品的加工费也增加1W/件，即产品的成本增加。对于以理智型市场为主，进而第二年以直销为目标的企业而言，削弱了直销订单的利润。而对于囤货策略而言，并不会产生负面影响。

二、市场竞争激烈程度

1. 理智型市场竞争越激烈越有利

由于理智型市场是以企业综合指数为主导的，要想占领理智型市场，争夺媒体广告将是主要手段之一，而高额的媒体广告中标本身拉低了企业利润，当企业收益不足以弥补媒体广告费等各项费用时，利润就会下降。

本囤货策略并没有把争夺媒体广告作为重点，因此对企业的消耗相对较小。当整个市场媒体广告竞争越激烈，则对手间的消耗就越大，对于囤货策略而言就越有利。

如果多家企业参与媒体广告的争夺，则很可能导致第一年关账时多家企业都存在负权益的状况，对这些企业而言，若第二年拿不到直销，则生存将面临较大的困难。相反，若理智型市场竞争不激烈，可能导致做理智型的企业出现一家独大的局面。

2. 情感型市场竞争越激烈越有利

情感型市场竞争激烈，意味着多家企业为了获得情感型订单而采取强势的促销策略，大量销售产品，以做大企业的历史优惠额。激烈竞争的结果可能导致竞争企业既没有获得利润，也无法保留产品。相反，如果情感型市场竞争不激烈，也可能导致聚焦于情感市场的企业出现一家独大的局面。

如果一部分企业立足于理智型市场展开激烈竞争，同时另一些企业聚焦于情感型市场，其结果很可能是第二年末即有企业破产而减缓了竞争，且竞争对手的囤货水平都较低。这对于囤货策略而言尤其有利。

任务三　方案的风险及防范

一、方案存在的风险

1. 前期基本上未参与竞争，让出一部分市场

本方案第一年为了保权益，只生产与销售 P1 产品。第二年 P2、P3 和 P4 产品均以冲动型为目标市场，销量小。一方面，冲动型市场本身就不大，且 A2、B2、C2 零售商到了第二年第三季度才对 P2、P3 和 P4 产品有冲动型需求，企业销量小；另一方面，不排除竞争对手也会以冲动型为销售对象，可能导致本企业的产品更难销售。

另外，由于本企业基本上未参与到 P2、P3 和 P4 产品的经济型、不定型、理智型、情感型等竞争，给了竞争对手更多的发展机会。

2. 策略雷同导致第三年竞争激烈

如果有多家企业同时采取囤货策略，则会导致竞争激烈，企业难以获得较高的经济利润。

当多家企业都囤货时，则第三年直销、批发和零售都可能竞争激烈。而本企业由于未投入较大的媒体广告，企业综合指数低，在直销方面没有优势。而批发订单一方面本身的利润低，另一方面也可能竞争激烈，更难以拿到理想订单。这导致企业只能通过压低价格去零售，必定难以获得较好的利润。

二、风险防范

1. 加强分析，适应变化

首先，要分析竞争情况。主要分析媒体竞争、情感型竞争等，如果竞争很激烈，则对本方案有利。如果竞争不激烈，则持续关注，并寻求变化的机会。例如，能否在 P1 产品上也针对情感型市场开展竞争。

其次，在第一年结束后，分析竞争对手的财务报表，了解权益、库存、生产线规模、资金等信息，结合各企业的经营策略，掌握各企业的整体经营情况。

再次，在第二年直销与批发结束后，对整体发展形势做出预判。例如，各组直销订单的占比，结合其库存判断是否存在违约的可能。直销拿订单少，权益为负的对手是否将于第二年破产？

最后，在第二年经营过程中，分析竞争激烈程度。如媒体广告中标费用是否很高？本企业能否也加入理智竞争行列？若加入理智可行，则可生产部分低成本产品，同时兼顾经济型、不定型、习惯型、冲动型等订单，以交易额和媒体影响力提升企业综合指数。在第二年经营结束后，要分析确定竞争对手是否违约、竞争对手的资金情况等信息。

2. 第三年策略的调整

如果按照正常的囤货进入第三年，则要注意策略的调整与应用。

(1) 要分析直销的机会。

一是可直接排除存在违约的企业。判断的标准是查看对手的利润表，只要是营业外支出存在小数的企业，肯定存在违约，无论其综合指数高低，可直接排除在直销之外。

二是竞争对手资金情况。由于直销需要按照订单金额的 10%缴纳直销保证金，如果资金不足，则直销必然受到影响。企业可通过查看竞争对手的资产负债表，了解竞争对手的现金、应收账款及所有者权益的变化。了解竞争对手是否可以通过贴现、贷款等方式在第三年第一季度获得资金。如果现金不足，则直销能力非常有限。

三是看竞争对手的库存及综合指数。排除了违约的企业、了解了直销能力有限的企业，还需要了解剩余的竞争对手的库存、综合指数，如果本企业的综合指数有优势，则直销的机会较大；否则，直销的机会较小。

另外，如果市场环境好，竞争对手对直销的依赖降低，本企业直销的机会往往也会大一些。

(2) 要分析批发的机会。

一是企业要清楚批发订单特点。例如，P2 和 P3 产品批发订单的数量较多，P4 产品批发订单的数量较少。且第三年批发订单不一定要求第二年第四季度出现流行功能，因此 P2 和 P3 产品批发订单的产品成本可能是 6W/件。

二是虽然批发订单价格较低，但往往每个市场都有少量的高价订单，如 11W/件左右。如果能够拿到这些订单，则利润仍然较高。

(3) 如果直销与批发均不太理想，企业库存量又较大，则只能从零售取得突破。

企业在第一季度交货的基础上，再压低价格大量零售，适当投放媒体广告，主要通过交易额拉升企业综合指数。通常第三年第一季度是囤货企业零售的好机会，一方面，对于库存少的竞争对手，产品数量少，零售量不大；另一方面，拿到直销的竞争对手如果交货，则剩余的产品数量更少，往往也不愿意低价零售。

如果第一季度销售量大，第二季度企业综合指数就会有大幅度提升，则第二季度可根据交易条件，提升价格，努力提高企业利润。

任务四　方案的改进方向

由于本方案第一年明确采取囤货策略，可能会缺乏变数，导致方案不够灵活。因此，在囤货思路的指导下，根据实际环境，可以做一些改进。

方案的制定应考虑环境的适应性，能够根据突发情况做出一些调整。在囤货策略中，企业在第一年是不主张抢媒体广告的，但并不意味着直接放弃媒体广告。当出现以下情况时，企业可以考虑向理智型方向发展。

(1) 当第一季度央视黄金时段等媒体广告以较低的价格中标时，企业综合指数较高，可以往理智型发展。

(2) 当第一季度零售交易额很大，比如卖成经济型＋不定型，而其他小组交易额较低时，则意味着本组综合指数在第二季度会大幅上升，也可以往理智型发展。

(3) 同时满足以上两个条件时，企业更能向理智型方向发展。

若第一季度未出现以上情况，而第二季度产品大量交易，同样也可以考虑向理智型发展。为了适应策略转变，原方案中的囤货策略可以适当调整。

一方面，市场开拓与认证可不放弃。避免可以卖理智型时东部市场未开拓而失去机会。另一方面，原方案中只生产 P1 产品，因此只采购 R1 原材料，如果能够转理智型，则需要生产 P2、P3 和 P4 产品。因此，可以在第一季度购买 R3 和 R4 原材料(如各买 40 个)。若第一、二季度未实现转理智型的条件，则可于第四季度对生产线进行转产，生产全功能的 P2、P3 和 P4 产品。这种调整，相当于把原方案中 P1 产品的一部分产能转变为 P2、P3 和 P4 产品的产能，更有利于多囤 P2、P3 和 P4 产品。

任务五　实战案例

本案例来源于网赛数据，本组为 ST7 小组。

一、经营第一年

（一）经营第一季度

1. 市场部

（1）市场分析。通过购买南部市场调查报告，获取产品流行功能及南部零售市场需求信息，经整理市场信息如表 15-4 和表 15-5 所示。

表 15-4　市场需求波动率及产品流行功能及流行周期表

南部市场需求波动率(%)	第一季度	第二季度	第三季度	第四季度
	8	7	−6	−18
产品流行功能及流行周期				
P1	P1F3(2 个季度)		P1F2(1 个季度)	P1F1(1 个季度)
P2			P2F5(3 个季度)	
P3			P3F1(1 个季度)	P3F5(3 个季度)
P4			P4F1(3 个季度)	

表 15-5　零售市场需求量及价格表

市场	季度	产品	市场期望价(W/件)	习惯型(件)	理智型(件)	冲动型(件)	经济型(件)	情感型(件)	不定型(件)
南部市场	1	P1	8.96	49	0	0	65	0	266
	2	P1	10.38	41	50	0	64	46	118
	3	P1	11.97	43	39	39	46	39	66
	4	P1	12.74	36	33	33	39	33	56
	4	P2	10.77	5	5	6	8	6	11
	4	P3	11.48	2	2	2	3	3	4
	4	P4	13.80	2	2	2	3	2	5

根据产品流行功能及流行周期，可以得知部分产品型号的销售期限，如表 15-6 所示。

表 15-6　部分产品型号的销售期限表

产品型号	销售期限	说　明
P1	1.4～2.2	当 F2 功能开始流行，纯 P1 产品就无法销售。A1、B1 零售商只能销售至第一年第四季度，A2、B2 零售商可销售至第二年第二季度
P1F3	2.1～2.3	当 F1 功能开始流行，P1F3 就无法销售
P1F3F2	2.2～2.4	根据流行功能可知，F1 功能后一个功能将出现在第二年第一季度，当该功能开始流行时，P1F3F2 就无法销售

续表

产品型号	销售期限	说　　明
P1F3F2F1	2.4～3.2	根据规律，P1 产品的第五个功能将出现在第二年第三季度。第五个功能开始流行，P1F3F2F1 就无法销售
P2	2.3～3.1	第二个流行功能出现在第二年第二季度，该功能开始流行，P2 产品就无法销售
P3	2.1～2.3	当 F5 功能开始流行，纯 P3 产品就无法销售
P3F1	2.4～3.2	P3 产品的第三个流行功能出现在第二年第三季度，该功能开始流行，P3F1 就无法销售
P4	2.3～3.1	P4 产品的第二个流行功能出现在第二年第二季度，该功能开始流行，P4 产品就无法销售

(2) 市场开拓：开拓所有市场。

(3) ISO 认证：全部认证。

2. 直销部

(1) 开发客户。企业在第一年无须开发客户也能参与直销竞标，因此放弃客户开发，以节省费用投入。

(2) 参与投标。由于已有多个小组参与了直销投标，直接放弃购买标书以节省费用。直销结束后查看中标情况，如图 15-1 所示。

根据直销中标所占百分比及直销订单情况，可知第 6 组中标数量为 183 件，第 1 组只中标 1 件 P1 产品。

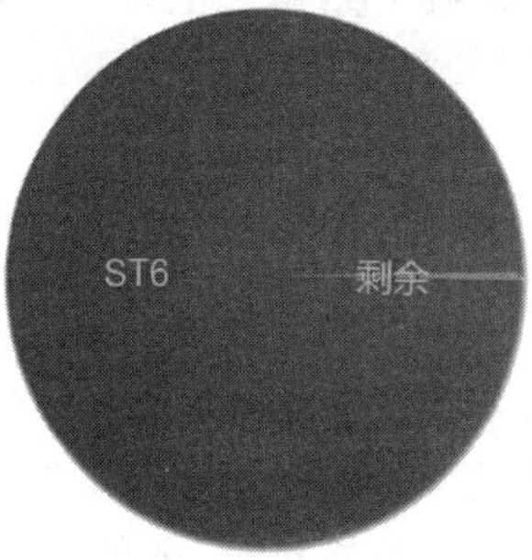

图 15-1　直销竞标结果公示图

3. 批发部

(1) 投放招商广告。本次只试探性投了 8W 招商广告。

(2) 选择批发订单。本小组未能选上订单，经观察并记录各组选单顺序依次为 2(占 30%)、8(占 35%)、6(27%)、5 组(占 8%)，如图 15-2 所示。

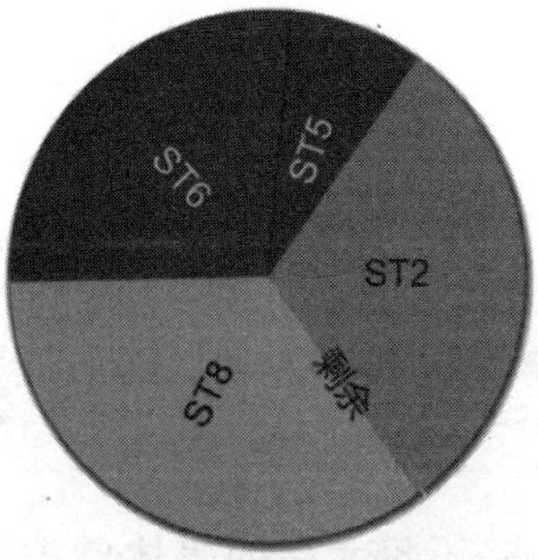

图 15-2　批发竞标结果公示

4. 生产部

(1) 产品研发：全部研发。

(2) 租赁/购买厂房：购买 B 厂房。

(3) 购买生产线：购买 2 条 P1 产品全自动生产线，安装在 B 厂房。

(4) 原材料采购：对本年度的生产线做出规划，第二季度扩完产能，且更换半自动生产线为全自动生产线，第三、四季度拟各安排 2 条 P3 和 P4 产品生产线。再根据生产线安排而制定原材料采购方案，如表15-7所示。

表15-7 原材料采购数量表

下采购计划

原料名称	普通采购价	采购提前期	加急采购价	采购数量
R1	1	1	2	160
R2	1	1	2	0
R3	1	2	2	80
R4	1	2	2	80

(5) 投入生产：首先设置产品型号，本例中为P1产品设置了三个型号，分别是1f代表P1F3F2，1s代表P1F3F2F1，1t代表全功能。待媒体结束后，根据销售情况投产，若P1产品销售数量多，可再生产低成本的P1产品。本例中，由于第一季度只销售了三件习惯型订单，因此，分别生产2条1f和2条1s，如表15-8所示。

表15-8 第一年第一季度投产表

投入生产 规则说明 学习资源 经营状态 媒体广告投标火热进行中......

空闲生产线列表

	生产线编号	生产线名称	产品	产品型号	所在厂房	所在位置	原料成本	原料明细	加工费	生产周期	生产效率	生产状态
☐	PLST70002	全自动线	P1	1f	A	2号位	1	R1:1,	1	1	10	1
☐	PLST70003	柔性线	P1	1f	A	3号位	1	R1:1,	1	1	10	1
☐	PLST70005	全自动线	P1	1s	B	1号位	1	R1:1,	1	1	10	1
☑	PLST70006	全自动线	P1	1s	B	2号位	1	R1:1,	1	1	10	1

5. 零售部

(1) 签约零售商：签约A2零售商。

(2) 货物配送：给A1零售商配送20件P1产品，分2次配送，每次10件；给A2零售商配送80件P1产品，分8次配送，每次10件。

(3) 价格制定：兼顾习惯型、经济型、不定型定价，本例中，给P1产品定价为8.66W/件，低于期望价。

(4) 促销策略：采用多买折扣制定了两种促销，一是不限制促销范围和产品范围，买1件9.99折，由于折扣额小，对企业而言没什么损失，因此本促销策略可以一直保留。二是针对P1产品，买2件及以上9.44折，主要是希望能够卖经济型或不定型，适当做点优惠额，可能抓住情感型的机会。促销方案如表15-9所示。

表15-9 促销策略表

满就送 多买折扣 买第几件折扣

多买折扣

添加 删除

	编号	促销名称	促销范围	产品范围	购买最少件数	享受折扣	操作
☐	3072	1	不限制	不限制	1	9.99	
☐	3073	2	不限制	P1,	2	9.44	

(5) 媒体广告投标：本季度媒体广告也是采取机会型策略，不投太高的媒体广告，若

能中标，则可以考虑走理智型方案；若不中标，则持续观望，以囤货为主。媒体广告投标如表 15-10 所示。

表 15-10 第一季度媒体广告投放表

媒体广告投标 | 规则说明 | 学习资源 | 经营状态

媒体广告投标方案

编号	产品	媒体	媒体时段	影响力	最低投放额度	投标价格
1	P1	百度	排名第一	20	1	8
2	P1	央视	黄金时段	40	1	289
3	P1	央视	午间时段	12	1	58
4	P1	央视	晚间时段	6	1	24
						379

(6) 媒体中标及零售情况如表 15-11 和表 15-12 所示。

表 15-11 媒体中标公示表

小组账号： 产品： 年份： 季度： 查询

中标组	投标年	投标季度	媒体名称	产品名	时段名称	中标费用	影响力	关系值
ST5	1	1	央视	P1	黄金时段	517	40	2
ST5	1	1	央视	P1	午间时段	119	12	10
ST2	1	1	央视	P1	晚间时段	87	6	8
ST2	1	1	百度	P1	排名第一	59	20	5
ST5	1	1	百度	P1	排名第二	47	18	9
ST8	1	1	百度	P1	排名第三	23	15	8
ST4	1	1	百度	P1	排名第四	20	13	7
ST3	1	1	百度	P1	排名第五	17	11	6
ST1	1	1	百度	P1	排名第六	9	10	5
ST7	1	1	百度	P1	排名第七	8	9	4
ST9	1	1	百度	P1	排名第八	3	7	3

表 15-12 本小组产品销售表

零售订单信息

年份： 季度： 市场：
产品： 零售商： 人群类型： 查询

年	季度	市场	零售商名称	产品	产品型号	消费人群	销售数量	销售价格	实收金额
1	1	南部市场	A1零售商	P1	P1	习惯型	1	8.66	8.65
1	1	南部市场	A2零售商	P1	P1	习惯型	1	8.66	8.65
1	1	南部市场	A2零售商	P1	P1	习惯型	1	8.66	8.65
							3		25.95

除了关注零售及媒体中标情况外，企业还需要关注各组的历史优惠额，以便了解市场竞争情况及企业经营策略的调整。本例中，本季度各组优惠额如表 15-13 所示。

可见，第 4 组能够优先交易情感型，且第 1 组的优惠额虽然只有约 17W，但交易权却排名第二，加上第 1 组的销售额大，对提升其综合指数有帮助，第 1 组在第二季度甚至可以通过抢夺媒体广告而向理智型策略转型。同时具备转型条件的还有第 4 组和第 9 组。

此外，经营者还可以了解各类人群的交易价格等信息，掌握更多的市场信息。

6. 财务部

(1) 应收账款/应付账款：本季度无到期的应收账款和应付账款。

(2) 短期贷款/还本付息：由于年初资金较充足，本季度不需贷款。

表 15-13　第一年第一季度各小组优惠额

小组账号: 全部　产品: P1　市场: 南部市场　查询

小组账号	产品	市场	历史优惠额度	销售额
ST1	P1	南部市场	17.64	706.56
ST10	P1	南部市场	0	0
ST2	P1	南部市场	0.77	75.25
ST3	P1	南部市场	5.49	25.02
ST4	P1	南部市场	686.24	1245.44
ST5	P1	南部市场	0.06	209.52
ST6	P1	南部市场	0	0
ST7	P1	南部市场	0.03	25.98
ST8	P1	南部市场	0.00	43.68
ST9	P1	南部市场	0.80	782.87

(3) 管理费缴纳：缴纳 4W 管理费，分别为 2W 的行政管理费和 2W 的 A1 零售商管理费。A2 零售商需在下一季度开始征收管理费。

(4) 应交税费缴纳：缴纳所得税 23.25W。由于上一年利润总额为 93W，按照利润的 25%即 23.25W 缴纳所得税。

（二）经营第二季度

1. 生产部

(1) 产品研发：全部研发。

(2) 产品下线入库：本季度有 20 个 P1 产品、20 个 1f 和 20 个 1s 产品下线入库。

(3) 厂房及生产线方面：购买 C 厂房，将 2 条半自动生产线变卖，全部购买全自动生产线，从而形成 7 条全自动生产线、1 条柔性生产线的布局。

(4) 原料采购：原料入库。采购 220 个 R2 原材料。

(5) 投入生产：待媒体结束后，再进行生产决策。本季度媒体虽未中标，但销售额大，第三季度综合指数会有所提升，若第三季度能中标央视媒体广告，仍有希望向理智型转变，本季度用 6 条生产线生产 1s，另外生产 20 件 1t，若能转型则可为下一年直销备货。生产线投产如表 15-14 所示。

表 15-14　第二季度生产线投产情况

投入生产　规则说明　学习资源　经营状态　系统公告:

空闲生产线列表

☑	生产线编号	生产线名称	产品	产品型号	所在厂房	所在位置	原料成本	原料明细	加工费	生产周期	生产效率	生产状态
☐	PLST70007	全自动线	P1	1s	A	1号位	1	R1:1,	1	1	10	1
☑	PLST70002	全自动线	P1	1s	A	2号位	1	R1:1,	1	1	10	1
☑	PLST70003	柔性线	P1	1s	A	3号位	1	R1:1,	1	1	10	1
☑	PLST70008	全自动线	P1	1s	A	4号位	1	R1:1,	1	1	10	1
☑	PLST70005	全自动线	P1	1s	B	1号位	1	R1:1,	1	1	10	1
☑	PLST70006	全自动线	P1	1s	B	2号位	1	R1:1,	1	1	10	1
☑	PLST70009	全自动线	P1	1t	B	3号位	1	R1:1,	1	1	10	1
☐	PLST70010	全自动线	P1	1t	C	1号位	1	R1:1,	1	1	10	1

2. 零售部

(1) 货物配送：由于 A2 零售商市场覆盖率大，且销售纯 P1 产品的期限长，因此将 20 件 P1 产品配送给 A2 零售商。

(2) 价格制定：相比第一季度，本季度价格略下调。仍然期望销售经济型、不定型等。由于本季度销售理智型和情感型的会制定高价，而第一季度各组优惠额并不大，预期部分竞争对手会定期望价做优惠额。因此，以略低于期望价的价格销售有机会交易经济型订单。本季度产品定价为 8.33W/件。

(3) 促销策略：由于第一季度优惠额排名第二的小组也只有接近 18W，因此本季度将第二种促销策略调整为满 2 件 9.33 折，继续小额打折。促销策略如表 15-15 所示。

表 15-15 第二季度促销策略

多买折扣

添加 删除

	编号	促销名称	促销范围	产品范围	购买最少件数	享受折扣	操作
	3072	1	不限制	不限制	1	9.99	
	3073	2	不限制	P1,	2	9.33	

(4) 媒体广告：适当提高央视媒体广告，当然中标的可能性较小。主要考虑到若能转型为经济型或不定型，则交易额会比较大，有机会向理智型发展。若媒体又中标，交易额又较大，则向理智型发展的可能性较大。第二季度媒体广告投标如表 15-16 所示。

表 15-16 第二季度媒体广告投标情况表

媒体广告投标 规则说明 学习资源 经营状态

媒体广告投标方案

编号	产品	媒体	媒体时段	影响力	最低投放额度	投标价格
1	P1	百度	排名第一	20	1	4
2	P1	央视	黄金时段	40	1	322
3	P1	央视	午间时段	12	1	78
4	P1	央视	晚间时段	6	1	29
						433

(5) 媒体中标及产品销售情况：本小组只中标了百度，但却成功销售了不定型。媒体中标及产品销售如表 15-17 所示。

通过分析媒体中标，可见第 1 组抢到央视黄金时段和午间时段，再查看发现其综合指数上升至第一，成功地向理智型转变。通过查看辅助信息中各组的销售可知，第 1 组销售了习惯型、理智型、情感型等订单。各组企业综合指数如表 15-18 所示。

除以上分析外，在本季度媒体广告结束前，经营者还可以分析各组的综合指数，结合上一季度媒体中标、销售额等信息推算哪些小组交付了批发或直销订单。媒体结束后，再次查看各组历史优惠额的变化，分析市场竞争情况。例如，本组本季度的历史优惠额提升至第二位，第三季度将有机会销售一部分情感型订单。各组历史优惠额如表 15-19 所示。

表 15-17　媒体中标及产品销售表

小组账号:　产品:　年份:　季度:　查询

中标组	投标年	投标季度	媒体名称	产品名	时段名称	中标费用	影响力	关系值
ST4	1	2	百度	P1	排名第五	30	11	6
ST8	1	2	百度	P1	排名第六	26	10	5
ST10	1	2	百度	P1	排名第七	5	9	4
ST7	1	2	百度	P1	排名第八	4	7	3
ST6	1	2	百度	P1	排名第九	2	6	3
ST3	1	2	百度	P1	排名第十	1	5	3
ST1	1	2	央视	P1	黄金时段	813	40	2
ST1	1	2	央视	P1	午间时段	209	12	10
ST5	1	2	央视	P1	晚间时段	89	6	8
ST9	1	2	百度	P1	排名第一	69	20	5
ST2	1	2	百度	P1	排名第二	66	18	9
ST5	1	2	百度	P1	排名第三	59	15	8
ST1	1	2	百度	P1	排名第四	49	13	7

年份:　季度:　市场:
产品:　零售商:　人群类型:　查询

场	零售商名称	产品	产品型号	消费人群	销售数量	销售价格	实收金额	折扣金额
部市场	A1零售商	P1	P1	不定型	4	8.33	31.09	2.23
部市场	A1零售商	P1	P1	不定型	3	8.33	23.32	1.67
部市场	A1零售商	P1	P1	不定型	3	8.33	23.32	1.67
部市场	A2零售商	P1	P1	不定型	10	8.33	77.72	5.58
部市场	A2零售商	P1	P1	不定型	8	8.33	62.18	4.46
部市场	A2零售商	P1	P1	不定型	12	8.33	93.26	6.7
部市场	A2零售商	P1	P1	不定型	5	8.33	38.86	2.79
部市场	A2零售商	P1	P1	不定型	3	8.33	23.32	1.67
部市场	A2零售商	P1	P1	不定型	3	8.33	23.32	1.67
部市场	A2零售商	P1	P1	不定型	7	8.33	54.4	3.91
部市场	A2零售商	P1	P1	不定型	7	8.33	54.4	3.91
					89		692.81	48.56

表 15-18　第二季度各组企业综合指数表

各小组企业综合指数表　[收缩]

小组账号	综合指数
ST1	21.88
ST10	3.30
ST2	8.65
ST3	4.43
ST4	13.71
ST5	19.37
ST6	2.94
ST7	4.52
ST8	3.66
ST9	17.50

表 15-19　第一年第二季度 P1 产品各组历史优惠额

小组账号: 全部　产品: P1　市场: 南部市场　查询

小组账号	产品	市场	历史优惠额度	销售额
ST1	P1	南部市场	22.80	1464.06
ST10	P1	南部市场	19.00	496.00
ST2	P1	南部市场	11.17	127.15
ST3	P1	南部市场	5.56	82.89
ST4	P1	南部市场	686.24	1798.53
ST5	P1	南部市场	0.06	472.34
ST6	P1	南部市场	0.10	280.12
ST7	P1	南部市场	48.59	767.35
ST8	P1	南部市场	0.00	60.55
ST9	P1	南部市场	0.90	920.97

3. 财务部

（1）应收账款/应付账款：应收账款主要来自销售收入，应付账款主要包括零售商提成、购买厂房分期付款等。

（2）短期贷款/还本付息：企业在本季度短贷600W，借款资金主要用于购买C厂房、购买生产线及投产加工费等。

（3）管理费缴纳：支付管理费6W，其中支付行政管理费2W，支付给A1和A2零售商的管理费均为2W。

（三）经营第三季度

1. 生产部

（1）产品研发：本季度企业研发所有产品，产品研发完成。

（2）原料采购：本季度企业需要为第二年生产P3、P4产品采购R3、R4原材料。分别采购210个R3和240个R4原材料，既保证了第二年生产所需，又将原材料款推迟至第三年支付。

（3）生产方面：首先，设置产品的流行功能，分别用2f、3f、4f代表P2F5、P3F1、P4F1，用2t、3t、4t代表带全功能的P2、P3和P4产品。其次，将生产线转产，用2条全自动生产线生产P2，1条全自动生产线和1条柔性生产线生产P3产品，2条全自动生产线生产P4产品。最后，待媒体结束，根据媒体中标及产品销售情况进行投产决策，若媒体中标，则可生产不带功能的产品，为第四季度销售理智型订单供货。由于本季度央视媒体未中标，因此放弃向理智型转型，在投产时需要考虑产品的销售期限，本季度投产如表15-20所示。

表15-20　第三季度生产线投产表

	生产线编号	生产线名称	产品	产品型号	所在厂房	所在位置	原料成本	原料明细	加工费	生产周期	生产效率	生产状态
☐	PLST70008	全自动线	P1	1t	A	4号位	1	R1:1,	1	1	10	1
☐	PLST70006	全自动线	P1	1t	B	2号位	1	R1:1,	1	1	10	1
☐	PLST70002	全自动线	P2	2f	A	2号位	3	R1:1,R...	1	1	10	1
☐	PLST70005	全自动线	P2	2f	B	1号位	3	R1:1,R...	1	1	10	1
☐	PLST70007	全自动线	P3	3f	A	1号位	3	R2:2,R...	1	1	10	1
☐	PLST70003	柔性线	P3	3f	A	3号位	3	R2:2,R...	1	1	10	1
☐	PLST70009	全自动线	P4	4f	B	3号位	4	R2:1,R...	1	1	10	1
☑	PLST70010	全自动线	P4	P4	C	1号位	4	R2:1,R...	1	1	10	1

2. 零售部

（1）签约零售商：不签约东部零售商。预测到东部市场并不一定能够销售出产品，为了节省费用（入场费、配送费、库存费等），放弃签约。

（2）货物配送：给A1零售商分别配送10件1s，20件1t，以冲动型为销售对象。

（3）价格制定：由于期望价为11.97W，本组有机会销售一部分情感型订单，因此，纯P1产品的A1零售商定价11.96W/件，1s定价为11.97W/件，A2零售商定价11.97W/件。

纯 P1 以习惯型、经济型、不定型、情感型为对象，1s 则兼顾到经济型、不定型、冲动型。另外，1t 产品制定高价，以冲动型为销售对象。第三季度产品定价如表 15-21 所示。

表 15-21　第三季度产品定价表

查询

销售价格	市场	零售商名称	产品	产品型号	库存数量	成本	总成本	历史价格	上架/下架
11.96	南部市场	A1零售商	P1	P1	26	2	52	8.33	上架
11.97	南部市场	A1零售商	P1	1s	10	5	50	0	上架
15.88	南部市场	A1零售商	P1	1t	20	7	140	0	上架
11.97	南部市场	A2零售商	P1	P1	42	2	84	8.33	上架

(4) 促销策略：将第二季度第二种促销策略调整至 9.77 折，在对企业利润不造成较大影响的情况下适当打折，拟使优惠额保持在第二位。

(5) 媒体广告：在百度每个产品只投放 4W，央视媒体适当投放，如黄金时段投放 100W 左右，如果中标，则仍有机会向理智型转变；若媒体广告不中标，也无损失。

(6) 媒体中标及产品销售情况：本季度主要销售了情感型及冲动型订单，由于 P1 产品的央视媒体未中标，习惯型订单只卖了 2 件，本组失去向理智型转型的机会。第三季度产品销售如表 15-22 所示。

表 15-22　第三季度产品销售情况表

年份：　季度：　市场：
产品：　零售商：　人群类型：　查询

年	季度	市场	零售商名称	产品	产品型号	消费人群	销售数量	销售价格	实收金额
1	3	南部市场	A2零售商	P1	P1	情感型	2	11.97	23.39
1	3	南部市场	A2零售商	P1	P1	情感型	1	11.97	11.96
1	3	南部市场	A1零售商	P1	P1	习惯型	1	11.96	11.95
1	3	南部市场	A2零售商	P1	P1	习惯型	1	11.97	11.96
1	3	南部市场	A1零售商	P1	1t	冲动型	1	15.88	15.86
1	3	南部市场	A1零售商	P1	1t	冲动型	4	15.88	63.46
1	3	南部市场	A1零售商	P1	1t	冲动型	2	15.88	31.73
1	3	南部市场	A1零售商	P1	1t	冲动型	1	15.88	15.86
1	3	南部市场	A1零售商	P1	1t	冲动型	1	15.88	15.86
1	3	南部市场	A1零售商	P1	1t	冲动型	1	15.88	15.86
1	3	南部市场	A1零售商	P1	1t	冲动型	1	15.88	15.86
							22		304.94

此外，通过查看各组历史优惠额，发现本组 P1 产品在南部市场的历史优惠额处于第三位，第 8 组处于第二位，因此第四季度本组基本上失去交易情感型订单的机会，但由于优惠额相差较小，第四季度仍然可以适当促销，以提升优惠额。

而在媒体中标方面，第 1 组和第 5 组以高额的费用中了央视媒体。对于拟采取囤货策略的本组而言，媒体争夺越激烈，对本组越有利。第三季度部分媒体中标如表 15-23 所示。

3. 财务部

应收账款/应付账款：本季度有净应收账款，因此进入本季度后可先收款。另外，由于本季度想适当抢夺媒体广告，因此再短期贷款 300W。

（四）经营第四季度

进入第四季度后，由于需要偿还到期的长期贷款及长期贷款利息共 480W，为了减少短期贷款额，本季度先短期贷款 200W，偿还到期的长期贷款后再新贷 1700W 的长期贷款，用于企业第二年的经营开支。

表 15-23　第三季度部分媒体中标情况表

小组账号：　产品：　年份：　季度：第三季度　查询

中标组	投标年	投标季度	媒体名称	产品名	时段名称	中标费用	影响力	关系值
ST1	1	3	央视	P1	黄金时段	713	40	2
ST5	1	3	央视	P2	黄金时段	239	40	2
ST5	1	3	央视	P3	黄金时段	229	40	2
ST5	1	3	央视	P4	黄金时段	23	40	2
ST1	1	3	央视	P1	午间时段	96	12	10
ST1	1	3	央视	P2	午间时段	69	12	10
ST1	1	3	央视	P3	午间时段	59	12	10
ST1	1	3	央视	P4	午间时段	59	12	10
ST1	1	3	央视	P1	晚间时段	59	6	8
ST1	1	3	央视	P2	晚间时段	33	6	8
ST1	1	3	央视	P3	晚间时段	23	6	8
ST1	1	3	央视	P4	晚间时段	23	6	8
ST5	1	3	百度	P1	排名第一	49	20	5

1. 生产部

（1）原料采购：本季度企业需要采购 R1 和 R2 原材料。购买 210 个 R1 原材料和 280 个 R2 原材料，一方面确保不影响第二年生产，另一方面将原材料款推迟至第三年付款。

（2）投入生产：将 1 条 P1 产品全自动生产线转产至 P2 产品全自动生产线。待媒体广告投标结束后，根据媒体中标情况及产品销售情况进行生产决策。本季度生产的产品拟用于第二年零售，生产的产品型号如表 15-24 所示。

表 15-24　第四季度产品生产表

空闲生产线列表

生产线编号	生产线名称	产品	产品型号	所在厂房	所在位置	原料成本	原料明细	加工费	生产周期	生产效率	生产状态
PLST70006	全自动线	P1	1t	B	2号位	1	R1:1,	1	1	10	1
PLST70002	全自动线	P2	P2	A	2号位	3	R1:1,R...	1	1	10	1
PLST70008	全自动线	P2	P2	A	4号位	3	R1:1,R...	1	1	10	1
PLST70005	全自动线	P2	2t	B	1号位	3	R1:1,R...	1	1	10	1
PLST70007	全自动线	P3	3f	A	1号位	3	R2:2,R...	1	1	10	1
PLST70003	柔性线	P3	3t	A	3号位	3	R2:2,R...	1	1	10	1
PLST70009	全自动线	P4	4t	B	3号位	4	R2:1,R...	1	1	10	1
PLST70010	全自动线	P4	P4	C	1号位	4	R2:1,R...	1	1	10	1

2. 零售部

（1）货物配送：给 A1 零售商配送 10 件 1f。另外，通过特殊任务将 A1 零售商的 P1 产品调拨 10 件给 A2 零售商（主要是希望针对 A1 零售商的 P1 产品打 0 折销售，控制 0 折产品的销售量）。

（2）价格制定：针对 P1 产品制定期望价，同时促销以提升优惠额。而 1f 则定价低于期望价，如表 15-25 所示。

（3）促销策略：针对 A1 零售商，制定满 1 件 0 折促销以提升优惠额。

（4）媒体广告：不抢媒体广告，在百度少量投入。

（5）媒体中标及产品销售情况：本季度只销售 2 件习惯型和 10 件不定型。

表 15-25　第一年第四季度产品定价表

查询

销售价格	市场	零售商名称	产品	产品型号	库存数量	成本	总成本	历史价格	上架/下架
12.74	南部市场	A1零售商	P1	P1	11	2	22	11.96	上架
12.73	南部市场	A1零售商	P1	1f	10	4	40	0	上架
14.44	南部市场	A1零售商	P1	1s	10	5	50	0	上架
15.66	南部市场	A1零售商	P1	1t	9	7	63	15.88	上架
12.74	南部市场	A2零售商	P1	P1	46	2	92	11.97	上架

经查看，本组在南部市场的 P1 产品的优惠额回到第二位，因此第二年有销售情感型的机会。而在媒体中标方面，第 2 组和第 1 组中标较多央视媒体，部分媒体中标如表 15-26 所示。

表 15-26　第一年第四季度部分媒体中标表

小组账号:　产品:　年份:　季度: 第四季度　查询

中标组	投标年	投标季度	媒体名称	产品名	时段名称	中标费用	影响力	关系值
ST2	1	4	央视	P1	黄金时段	368	40	2
ST2	1	4	央视	P2	黄金时段	359	40	2
ST2	1	4	央视	P3	黄金时段	329	40	2
ST2	1	4	央视	P4	黄金时段	182	40	2
ST1	1	4	央视	P1	午间时段	79	12	10
ST1	1	4	央视	P2	午间时段	79	12	10
ST2	1	4	央视	P3	午间时段	67	12	10
ST2	1	4	央视	P4	午间时段	67	12	10
ST1	1	4	央视	P1	晚间时段	39	6	8
ST1	1	4	央视	P2	晚间时段	36	6	8
ST1	1	4	央视	P3	晚间时段	28	6	8
ST1	1	4	央视	P4	晚间时段	28	6	8
ST2	1	4	百度	P1	排名第一	58	20	5

3. 财务部

(1) 贷款方面：本季度借短期贷款 200W，借长期贷款 1700W。

(2) 维修费方面：支付全自动生产线维修费 4W 和柔性生产线的维修费 5W，共 9W。本年新购买的生产线不需要支付维修费。

(3) 管理费缴纳：企业支付 6W 的管理费，其中行政管理费为 2W，支付给 A1 和 A2 零售商管理费各 2W。

（五）第一年末财务数据分析

第一年经营结束后，经营者需要大致分析各组的财务报表，以便推断各企业经营状况。从各组的资产负债表中可以获得表 15-27 中的数据，其中综合指数为第二年第一季度的数据。

表 15-27　各组经营数据统计表

组别	权益（W）	库存（W）	在制品（W）	土地与建筑（W）	机器与设备（W）	短期贷款（W）	长期贷款（W）	现金[①]（W）	累计折旧（W）	综合指数
1	−449	259	420	680	720	4200	2100	2929	66	14.38
2	−492	574	400	680	720	2800	2100	1125	66	20.74

① 现金去掉了小数，只取整数部分。

续表

组别	权益（W）	库存（W）	在制品（W）	土地与建筑（W）	机器与设备（W）	短期贷款（W）	长期贷款（W）	现金[①]（W）	累计折旧（W）	综合指数
3	411	1196	670	680	720	1500	2100	1079	66	4.36
4	1352	311.18	370	680	920	1000	2100	1566	66	8.25
5	−734	945	530	680	760	3700	2100	1628	66	12.17
6	1112	28	460	680	720	600	2100	1213	66	14.65
7	1063	1081	530	680	680	1100	2100	1296	66	4.41
8	579	1011	440	680	760	1200	2100	1302	66	12.07
9	693	599	440	680	720	1300	2100	1448	66	6.39
10	849	320	150	680	680	400	2100	1373	66	2.59

根据表 15-27 中的数据，分别从权益、库存、土地与建筑、机器与设备、贷款情况等角度进行分析，可获得以下一些信息。

(1) 从土地与建筑看，所有小组均为 680，说明所有小组均购买了 A、B、C 三个厂房。

(2) 从机器与设备价值看，存在一些差异。一般来说，机器与设备价值为 680W 的，拥有 7 条全自动生产线和 1 条柔性生产线，如第 7、10 组。机器与设备价值每增加 40W，则多一条柔性生产线，少一条全自动生产线。如第 4 组价值为 920W，其应拥有 7 条柔性生产线和 1 条全自动生产线。柔性线越多，生产越灵活，但生产线占用资金越大，且第二、三年折旧也较高。

(3) 从所有者权益看，第 1、2、5 组均为负权益，且贷款数额较大，这三个组在第二年若拿不到理想的直销订单，则生存面临较大的压力。而其他组的权益较高，可融资额度较大，资金的压力并不大。

(4) 从库存看，第 3、5、7、8 组的库存量较大，货物较多，总体库存水平越高则后续的竞争可能越激烈。其中，发现第 4 组的库存量为小数，这说明第 4 组是由于紧急采购原材料导致的。在正规竞赛中，是不允许开通紧急采购功能的。从综合指数看，第 2 组最高，在第二年直销方面的优势最大，其次是第 6 组和第 1 组，这两个小组在直销方面竞争力接近，紧随其后的是第 5 组和第 8 组。

二、经营第二年

（一）经营第一季度

1. 市场部

(1) 市场分析。由于本年度企业的销售渠道以零售为主，因此，企业需要全面了解南部、东部和中部市场的产品价格信息，故在年初购买三份市场调查报告。

经整理，产品的流行功能、流行周期及市场价格如表 15-28 和表 15-29 所示。

表 15-28 第二年产品流行功能及周期表

产品	第一季度	第二季度	第三季度	第四季度
P1	P1F4(2 个季度)		P1F5(2 个季度)	
P2		P2F1(1 个季度)	P2F2(2 个季度)	
P3		P4F2(3 个季度)		
P4			P3F4(2 个季度)	

表 15-29 第二年市场需求波动率及市场价格

南部市场 市场需求波动率	第一季度	第二季度	第三季度	第四季度	直　销		批　发	
	-10%	-9%	2%	13%	价格(W/件)	数量(件)	价格(W/件)	数量(件)
P1	11.99	13.66	14.60	14.87	11.57	80	7.25	162
P2	11.59	12.45	13.98	14.63	10.51	137	6.74	137
P3	12.95	12.81	13.07	13.10	10.54	47	6.62	120
P4	14.64	14.24	14.83	16.76	12.56	120	9.02	47
东部市场 市场需求波动率	第一季度	第二季度	第三季度	第四季度	直　销		批　发	
	14%	15%	25%	35%	价格(W/件)	数量(件)	价格(W/件)	数量(件)
P1	11.63	11.33	11.61	10.64	11.17	23	6.76	23
P2	14.04	15.54	14.81	17.06	12.72	119	7.93	119
P3	14.71	14.74	13.68	14.88	12.60	47	7.97	120
P4	13.66	13.22	13.92	16.00	12.45	107	7.44	42
中部市场 市场需求波动率	第一季度	第二季度	第三季度	第四季度	直　销		批　发	
		10%	22%	34%	价格(W/件)	数量(件)	价格(W/件)	数量(件)
P1		12.14	12.77	12.38				
P2		13.27	13.53	14.01				
P3		13.45	14.88	14.63				
P4		14.04	14.64	15.22				

由表 15-29 可知，第二年市场环境较好，市场波动率为正且幅度较大。从市场波动率看，呈现递增的趋势，第三年正市场的可能性较大。因此，对于货物较多的小组而言，是比较有利的。

(2) 市场开拓。全部开拓。

(3) ISO 认证。选择 ISO 14000 进行认证。

2. 直销部

由于本企业综合指数很低，且权益为负的小组对直销的依赖较大，本组参与直销竞标中标的可能性很小，为了节省客户开发费及购买标书费，直接放弃了直销投标。

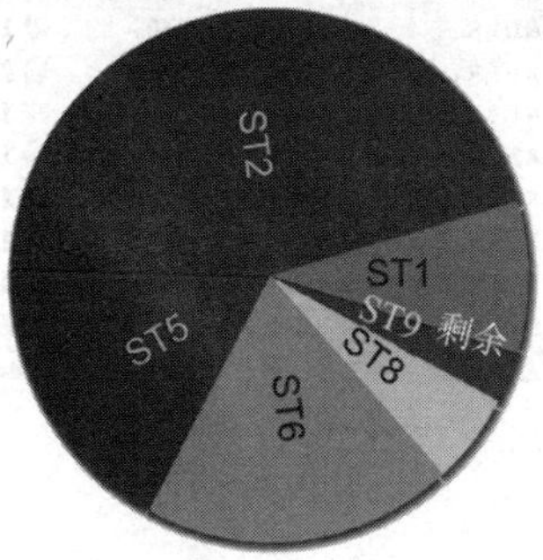

图 15-3 第二年直销订单中标情况

直接竞标结束后，通过“辅助信息”中的“市场占有率”可以查看直销中标情况，如图 15-3 所示，其中第 1 组直销订单比例为 9%，第 2 组占 45%，第 5 组占 18%，第 6 组占 19%，第 8 组占 6%，第 9 组占 3%。根据各组占比，大致可以计算出各组获得的直销订单数量。由于第 1、5 组权益为负，其获得的直销订单并不多，因此这两个小组的资金压力较大。

3. 批发部

(1) 投放招商广告。本组投放小量招商广告，由于拟采取囤货策略，若能够适当拿一些价格较高的批发订单，留待第二年第四季度交货，则有利于提升第三年第一季度企业综合指数，为直销创造条件。招商广告如表 15-30 所示。

表 15-30 第二年招商广告投放表

招商广告投放区			
产品名称	南部市场	东部市场	中部市场
P1	2	1	0
P2	1	2	0
P3	1	2	0
P4	2	1	0

(2) 选择批发订单。本企业只选择了 6 个 P4F1。批发订单市场占有率如图 15-4 所示，其中第 3 组占 12%，第 10 组占 6%，第7 组占1%，第 8 组占 9%，第 9 组占 15%。

4. 生产部

(1) 原材料采购：本季度无须采购。

(2) 投入生产：首先设置产品型号。本年度拟生产带第一、二年功能的 P2、P3 和 P4 产品，分别用 2s 表示 P2F5F1F2，用 3s 表示 P3F1F5F4，用 4s 表示 P4F1F2。其次，将 P1 全自动生产线转产至 P4。最后，待媒体投放结束后进行投产，如表 15-31 所示。

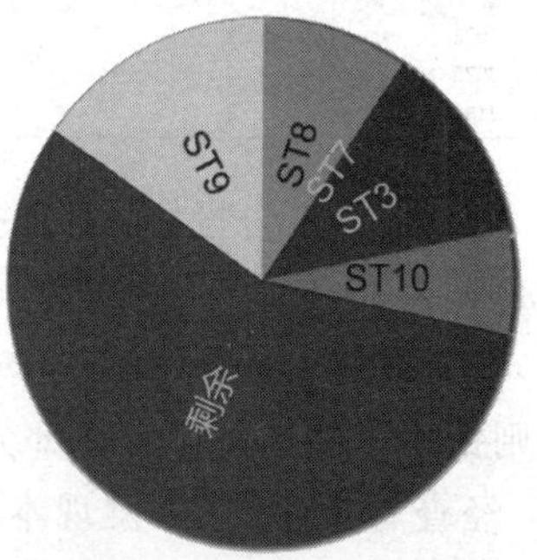

图 15-4 第二年批发订单市场占有率图

表 15-31　第二年第一季度投产情况表

投入生产　规则说明　学习资源　经营状态　媒体广告招标火热进行中……

空闲生产线列表

生产线编号	生产线名称	产品	产品型号	所在厂房	所在位置	原料成本	原料明细	加工费	生产周期	生产效率	生产状态
PLST70002	全自动线	P2	2s	A	2号位	3	R1:1,R...	1	1	10	1
PLST70008	全自动线	P2	2s	A	4号位	3	R1:1,R...	1	1	10	1
PLST70005	全自动线	P2	2s	B	1号位	3	R1:1,R...	1	1	10	1
PLST70007	全自动线	P3	3s	A	1号位	3	R2:2,R...	1	1	10	1
PLST70003	柔性线	P3	3s	A	3号位	3	R2:2,R...	1	1	10	1
PLST70006	全自动线	P4	4s	B	2号位	4	R2:1,R...	1	1	10	1
PLST70009	全自动线	P4	4s	B	3号位	4	R2:1,R...	1	1	10	1
PLST70010	全自动线	P4	4s	C	1号位	4	R2:1,R...	1	1	10	1

（3）交货给客户：不交货。

5. 零售部

（1）签约零售商：本季度签约东部市场的 B1 和 B2 零售商，共支付 40W 现金的产品入场费。

（2）货物配送：将货物分别配送给各零售商。需要注意的是，各零售商均可销售 P1 产品的冲动型。而 A1、B1 零售商可销售 P2、P3、P4 产品的冲动型。在配货时，给 A1、B1 零售商配送带全功能的 P2、P3、P4 产品。另外，将不带功能的 P2 和 P4 产品配给 A2 和 B2 零售商，带一个功能的配送给 A1 和 B1 零售商。确保每个零售商均有产品可销售。

（3）价格制定：针对冲动型人群制定高价格，针对其他人群制定中等价格。主要是第二年适当抢央视媒体广告，若能中标则适当销售产品，若不能中标，则后续再调整价格。

（4）促销策略：经查看各产品在南部和东部的历史优惠额，发现只有一个组优惠额较大，因此本季度尝试做适量优惠额，以期望能够适当销售情感型。促销方案如表 15-32 所示。

表 15-32　第二年第一季度促销策略

添加　删除

编号	促销名称	促销范围	产品范围	购买最少件数	享受折扣	操作
3072	1	不限制	不限制	1	9.99	
3073	2	不限制	2f,3f,4f,P2,P3,P4,	1	9.55	
3136	3	B2零售商,	P1,	1	0	

（5）媒体广告投标：百度投放 10W 以内，央视黄金时段投放 100W 左右，午间时段投放 30W 左右，晚间时段投放 15W 左右。

（6）媒体中标及零售：本季度主要销售 P1 产品给情感型、习惯型和不定型人群，而 P4 则销售了冲动型订单。部分产品销售情况如表 15-33 所示。

经查看企业信息，发现本组 P1 产品在东部市场的优惠额排第二。其他产品的优惠额未能排名靠前。而在媒体中标方面，本组中了 P1 产品的黄金时段，部分媒体中标公示如表 15-34 所示。

表 15-33 第二年第一季度部分产品销售情况表

场	零售商名称	产品	产品型号	消费人群	销售数量	销售价格	实收金额	折扣金额
部市场	A2零售商	P1	P1	习惯型	1	11.99	11.98	0.01
部市场	A2零售商	P1	P1	习惯型	1	11.99	11.98	0.01
部市场	A2零售商	P1	P1	习惯型	1	11.99	11.98	0.01
部市场	B1零售商	P1	1s	习惯型	1	13.88	13.87	0.01
部市场	B2零售商	P1	P1	习惯型	1	11.63	0	11.63
部市场	B2零售商	P1	P1	习惯型	1	11.63	0	11.63
部市场	B2零售商	P1	P1	不定型	4	11.63	0	46.52
部市场	B2零售商	P1	P1	不定型	2	11.63	0	23.26
部市场	B2零售商	P1	P1	不定型	2	11.63	0	23.26
部市场	A1零售商	P4	4t	冲动型	1	18.99	18.97	0.02
部市场	B1零售商	P4	4t	冲动型	1	18.99	18.97	0.02
					29		254.82	116.52

第 1 页,共1页　显示1 - 20条, 共2

表 15-34 第二年第一季度部分媒体中标情况表

小组账号: 产品: 年份: 第2年 季度: 查询

中标组	投标年	投标季度	媒体名称	产品名	时段名称	中标费用	影响力	关系值
ST7	2	1	央视	P1	黄金时段	113	40	2
ST2	2	1	央视	P2	黄金时段	157	40	2
ST2	2	1	央视	P3	黄金时段	105	40	2
ST2	2	1	央视	P4	黄金时段	102	40	2
ST2	2	1	央视	P1	午间时段	37	12	10
ST2	2	1	央视	P2	午间时段	37	12	10
ST2	2	1	央视	P3	午间时段	37	12	10
ST2	2	1	央视	P4	午间时段	37	12	10
ST2	2	1	央视	P1	晚间时段	37	6	8
ST4	2	1	央视	P2	晚间时段	20	6	8
ST4	2	1	央视	P3	晚间时段	20	6	8
ST4	2	1	央视	P4	晚间时段	20	6	8
ST2	2	1	百度	P1	排名第一	37	20	5

6. 财务部

本季度无须贷款。

(二) 经营第二季度

进入第二季度后,由于有净应收款,因此先收款,再偿还 630W 到期的短期贷款本金及利息。以避免经营者操作其他任务之后导致现金不足,无法支付到期贷款,增加经营风险。

1. 生产部

(1) 原材料采购:本季度采购 240 个 R2 原材料,以供第三、四季度生产所需。

(2) 投入生产:本季度仍然生产带第一、二年功能的产品,为第三年直销囤货,如表 15-35 所示。

(3) 交货给客户:不交货。

2. 零售部

(1) 签约零售商:签约中部的 C1 和 C2 零售商。

表 15-35　第二年第二季度生产情况表

空闲生产线列表

生产线编号	生产线名称	产品	产品型号	所在厂房	所在位置	原料成本	原料明细	加工费	生产周期	生产效率	生产状态
PLST70002	全自动线	P2	2s	A	2号位	3	R1:1,R...	1	1	10	1
PLST70008	全自动线	P2	2s	A	4号位	3	R1:1,R...	1	1	10	1
PLST70005	全自动线	P2	2s	B	1号位	3	R1:1,R...	1	1	10	1
PLST70007	全自动线	P3	3s	A	1号位	3	R2:2,R...	1	1	10	1
PLST70003	柔性线	P3	3s	A	3号位	3	R2:2,R...	1	1	10	1
PLST70006	全自动线	P4	4s	B	2号位	4	R2:1,R...	1	1	10	1
PLST70009	全自动线	P4	4s	B	3号位	4	R2:1,R...	1	1	10	1
PLST70010	全自动线	P4	4s	C	1号位	4	R2:1,R...	1	1	10	1

投入生产　跳 过　添加型号

(2) 货物配送：本季度 C1 零售商可以销售 P2、P3、P4 产品的冲动型订单，因此给 C1 零售商配送全功能的 P2、P3、P4 产品。

将不带功能的 P2、P4 产品分别配送给 C1、C2 零售商。确保每个零售商均有各种产品可供销售。

(3) 价格制定：由于本季度是纯 P1 产品可以销售的最后一季度，最后剩余的几个纯 P1 产品，期望通过 A2、B2 销售适当情感型，而通过 C2 零售商 0 折销售，做优惠额。其他型号的产品均制定较高价格，以情感型、习惯型为销售对象，若媒体不中标，销售少，则第三、四季度降低价格处理，尤其是第四季度，可通过降价提升销量，为第三年直销打基础。

(4) 促销策略：经查看各产品的优惠额，发现仍有机会争取适量的优惠额以销售部分情感型，本季度对促销作适当调整，促销策略如表 15-36 所示。

表 15-36　第二年第二季度促销策略表

多买折扣

添加　删除

编号	促销名称	促销范围	产品范围	购买最少件数	享受折扣	操作
3072	1	不限制	不限制	1	9.99	
3073	2	不限制	2f,3f,4f,P2,P3,P4,	1	8	
3136	3	C2零售商,	P1,	1	0	

(5) 媒体广告投标：与第一季度类似，央视黄金时段投放 100W 左右，午间时段投放 40W 左右，晚间时段投放 15W 左右，百度投放 10W 以内。

(6) 媒体中标及产品销售情况：媒体中标方面，本组 P1 产品中黄金时段，午间时段全中，部分产品媒体中标表 15-37 所示。

表 15-37　第二年第二季度部分媒体中标情况表

小组账号：　产品：　年份：第2年　季度：第二季度　查询

中标组	投标年	投标季度	媒体名称	产品名	时段名称	中标费用	影响力	关系值
ST7	2	2	央视	P1	黄金时段	117	40	2
ST4	2	2	央视	P2	黄金时段	105	40	2
ST4	2	2	央视	P3	黄金时段	105	40	2
ST4	2	2	央视	P4	黄金时段	105	40	2
ST7	2	2	央视	P1	午间时段	39	12	10
ST7	2	2	央视	P2	午间时段	39	12	10
ST7	2	2	央视	P3	午间时段	39	12	10
ST7	2	2	央视	P4	午间时段	39	12	10
ST4	2	2	央视	P1	晚间时段	20	6	8
ST4	2	2	央视	P2	晚间时段	20	6	8
ST4	2	2	央视	P3	晚间时段	20	6	8
ST4	2	2	央视	P4	晚间时段	20	6	8
ST4	2	2	百度	P1	排名第一	15	20	5

本季度产品的销售情况如表 15-38 所示。交易后经查看各产品历史优惠额，发现 P1 产品在中部市场优惠额排名第三，而 P2 产品在中部市场排名第二，P3 产品在东部和中部均排名第二。

表 15-38 第二年第二季度产品销售情况表

年份： 季度： 市场：
产品： 零售商： 人群类型： 查询

年	季度	市场	零售商名称	产品	产品型号	消费人群	销售数量	销售价格	实收金额
2	2	东部市场	B1零售商	P1	1s	习惯型	1	13.88	13.87
2	2	东部市场	B2零售商	P1	P1	习惯型	1	12.33	12.32
2	2	东部市场	B2零售商	P1	P1	习惯型	1	12.33	12.32
2	2	中部市场	C1零售商	P1	1s	习惯型	1	14.33	14.32
2	2	中部市场	C2零售商	P1	P1	习惯型	1	12.14	0
2	2	中部市场	C2零售商	P1	P1	习惯型	1	12.14	0
2	2	中部市场	C1零售商	P1	1t	冲动型	1	18.88	18.86
2	2	中部市场	C2零售商	P1	1t	冲动型	1	18.88	18.86
2	2	南部市场	A2零售商	P2	P2	习惯型	1	15.44	12.35
2	2	东部市场	B2零售商	P2	P2	习惯型	1	16.55	13.24
2	2	中部市场	C2零售商	P2	P2	习惯型	1	16.44	13.15
							27		354.54

第 1 页，共 2 页　　显示 1 - 25条，共 31 条

年	季度	市场	零售商名称	产品	产品型号	消费人群	销售数量	销售价格	实收金额
2	2	中部市场	C1零售商	P2	2t	冲动型	1	19.33	19.31
2	2	东部市场	B2零售商	P3	3f	习惯型	1	16.55	13.24
2	2	中部市场	C2零售商	P3	3f	习惯型	1	16.66	13.33
2	2	中部市场	C1零售商	P3	3t	冲动型	1	18.77	18.75
2	2	中部市场	C2零售商	P3	3f	经济型	1	16.66	13.33
2	2	中部市场	C1零售商	P4	4t	冲动型	1	18.77	18.75
							6		96.71

3. 财务部

先接收应收款，再偿还到期的 630W 短期贷款本金及利息，再借 600W 短期贷款用于本季度的生产费用、投放媒体广告等。

（三）经营第三季度

1. 生产部

(1) 原材料采购：采购 110 个 R3 和 180 个 R4，尽可能保证第三年在生产线适当调整的情况下不会出现原材料短缺。

(2) 投入生产：将生产 P3 产品的柔性生产线转产至 P2，投产 2s、3s 和 4s，为第三年直销或零售囤货。

(3) 交货给客户：交货。

2. 零售部

(1) 货物配送：本季度开始，所有零售商的所有产品均可销售冲动型，将本功能产品配送给各零售商。另外，根据各零售商产品的库存情况，进行库存调拨，确保每个零售商均有可供销售的产品。

(2) 价格制定：本季度仍然制定较高的价格，并适当提高媒体广告，希望通过媒体中标及销售额提升指数。

(3) 促销策略：通过查看各产品的历史优惠额，对促销策略稍作调整，以争取获得适当的优惠额，交易情感型订单，如表 15-39 所示。

表 15-39 第二年第三季度促销策略表

多买折扣

添加 删除

	编号	促销名称	促销范围	产品范围	购买最少件数	享受折扣	操作
	3072	1	不限制	不限制	1	9.99	
	3073	2	不限制	4f,P4,	1	8	
	3136	3	A1零售商,A2零售商,	3f,	1	8	

(4) 媒体广告投标：适当提升媒体广告投放量，黄金时段投放 120W 左右，午间时段投放 40W 左右，晚间时段投放 20W 左右，百度投放 20W 左右。

(5) 媒体中标及产品销售情况：本季度仍然中标 P1 的黄金时段和各产品的午间时段，部分中标如表 15-40 所示。

表 15-40 第二年第三季度部分媒体中标情况

小组账号： 产品： 年份：第2年 季度：第三季度 查询

中标组	投标年	投标季度	媒体名称	产品名	时段名称	中标费用	影响力	关系值
ST7	2	3	央视	P1	黄金时段	124	40	2
ST9	2	3	央视	P2	黄金时段	169	40	2
ST9	2	3	央视	P3	黄金时段	149	40	2
ST9	2	3	央视	P4	黄金时段	149	40	2
ST7	2	3	央视	P1	午间时段	39	12	10
ST7	2	3	央视	P2	午间时段	39	12	10
ST7	2	3	央视	P3	午间时段	39	12	10
ST7	2	3	央视	P4	午间时段	39	12	10
ST4	2	3	央视	P1	晚间时段	20	6	8
ST4	2	3	央视	P2	晚间时段	20	6	8
ST4	2	3	央视	P3	晚间时段	20	6	8
ST4	2	3	央视	P4	晚间时段	20	6	8
ST9	2	3	百度	P1	排名第一	19	20	5

本季度销售额为 891.73W，产品销售情况如表 15-41 所示。

3. 财务部

先收款，偿还 315W 到期的短期贷款本金及利息，再短期贷款 800W 以供生产、媒体广告等支出。

（四） 经营第四季度

1. 生产部

(1) 原材料采购：本季度采购 210 个 R2，供第三年生产所需。

(2) 投入生产：与第三季度相同，4 条 P2 生产线，1 条 P3 生产线，3 条 P4 生产线。

2. 零售部

(1) 货物配送：除保留 2s、3s 和 4s 外，将其余货物在各零售商之间进行调拨，使得每个零售商均有适量可销的产品出售。

(2) 价格制定：由于 P1 的南部、东部，P2 中部，P3 东部和中部的优惠额均排名第二，以及本组的综合指数本季度排名第四，本季度既有可能交易一部分情感型，也有可能交易

表 15-41　第二年第三季度销售情况表

年	季度	市场	零售商名称	产品	产品型号	消费人群	销售数量	销售价格	实收金额
2	3	东部市场	B1零售商	P1	1s	情感型	1	11.6	11.59
2	3	东部市场	B2零售商	P1	1s	情感型	1	11.6	11.59
2	3	东部市场	B2零售商	P1	1s	情感型	1	11.6	11.59
2	3	东部市场	B1零售商	P1	1s	习惯型	1	11.6	11.59
2	3	东部市场	B2零售商	P1	1s	习惯型	2	11.6	23.18
2	3	东部市场	B2零售商	P1	1s	习惯型	1	11.6	11.59
2	3	中部市场	C1零售商	P1	1s	情感型	1	12.6	12.59
2	3	中部市场	C1零售商	P1	1s	情感型	1	12.6	12.59
2	3	中部市场	C2零售商	P1	1s	情感型	1	12.6	12.59
2	3	中部市场	C2零售商	P1	1s	情感型	1	12.6	12.59
2	3	中部市场	C1零售商	P1	1s	习惯型	1	12.6	12.59
							30		404.67

年	季度	市场	零售商名称	产品	产品型号	消费人群	销售数量	销售价格	实收金额
2	3	东部市场	B2零售商	P2	P2	习惯型	1	16.55	16.53
2	3	中部市场	C1零售商	P2	P2	情感型	1	16.44	16.42
2	3	中部市场	C2零售商	P2	P2	情感型	1	16.44	16.42
2	3	中部市场	C2零售商	P2	P2	情感型	1	16.44	16.42
2	3	中部市场	C2零售商	P2	P2	习惯型	1	16.44	16.42
2	3	中部市场	C1零售商	P2	2t	冲动型	1	17.8	17.78
2	3	南部市场	A2零售商	P3	3t	冲动型	1	17.8	17.78
2	3	东部市场	B2零售商	P3	3f	情感型	1	16.55	16.53
2	3	东部市场	B2零售商	P3	3t	冲动型	1	17.8	17.78
2	3	中部市场	C2零售商	P3	3f	情感型	1	16.66	16.64
2	3	中部市场	C2零售商	P3	3t	冲动型	1	17.8	17.78
							29		430.62

第 2 页共 3 页　显示 26 - 50条，共 53

产品：　零售商：　人群类型：　查询

年	季度	市场	零售商名称	产品	产品型号	消费人群	销售数量	销售价格	实收金额
2	3	南部市场	A2零售商	P4	4t	冲动型	1	18.9	18.88
2	3	东部市场	B2零售商	P4	4t	冲动型	1	18.8	18.78
2	3	中部市场	C2零售商	P4	4t	冲动型	1	18.8	18.78
							3		56.44

一部分理智型。本季度为提高销量，对产品的价格进行适当调整，一方面，针对冲动型的产品仍定高价；另一方面针对情感型、理智型、经济型等均适当降低价格，以提升销量。

（3）促销策略：由于各市场排名第二的优惠额均不高，仍然有机会在各市场上争夺优惠额，为交易情感型订单打基础，因此本季度仍然保留原有的促销策略。

（4）媒体策略：媒体广告较上季度略有增加。

（5）媒体中标及产品销售：本季度除百度排名第一外，央视媒体均未中标，部分媒体中标如表 15-42 所示。

表 15-42　第二年第四季度部分媒体中标情况表

小组账号：　产品：　年份：第2年　季度：第四季度　查询

中标组	投标年	投标季度	媒体名称	产品名	时段名称	中标费用	影响力	关系值
ST9	2	4	央视	P1	黄金时段	189	40	2
ST9	2	4	央视	P2	黄金时段	189	40	2
ST9	2	4	央视	P3	黄金时段	169	40	2
ST9	2	4	央视	P4	黄金时段	169	40	2
ST9	2	4	央视	P1	午间时段	49	12	10
ST9	2	4	央视	P2	午间时段	49	12	10
ST9	2	4	央视	P3	午间时段	49	12	10
ST9	2	4	央视	P4	午间时段	49	12	10
ST9	2	4	央视	P1	晚间时段	29	6	8
ST9	2	4	央视	P2	晚间时段	29	6	8
ST9	2	4	央视	P3	晚间时段	29	6	8
ST9	2	4	央视	P4	晚间时段	29	6	8
ST7	2	4	百度	P1	排名第一	26	20	5

本季度产品销售收入共计 655.29W。部分产品交易情况如表 15-43 所示。

表 15-43　第二年第四季度产品销售情况表

产品：　零售商：　人群类型：　查询

年	季度	市场	零售商名称	产品	产品型号	消费人群	销售数量	销售价格	实收金额
2	4	中部市场	C2零售商	P1	1s	习惯型	1	12.33	12.32
2	4	中部市场	C2零售商	P1	1s	理智型	1	12.33	12.32
2	4	中部市场	C2零售商	P1	1s	理智型	1	12.33	12.32
2	4	中部市场	C2零售商	P1	1s	理智型	1	12.33	12.32
2	4	中部市场	C1零售商	P1	1s	不定型	2	12.33	24.64
2	4	中部市场	C1零售商	P1	1s	不定型	1	12.33	12.32
2	4	中部市场	C2零售商	P1	1s	不定型	1	12.33	12.32
2	4	南部市场	A2零售商	P2	P2	习惯型	1	14.6	11.68
2	4	东部市场	B2零售商	P2	P2	情感型	1	15.44	15.42
2	4	东部市场	B2零售商	P2	P2	习惯型	1	15.44	15.42
2	4	东部市场	B1零售商	P2	2f	不定型	1	15.77	15.75
							30		382.14

第 1 页共 2 页　显示 1 - 25条，共 36

年	季度	市场	零售商名称	产品	产品型号	消费人群	销售数量	销售价格	实收金额
2	4	东部市场	B2零售商	P2	2f	不定型	3	15.88	47.59
2	4	中部市场	C1零售商	P2	P2	情感型	1	14	13.99
2	4	中部市场	C2零售商	P2	P2	情感型	1	13.98	13.97
2	4	中部市场	C2零售商	P2	2f	习惯型	1	14	13.99
2	4	中部市场	C1零售商	P2	P2	不定型	3	14	41.96
2	4	中部市场	C2零售商	P2	2f	不定型	2	14	27.97
2	4	南部市场	A1零售商	P3	3t	冲动型	1	17.4	17.38
2	4	南部市场	A2零售商	P3	3t	冲动型	1	17.7	17.68
2	4	东部市场	B2零售商	P3	3f	情感型	1	16.55	16.53
2	4	中部市场	C2零售商	P3	3f	情感型	1	15.55	15.53
2	4	中部市场	C2零售商	P4	P4	不定型	4	14.55	46.56
							19		273.15

第 2 页共 2 页　显示 26 - 36条，共 36 条

3. 财务部

（1）接收应收账款，偿还到期的短期贷款及利息共 210W，将剩余的 700W 短期贷款额度用完。

（2）偿还到期的长期贷款及利息共 610W。

（3）将 1600W 应收账款全部贴现。

（4）民间融资 600W，为第三年直销准备充足的现金。

（五）第二年末财务数据分析

第二年经营结束后，经营者应再次分析各组的财务报表以便获取竞争对手经营数据，并判断企业自身所处的竞争地位等，为企业下一年的经营决策提供参与依据。各企业经营数据如表 15-44 所示。

通过表中数据分析可知：

（1）从库存产品价值看，第 7 组即本企业最大，随后依次为第 3 组、第 8 组。而从总体看，库存量并不算大，这对于库存量较大的企业而言是机会。

（2）从营业外支出项目看，第 2 组营业外支出为 3.31，说明第 2 组第二年有违约情况，尽管该组综合指数较高，但该组第三年无直销资格。

表 15-44 第二年结束各组经营数据表

组别	权益（W）	库存（W）	在制品（W）	土建（W）	设备（W）	现金（W）	应收款（W）	营业外支出（W）	综合指数①
1	破产								
2	1112	74	510	680	720	2.8	1592	3.31	12.17
3	1175	1442	580	680	720	114	1882	0	6.89
4	2105	845	560	680	920	1064	3184	0	13.41
5	－367	339	0	680	760	69	529	0	12.82
6	1255	743	560	680	720	658	2263	0	11.8
7	333	2461	560	680	680	1852	6.98	0	9.67
8	1083	1214	560	680	760	29	2379	0	7.33
9	－155	959	530	680	720	730	1192	0	15.07
10	556	973	490	680	680	327	423	0	3.58

(3) 从企业现金及应收账款看，一是第 5 组，虽然其综合指数较高，但其库存少，且没有生产，现金及应收账款均较少，这将大大影响其直销投标。二是第 4 组和第 9 组，其综合指数较高，但由于其库存量并不是很大，他们应该会将直销定位于高价订单，而对于中等价位的订单只能放弃。

相对于本组而言，第 6 组的综合指数高于本组，同样其库存量并不大，现金的准备也并不是很充足，第三年选择贴现似乎不太理智。

综合以上判断，综合指数比本组高的企业共有 5 个组，其中一组因违约而失去直销竞争，一组资金有限影响直销，另外三组由于库存量较小，只可能选择部分直销参与竞标，因此，本组拟采取广撒网的直销策略，对于高价订单可采取适当降低价格的直销策略，而对于中低价位的直销订单则可采取原价投标。

三、经营第三年

本年度企业经营的思路是尽量节省费用投入，获取最大的利润。企业首选的销售渠道为直销，且以获取满意利润为前提。若直销订单未达预期，可适当选择部分批发订单，其余产品则主要通过零售销售。

（一）经营第一季度

1. 市场部

购买市场调查报告：年初企业购买一份南部市场调查报告，其他市场的调查报告可以等待直销和批发结束之后再购买，以便资金的合理分配。但通过查看市场环境可知，除西部市场外，其余四个市场的环境均很好，市场波动率为正，且幅度较大。第三年各市场需求波动率如表 15-45 所示。

① 综合指数是第三年第一季度直销招标前的数据。

表 15-45 第三年各市场需求波动率 单位：%

市场需求波动率	第一季度	第二季度	第三季度	第四季度
南部市场	10	11	12	12
东部市场	33	33	32	33
中部市场	30	31	33	31
北部市场	12	11	10	10
西部市场			−10	−10

由于市场环境较好，对于库存量较小的企业而言，会增加对零售市场的预期，因此降低这些企业对直销的依赖程度，可以弱化直销的竞争，这对于本企业而言更有利。

市场开拓：本季度继续开拓北部和西部市场，至此所有市场开拓完毕。

2. 直销部

（1）开发客户。由于开发客户需要资金，对于资金比较紧张，综合指数高的企业而言，可能并不愿意将资金用于开发新客户，而是在原有客户的基础上投标。因此，本企业主要考虑避开主要竞争，对于中部、西部的 P2、P3、P4 产品的客户，全部开发，而对于南部和东部的客户，则有选择性的开发，如图 15-5 所示。

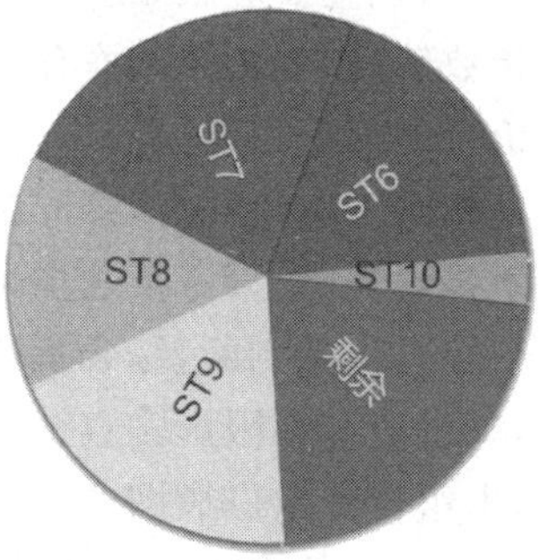

图 15-5 直销订单市场份额

（2）参与投标。由于综合指数较高的企业库存量少，且零售市场环境较好，因此本组直销投标集中在价格 12W 以上的订单，基本上采取原价投标，只有几单高价订单降低价格投标。

直销竞标结束后，本组中标情况如表 15-46 所示，其中 P2 产品中标数量为 98 件，P3 产品中标数量为 72 件，P4 产品中标数量为 125 件。通过查看中标公示，发现与本组同时参与直销竞争并中标的是第 6 组和第 9 组，第 6 组中标价格 13W/件左右，第 9 组中标价格为 14W/件，与本组中标价格差距不大，因此，在直销环节，本组实际上占有优势。各组直销中标订单如图 15-5 所示（其中第 6 组占 18%，第 7 组占 23%，第 8 组占 14%，第 9 组占 19%）。

3. 批发部

（1）投放招商广告。由于本组库存有 P2 产品 100 件、P3 产品 50 件、P4 产品 90 件，以及第三年可生产 320 件，总供货能力为 560 件。而直销中标 295 件，还剩余 265 件产品。由于第三年批发平均价格比较高，尤其是东部和中部市场，因此第三年也适当投放批发广告，若有合适订单，可以选择一部分，以减少零售压力，第三年招商广告投放量如表 15-47 所示。

表 15-46　第三年直销中标订单表

订单号	签约年	产品	市场	数量	价格	总金额	账期(季	交货期	ISO认证	功能	交货年	交货季度	订单状态
GB204Z3P4201...	3	P4	中...	19	12.02	228...	3	3		,P4F1,P4F2	0	0	未交货
GB204D3P4201...	3	P4	东...	22	12.16	267...	3	3	ISO...	,P4F1,P4F2	0	0	未交货
GB204B3P2201...	3	P2	北...	19	12.22	232...	2	3		,P2F5,P2F1,P2F2	0	0	未交货
GB204Z3P3201...	3	P3	中...	17	12.26	208...	1	3		,P3F1,P3F5,P3F4	0	0	未交货
GB204B3P4201...	3	P4	北...	6	12.5	75	0	3		,P4F1,P4F2	0	0	未交货
GB204B3P2201...	3	P2	北...	19	12.[illegible]7	238...	0	3		,P2F5,P2F1,P2F2	0	0	未交货
GB204B3P4201...	3	P4	北...	19	12.73	241...	2	3	ISO...	,P4F1,P4F2	0	0	未交货
GB204N3P3201...	3	P3	南...	13	12.77	166...	2	3		,P3F1,P3F5,P3F4	0	0	未交货
GB204N3P2201...	3	P2	南...	18	12.95	233.1	2	3	ISO...	,P2F5,P2F1,P2F2	0	0	未交货
GB204B3P3201...	3	P3	北...	6	13	78	4	3	ISO...	,P3F1,P3F5,P3F4	0	0	未交货
GB204Z3P3201...	3	P3	中...	18	13.03	234...	0	3		,P3F1,P3F5,P3F4	0	0	未交货
GB204B3P2201...	3	P2	北...	22	13.16	289...	3	3		,P2F5,P2F1,P2F2	0	0	未交货
GB204N3P2201...	3	P2	南...	20	13.34	266.8	1	3	ISO...	,P2F5,P2F1,P2F2	0	0	未交货
GB204Z3P4201...	3	P4	中...	20	13.37	267.4	2	3		,P4F1,P4F2	0	0	未交货
GB204B3P4201...	3	P4	北...	19	13.57	257...	2	3		,P4F1,P4F2	0	0	未交货
GB204D3P4201...	3	P4	东...	20	14.98	299.6	4	3		,P4F1,P4F2	0	0	未交货
GB204D3P3201...	3	P3	东...	18	14.99	269...	3	3		,P3F1,P3F5,P3F4	0	0	未交货
				295		385...							

表 15-47　第三年批发招商广告

产品名称	南部市场	东部市场	中部市场	北部市场	西部市场
P1	0	0	0	0	0
P2	3	3	1	1	0
P3	1	3	1	1	0
P4	1	3	3	1	0

(2) 选择批发订单。本年度选择了 P2 产品 60 件、P3 产品 74 件、P4 产品 38 件，如表 15-48 所示。批发中标公示如图 15-6 所示。

表 15-48　第三年本组批发订单表

签约区

订单号	批发商	产品	市场	数量	价格	总金额	账期(季	交货期	ISO认证	功能
AB204D3P220...	国...	P2	东...	26	14....	37...	-1	3	IS...	,P2F5,P2F
AB204N3P220...	天...	P2	南...	34	12.3	41...	-1	3	IS...	,P2F5,P2F
AB204Z3P320...	国...	P3	中...	44	11....	50...	-1	3	IS...	,P3F1,P3F
AB204D3P320...	天...	P3	东...	30	12....	37...	-1	3	IS...	,P3F1,P3F
AB204D3P420...	国...	P4	东...	9	11.8	10...	-1	3	IS...	,P4F1,P4F
AB204D3P420...	天...	P4	东...	8	13....	10...	-1	3	IS...	,P4F1,P4F
AB204Z3P420...	国...	P4	中...	9	13....	11...	-1	3	IS...	,P4F1,P4F
				172		21...				

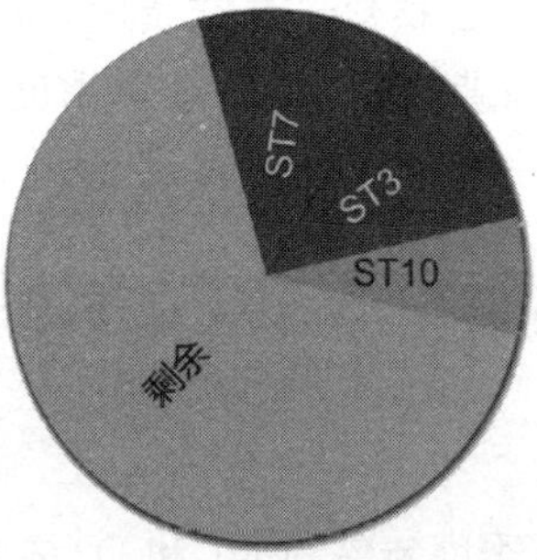

图 15-6　批发订单市场份额

4. 生产部

按照现有的生产线布局，即 4 条 P2、1 条 P3 和 3 条 P4，本年度可供货分别为 P2 产品 260 件、P3 产品 90 件、P4 产品 210 件。而直销与批发订单共需要交付 P2 产品 158 件、P3 产品 146 件、P4 产品 163 件。因此，考虑到交货及零售，拟将生产 P2 的柔性线转产至 P3，并将 1 条 P4 的全自动转产至 P3。而剩余的产能分别为 P2 产品 72 件、P3 产品 4 件、P4 产品 17 件通过零售销售。

(1) 原料采购。根据生产线分布(见表 15-49)及本季度已有的原材料数量，制定原材料采购计划如表 15-50 所示。

表 15-49　第三年生产线分布情况表　　单位：条

生产线分布	第一季度	第二季度	第三季度	第四季度
P2	3	3	3	3
P3	3	3	3	2
P4	2	2	2	3

表 15-50　第三年原材料采购计划表

原材料种类	已有原料数量	生产所需原材料总量	第一季度采购数量	第二季度采购数量	第三季度采购数量	年末剩余
R1	70	120	50	0	0	0
R2	210	550	150	100	90	0
R3	140	200	40	0	0	0
R4	180	180	0	0	0	0

由于本年度资金并不紧张，因此可尽量在本年度支付原材料款，有利于降低年末应付账款，有助于提高资金的速动比率和流动比率，增加资金的流动性得分。因此，R2 原材料可于第一季度采购 150 个，第二季度采购 100 个，均在第四季度付款。

(2) 投入生产：按照生产线分布组织生产。

(3) 交货给客户：由于本组库存量大，因此本季度可集中交付直销订单，通过交货提升本季度交易额，提升下一季度综合指数。在交货时，可优先交付 3 个账期的订单，以便本年度收回资金，其次交付 2 个账期的订单，若某个季度资金有缺口，则可在该季度交付 0 账期订单，尽量避免贷款。相比直销订单而言，批发订单可先不交货，将零售货物先配货销售。

本组本季度交付 P2 产品 59 件、P3 产品 54 件、P4 产品 105 件。

5. 零售部

(1) 签约零售商：企业在本季度新签约 D1 和 D2 零售商。

(2) 货物配送：配送 72 件 P2 产品、4 件 P3 产品和 15 件 P4 产品给零售商销售。同时通过特殊任务将上季度未销售完的产品根据销售期限在各零售商之间调拨，以促进产品销售。

(3) 价格制定：即将过销售期的产品，适当低价销售，其他产品制定较高价格销售。

(4) 促销方面：只保留满 1 件 9.99 折的促销策略，其他促销删除。

(5) 媒体广告：均投放少量广告，本组本季度总媒体广告投放额为 42W。媒体结束后发现央视均未中标。第三年第一季度部分媒体中标情况如表 15-51 所示。

表 15-51 第三年第一季度部分媒体中标情况表

小组账号：　产品：　年份：第3年　季度：　查询

中标组	投标年	投标季度	媒体名称	产品名	时段名称	中标费用	影响力	关系值
ST2	3	1	央视	P1	黄金时段	77	[illegible]	2
ST2	3	1	央视	P2	黄金时段	123	40	2
ST2	3	1	央视	P3	黄金时段	123	40	2
ST2	3	1	央视	P4	黄金时段	123	40	2
ST2	3	1	央视	P1	午间时段	25	12	10
ST2	3	1	央视	P2	午间时段	25	12	10
ST2	3	1	央视	P3	午间时段	25	12	10
ST2	3	1	央视	P4	午间时段	25	12	10
ST2	3	1	央视	P1	晚间时段	25	6	8
ST4	3	1	央视	P2	晚间时段	11	6	8
ST2	3	1	央视	P3	晚间时段	25	6	8
ST2	3	1	央视	P4	晚间时段	25	6	8
ST2	3	1	百度	P1	排名第一	15	20	5

可见，第 2 组媒体中标且费用较高。其实在第三年以高额的媒体中标，由于销售费用过高直接会影响企业利润，并不一定能带来好处。

(6) 销售情况：本季度零售额为 1101.68W。

6. 财务部

由于企业获取了大量的批发订单，现金比较充足，因此无须贷款。

（二） 经营第二季度

由于本小组在第一季度大量交货及零售所产生的交易额，进入第二季度本企业的综合指数排名第一。

1. 生产部

(1) 原材料采购：按计划采购 R2 原材料 100 个。

(2) 投入生产：按计划 3 条 P2、3 条 P3 和 2 条 P4 生产线组织生产。

(3) 交货给客户：交付完直销订单，批发订单未交货。

2. 零售部

根据产品销售情况，通过特殊任务将产品在各零售商之间进行调拨，尽量让每个零售商均有产品可销售。

(1) 产品定价方面：由于综合指数较高，可制定高价。由于本组综合指数仅稍微领先于第 2 组，加上本季度媒体的影响，若第 2 组仍中标，则其综合指数应该会排名第一，不过本小组仍应该可以销售一部分高价订单。

(2) 媒体广告：不抢媒体广告，由于 P1 和 P2 产品数量较多，因此增加了 P1 和 P2 产品央视黄金时段的广告费。

(3) 媒体中标及销售情况：本季度仍然是第 2 组中标央视媒体，其综合指数上升至第一位，本组排名第二。但本组仍销售了一部分理智型订单，零售交易额为 854.32W。

3. 财务部

偿还到期的贷款并支付管理费。

（三）经营第三季度

1. 生产部

(1) 原材料采购：按计划采购 90 个 R2 原材料。

(2) 投入生产：按计划投产，即 3 条 P2 产品生产线、3 条 P3 产品生产线和 2 条 P4 产品生产线。

(3) 交货给客户：根据库存数量，交付批发订单。

2. 零售部

(1) 签约零售商：不签约。由于可供零售的产品较少，为节省签约费，放弃签约。

(2) 货物配送：通过特殊任务，根据零售商产品存货情况进行调拨。

(3) 媒体广告：不抢媒体。

(4) 价格制定：由于综合指数排名下降至第三，本季度降低价格销售，P2 和 P4 产品均低于期望销售。

(5) 媒体中标及产品销售情况：除百度排名中标外，其他媒体广告均未中标。本季度销售额为 957.76W。

（四）经营第四季度

1. 生产部

(1) 投入生产：首先将柔性生产线转产至 P4 产品生产线，生产时可以不带任务流行功能，既可以节省生产费用，又能满足生产线加分的条件。

(2) 交货给客户：交付剩余的批发订单。

2. 零售部

(1) 价格方面：主要剩余 P2 和 P4 产品。由于本组在综合指数上已没有优势，因此降低价格处理。

(2) 媒体广告方面：不抢媒体。

(3) 媒体中标及产品销售情况：媒体未中标，本季度销售额为 308.31W。

媒体结束后，应根据产品的库存情况进行产品调拨，以节省库存费。例如：第四季度结束后，本组还剩余 P4 产品如表 15-52 所示，此时可将 P4 产品通过特殊任务调拨给一个零售商。由于调拨费用和库存费用有差距，若不调拨，则 P4 产品的库存费为 3×4=12(W)，若将 B2、C2 和 A2 的 P4 均调拨给 C1，则调拨费为 1.5×3=4.5(W)，库存费为 3W，总费用为 7.5W，与不调拨相比，节省了 4.5W。

表 15-52　第三年媒体结束后本企业零售商库存产品情况

产品调拨

市场:　零售商:　产品: P4　查询

市场	零售商名称	产品	产品型号	库存数量	成本	总成本	历史价格
中部市场	C1零售商	P4	4s	2	7	14	
东部市场	B2零售商	P4	4s	1	7	7	
中部市场	C2零售商	P4	4f	1	6	6	
南部市场	A2零售商	P4	4s	1	7	7	
北部市场	D1零售商	P4	4s	0	7	0	
东部市场	B1零售商	P4	4f	0	6	0	
东部市场	B1零售商	P4	4t	0	10	0	
东部市场	B1零售商	P4	4s	0	7	0	
中部市场	C1零售商	P4	P4	0	5	0	
中部市场	C1零售商	P4	4f	0	6	0	

3. 财务部

偿还贷款，支付各项费用，关账。最终得分为 37674 分，经营成果如图 15-7 所示。

得分：37674

利润表

项目	表达式	上年金额	当年金额
营业收入	+	2315.25	9212.36
减：营业成本	-	1030.00	4739.00
营业税金及附加	-	0.00	0.00
销售费用	-	1346.37	597.27
管理费用	-	180.20	202.00
财务费用	-	488.90	365.00
营业利润	=	-730.22	3309.09
加：营业外收入	+	0.00	0.00
减：营业外支出	-	0.00	0.00
利润总额	=	-730.22	3309.09
减：所得税费用	-	0.00	643.28
净利润	=	-730.22	2665.81

资产负债表

资产				负债及所有者权益合计			
项目	表达式	上年金额	当年金额	项目	表达式	上年金额	当年金额
流动资产:				流动负债			
货币资金	+	1852.49	622.86	短期借款	+	2700.00	0.00
其他应收款	+	0.00	0.00	应付账款	+	1340.71	470.69
应收账款	+	6.98	2084.68	预收账款	+	0.00	0.00
存货:				应交税费	+	0.00	643.28
原材料	+	100.00	0.00	流动负债合计	=	4040.71	1113.97
在途物资	+	0.00	0.00	非流动负债			
在制品	+	560.00	350.00	长期借款	+	1700.00	0.00
库存商品	+	2461.00	100.00	非流动负债合计	=	1700.00	0.00
发出商品	+	0.00	0.00	负债合计	=	5740.71	1113.97
流动资产合计	=	4980.47	3157.54	所有者权益			
非流动资产:				实收资本	+	1000.00	1000.00
固定资产原价:				未分配利润	+	-666.24	1999.57
土地和建筑	+	680.00	680.00				
机器和设备	+	680.00	680.00				
减：累计折旧	-	266.00	404.00				
固定资产账面价值	=	1094.00	956.00				
在建工程	+	0.00	0.00				
非流动资产合计	=	1094.00	956.00	所有者权益合计	=	333.76	2999.57
资产总计	=	6074.47	4113.54	负债和所有者权益总计	=	6074.47	4113.54

图 15-7　第三年最终经营得分图

学习情景十六

理智型经营策略(一)

学习目标

1. 了解理智型经营策略(一)的基本思路；
2. 理解方案的适用条件；
3. 理解方案存在的风险及防范措施；
4. 理解方案的改进方向。

所谓理智型经营策略，其实并不仅仅是针对零售市场中的理智型消费人群，而是在提升企业综合指数的基础上，企业既能在零售渠道上满足理智型需求，又能在直销渠道上具备优势。

理智型经营策略是营销沙盘中的一种常规经营策略，被大量使用，究其原因，主要在于理智型经营策略主要立足于对价格不太敏感的理智型零售市场，以及高价直销订单。该策略一旦取得成功，往往可以给企业带来丰厚的回报，获得竞争胜利。

理智型经营策略主要围绕提升企业综合指数而实施，而企业综合指数的提升主要受两个因素的影响：一是销售额，其对企业综合指数的影响是短期的，即当季度销售额只影响下一季度企业的综合指数；二是媒体影响力，其对企业综合指数的影响是长期的，媒体影响力是各年各季度累加而成的。

因此，企业若想成功实施理智型经营策略，则需要考虑如何利用交易额及媒体影响力提升企业综合指数。

从以上两个因素考虑，理智型经营策略多种多样。

比如企业可以在经营初期通过媒体广告的抢夺，主要以媒体影响力拉升综合指数，进而以理智型、习惯型订单交易额等综合作用进一步巩固企业综合指数地位，通常将此策略称为先手理智策略。再如，经营者还可以在第一年第三季度实施媒体抢夺策略、批发订单交货等，拉升企业在第一年第四季度的综合指数，进而促成第四季度产品的销售，以销售额进一步巩固企业综合指数，也称为后手理智策略。除此之外，企业还可以通过经济型＋不定型转理智型、情感型转理智型等多种理智型策略。

任务一 理智型策略经营方案设计

一、第一年经营方案设计

第一年经营方案如表 16-1 所示。

表 16-1　第一年经营方案

<table>
<tr><th rowspan="2">部门</th><th rowspan="2">项目任务</th><th colspan="4">具体任务操作</th></tr>
<tr><th>第一季度</th><th>第二季度</th><th>第三季度</th><th>第四季度</th></tr>
<tr><td rowspan="3">市场部</td><td>1. 市场分析</td><td>买市场调研报告</td><td rowspan="7" colspan="3"></td></tr>
<tr><td>2. 市场开拓</td><td>全部开拓</td></tr>
<tr><td>3. ISO 认证</td><td>全部认证</td></tr>
<tr><td rowspan="2">直销部</td><td>4. 开发客户</td><td>放弃</td></tr>
<tr><td>5. 参与投标</td><td>放弃</td></tr>
<tr><td rowspan="2">批发部</td><td>6. 投放广告</td><td>抢批发(如 400＋招商)</td></tr>
<tr><td>7. 选单</td><td>选单(数量、金额)</td></tr>
<tr><td rowspan="7">生产部</td><td>8. 产品研发</td><td>全部研发</td><td>全部研发</td><td>全部研发</td><td>无</td></tr>
<tr><td>9. 产品下线入库</td><td>下线入库</td><td>下线入库</td><td>下线入库</td><td>下线入库</td></tr>
<tr><td>10. 租赁/购买厂房</td><td>购买 B 厂房</td><td>购买 C 厂房</td><td>无</td><td>无</td></tr>
<tr><td>11. 生产线购买及调整</td><td>买 2 条 P1 全自动生产线</td><td>卖 2 条半自动生产线，买 4 条 P1 全自动生产线</td><td>无</td><td>无</td></tr>
<tr><td>12. 原材料采购</td><td>根据未来生产线分布买原材料。本参考方案的生产线安排为：第一季度 4 条 P1，第二季度 8 条 P1，第三、四季度为 1 条 P1、3 条 P2、2 条 P3、2 条 P4。因此，原材料采购计划为 R1：160 个，R3、R4 各 80 个</td><td>按照生产线布局，本季度采购 R2 原材料 240 个</td><td>本季度需要采购 R3 和 R4 原材料，用于第二年生产。为了保证原材料充足供应，且将原材料款推迟到第三年支付，可购买 R3 原材料 210 个，R4 原材料 220 个</td><td>本季度需要采购 R1 和 R2 原材料。同样，为了将原材料款推迟到第三年支付，可购买 210 个 R1 和 260 个 R2(之所以通过大量采购原材料将付款时间推迟，主要是考虑到第二年资金可能紧张，以及为三年初直销准备保证金)</td></tr>
<tr><td>13. 投入生产</td><td>不带功能或带 1 个功能，以便降低产品成本(注意：可于媒体结束后视媒体是否中标再组织生产)</td><td>可用 2～3 条线生产带全功能的 P1，其余产能一方面考虑零售，另一方面考虑第二年直销，因此可以带第一年功能</td><td>2 条 P2 不带功能，另 1 条 P2 带第一年功能；P3 和 P4 各一条不带功能，另一条带第一年功能</td><td>所有产品均带第一年功能，为第二年直销备货</td></tr>
<tr><td>14. 交货给客户</td><td>不交货</td><td>不交货</td><td>交货</td><td>无</td></tr>
</table>

续表

<table>
<tr><th rowspan="2">部门</th><th rowspan="2">项目任务</th><th colspan="4">具体任务操作</th></tr>
<tr><th>第一季度</th><th>第二季度</th><th>第三季度</th><th>第四季度</th></tr>
<tr><td rowspan="5">零售部</td><td>15. 签约零售商</td><td>签约 A2 零售商</td><td>无</td><td>签约 B1、B2 零售商</td><td>无</td></tr>
<tr><td>16. 货物配送</td><td>给 A1、A2 零售商配货，注意分配的数量，一般给 A2 零售商配货量更大，如按 4∶6 分配</td><td>视销售情况补充货物，确保零售商有货可销售</td><td>给各零售商配货，将带五个功能的产品配给 A1、B1 零售商以便能够卖冲动型，注意 A1 零售商多配货，例如给 A1 配 17 件，B1 配 3 件。（如果计算后 A1 可销售更多，则第二季度可投产 3 条线生产全功能 P1）</td><td>P1 产品注意补充货物。将不带功能的 P2、P3、P4 配货给四个零售商。A1、A2 和 B1、B2 可分别按 4∶6 的比例分配货物</td></tr>
<tr><td>17. 价格制定</td><td>高于期望价销售习惯型</td><td>高于期望价销售习惯型</td><td>如果第一、二季度均未中标央视媒体，则第三季度纯 P1 以低于期望价销售，以习惯型、经济型、不定型为目标。全功能的 P1 则以冲动型为对象，可定价 11 左右</td><td>P1 以习惯型、理智型为目标，P2、P3、P4 也以理智型、情感型为主要目标，所有产品均可高价销售</td></tr>
<tr><td>18. 促销策略</td><td>不打折</td><td>不打折</td><td>满 1 件 9.99 折</td><td>可不打折</td></tr>
<tr><td>19. 媒体广告投标</td><td>适当抢媒体，例如，黄金时段投放 400W 左右，午间时段投放 100W 左右</td><td>适当抢媒体。若第一季度中标，则继续抢媒体，卖理智型</td><td>抢媒体，如 P1 黄金时段投放 400W 左右，P2、P3、P4 黄金时段投放 200W 左右</td><td>抢媒体广告</td></tr>
<tr><td rowspan="4">财务部</td><td>20. 应收/应付账款更新</td><td>更新</td><td>更新</td><td>更新</td><td>更新</td></tr>
<tr><td>21. 短期贷款/还本付息</td><td>第一季度一般不需贷款</td><td>适量贷款</td><td>适量贷款</td><td>适量贷款</td></tr>
<tr><td>22. 管理费缴纳</td><td>缴纳</td><td>缴纳</td><td>缴纳</td><td>缴纳</td></tr>
<tr><td>23. 应交税费缴纳</td><td>缴纳</td><td>无</td><td>无</td><td>无</td></tr>
</table>

续表

部门	项目任务	具体任务操作			
		第一季度	第二季度	第三季度	第四季度
财务部	24. 长期贷款/还本付息				还长期贷款后再借长期贷款
	25. 租赁费/维修费				支付费用
	26. 支付库存费				支付费用（可将已过销售期的 P1 调拨给 A2）
	27. 折旧				折旧
	28. 关账				关账

二、第二年经营方案设计

第二年经营方案如表 16-2 所示。

表 16-2　第二年经营方案

部门	项目任务	具体任务操作			
		第一季度	第二季度	第三季度	第四季度
市场部	1. 市场分析	买南部市场调研报告			
	2. 市场开拓	全部开拓			
	3. ISO 认证	全部认证（直销快结束时再认证）			
直销部	4. 开发客户	开发客户			
	5. 参与投标	投直销（根据综合指数、产能等情况确定投多少直销）			
批发部	6. 投放广告	放弃			
	7. 选单	无			
生产部	8. 产品研发	无	无	无	无
	9. 产品下线入库	下线入库	下线入库	下线入库	下线入库
	10. 租赁/购买厂房	无	无	无	无
	11. 生产线购买及调整	根据直销等情况调整生产线	根据直销等情况，调整生产线	根据直销等情况，调整生产线	调整生产线，可将 P2 和 P4 生产线安排多些

续表

部门	项目任务	具体任务操作			
		第一季度	第二季度	第三季度	第四季度
生产部	12. 原材料采购	根据第二年生产线分布补原材料。尽量做到年末原材料少库存	根据第二年生产线分布补原材料。尽量做到年末原材料少库存	为第三年生产P3、P4产品的原材料R3、R4。既要考虑尽量第三年末无库存，又需考虑生产线可能转产，例如，R3买110个，R4买200个	为第三年生产买R1和R2原材料。由于第一年买了大量R1，第二年一般无须再下订单。R2可买200个
	13. 投入生产	生产的产品型号，①为交付直销订单准备货物，要与直销订单要求的功能一致；②利用综合指数高，可高价零售，生产的产品要控制成本（少带功能），又要注意可销售期限；③为第三年直销备货			最好生产P2、P3、P4，P2和P4数量可安排多些，为第三年直销备货
	14. 交货给客户	不交货	不交货	不交货	交货
零售部	15. 签约零售商	不签约	签约C1和C2零售商	无	无
	16. 货物配送	除了交付直销订单外，多余的产能可以通过零售高价销售。给各个零售商配货，需注意配货数量及产品的销售期限（如果综合指数最高，注意第二季度中部市场理智型、情感型均优先交易）			
	17. 价格制定	高价销售（如果综合指数有优势）			
	18. 促销策略	不打折	不打折	不打折	不打折
	19. 媒体广告投标	可不抢媒体，百度适量。但也可不放弃央视，比如黄金时段50W左右。如果某个季度指数下降，而又有货物零售，也可以适当增加媒体广告			
财务部	20. 应收/应付账款	更新	更新	更新	更新
	21. 短期贷款/还本付息	适量贷款	适量贷款	适量贷款	适量贷款
	22. 管理费缴纳	缴纳	缴纳	缴纳	缴纳
	23. 应交税费缴纳	缴纳	无	无	无
	24. 长期贷款/还本付息				还长期贷款
	25. 租赁费/维修费				支付费用
	26. 支付库存费				支付费用
	27. 折旧				折旧
	28. 关账				关账

三、第三年经营方案设计

第三年经营方案如表 16-3 所示。

表 16-3　第三年经营方案

<table>
<tr><th rowspan="2">部门</th><th rowspan="2">项目任务</th><th colspan="4">具体任务操作</th></tr>
<tr><th>第一季度</th><th>第二季度</th><th>第三季度</th><th>第四季度</th></tr>
<tr><td rowspan="3">市场部</td><td>1. 市场分析</td><td>先买南部市场调研报告，如需零售，也可以买其他市场调研报告</td><td rowspan="7"></td><td rowspan="7"></td><td rowspan="7"></td></tr>
<tr><td>2. 市场开拓</td><td>全部开发</td></tr>
<tr><td>3. ISO 认证</td><td>无</td></tr>
<tr><td rowspan="2">直销部</td><td>4. 开发客户</td><td>选高价直销订单的客户进行开发</td></tr>
<tr><td>5. 参与投标</td><td>根据综合指数等因素，选择直销订单</td></tr>
<tr><td rowspan="2">批发部</td><td>6. 投放广告</td><td>根据直销情况、竞争情况、市场情况进行决策，一般不需投放</td></tr>
<tr><td>7. 选单</td><td>选利润高的订单</td></tr>
<tr><td rowspan="7">生产部</td><td>8. 产品研发</td><td>无</td><td>无</td><td>无</td><td>无</td></tr>
<tr><td>9. 产品下线入库</td><td>下线入库</td><td>下线入库</td><td>下线入库</td><td>下线入库</td></tr>
<tr><td>10. 租赁/购买厂房</td><td>无</td><td>无</td><td>无</td><td>无</td></tr>
<tr><td>11. 生产线购买及调整</td><td colspan="4">根据拿单情况、市场需求情况调整生产线</td></tr>
<tr><td>12. 原料采购</td><td colspan="4">根据本年度生产线布局核算原材料需求数量，采购合适数量的原材料，尽量在年末无库存或少库存</td></tr>
<tr><td>13. 投入生产</td><td colspan="4">满足直销与批发订单的生产，剩余产能用于零售。由于零售以理智型为主，可以减少流行功能，降低产品成本，提高利润（注意若综合指数最高，则第三年第一季度的北部市场拥有理智型与情感型的优先交易权）</td></tr>
<tr><td>14. 交货给客户</td><td colspan="4">交货时注意，一方面根据资金情况合理选择交货订单，尽可能避免贷款或贴现等；另一方面尽量在本年度能够收回资金</td></tr>
<tr><td rowspan="3">零售部</td><td>15. 签约零售商</td><td>根据产品情况决定是否签约 D1、D2 零售商</td><td>无</td><td>根据产品情况决定是否签约 E1、E2 零售商</td><td>无</td></tr>
<tr><td>16. 货物配送</td><td colspan="4">尽量给每个零售商配货，考虑零售商的市场敏感度，保证产品可销</td></tr>
<tr><td>17. 价格制定</td><td colspan="4">若是针对理智型，则适合制定高价格。当然，定价策略要考虑整体竞争情况，自身产品数量等因素</td></tr>
</table>

续表

部门	项目任务	具体任务操作			
		第一季度	第二季度	第三季度	第四季度
零售部	18. 促销策略	可保持不变	可保持不变	可保持不变	可保持不变
零售部	19. 媒体广告投标	总体而言，第三年尽量不要投入太多的媒体广告。但如果某季度抢到媒体就可以确保拿到理智市场，则也可以在一定程度上尝试抢媒体			
财务部	20. 应收/应付账款	更新	更新	更新	更新
财务部	21. 短期贷款/还本付息	尽量不贷款	尽量不贷款	尽量不贷款	尽量不贷款
财务部	22. 管理费缴纳	缴纳	缴纳	缴纳	缴纳
财务部	23. 应交税费缴纳	缴纳	无	无	无
财务部	24. 长期贷款/还本付息				还长期贷款本息
财务部	25. 租赁费/维修费				支付费用
财务部	26. 支付库存费				可将未销售完的同一类货物集中调拨给某个零售商，节省费用
财务部	27. 折旧				折旧
财务部	28. 关账				关账

任务二 方案适用的条件

任务一中的方案是理智型策略的常见方案，总体而言本方案思路比较清晰：第一年第三季度以媒体广告及交易额(零售及批发交货)，大幅度提升第一年第四季度企业综合指数，第一年第四季度再利用企业综合指数优势及媒体广告提升该季度的零售交易额(习惯型、理智型以及 P2、P3、P4 的情感型)，从而确保企业第二年第一季度的综合指数优势，为第二年高价直销提供基础。一旦直销如愿，则可减少媒体投入，通过第二年第四季度大量交货，从而保持第三年第一季度的综合指数优势，再通过第三年高价直销获得经营的成功。因此，理智型策略的第二、三年均是以直销为主的，一旦直销成功，很容易得高分。

本方案适用环境广泛，成功的关键在于能否获得第一年第四季度的综合指数优势，从而通过零售交易额为第二年直销打下基础。

任务三 方案的风险及防范

一、方案存在的风险

本方案虽然能够带来很大的收益,但风险也是最大的,并且有些风险难以防范。本方案的风险主要在于以下几项。

1. 第一年招商广告风险

第一年投放了大量招商广告,却未必能够获得较满意的订单。由于批发订单是以招商广告投放量为依据决定选单顺序的。如果竞争激烈,投入了大量的招商广告未必能够选到满意的订单,甚至可能得不到订单。一旦陷入被动,企业的生存面临较大困难,这是风险之一。

2. 第一年第三季度投入大量媒体广告并中标,却未明显提升交易额

本方案成功的关键一步是第一年第三季度交货,同时抢媒体广告,通过批发订单、零售及媒体广告共同作用,迅速提升企业综合指数。但这一策略未必能够达到理想效果。原因在于:首先,先手理智者在第一、二季度中标较多,有较大的综合指数上的优势,若对手在第三季度也交批发订单,以及大量的零售交易额,使得其在综合指数上进一步巩固了其地位。从而导致本企业在第一年第四季度无法通过大量零售交易额达到提升第二年第一季度综合指数的目的,给企业带来风险。

3. 第二年直销风险

即便第一年经营策略相对成功,第二年直销也仍然存在风险。首先,综合指数优势并不能确保获得直销订单,在直销竞标的综合评分法中,综合得分除了受综合指数影响外,还受投标价格的影响。因此,竞争对手可能以低价竞争,导致本企业无法拿到理想订单。其次,若企业担心订单被抢夺,可能会增加直销订单投标数量,这增加了中标机会,但同时也可能导致企业因中标太多、产能不足而违约,从而使企业失去了第三年直销的机会。

二、风险防范

针对以上存在的风险,可从以下几方面加以防范。

1. 不要不计成本及后果去抢批发及媒体广告,使理智型方案失去理智

理智型方案的实施,并不纯粹是简单粗暴的媒体广告策略。影响企业综合指数的不仅有媒体广告,还有交易额,以及受对手策略的影响。因此,理智型经营策略的实施,也并不仅仅通过抢夺媒体广告,例如有经济型转理智型、情感型转理智型,等等。

2. 要时刻关注并分析竞争对手

企业需要关注市场动态,识别主要竞争对手。比如,竞争对手拿了多少直销和批发订

单？竞争对手什么时候交了批发订单？广告多少中标？整个市场竞争如何？竞争对手是否可能经济+不定型转理智型或者情感型转理智型，等等。在分析以上问题的同时，思考对策，尽量降低经营风险。

3. 第二年直销竞标

第二年直销竞标时，需要分析企业综合指数，可以列出各组对应的商务分，对主要竞争对手的投标价格进行估计，并考虑市场环境，再制定直销投标价格。一般而言，若市场环境好，则会增加对零售的期望，而对直销的依赖减弱，可能导致直销竞争不一定激烈。相反，若市场环境不好，则直销竞争可能加强。

投标时，若自身有指数优势，尽量在产能范围内投标，以避免中标太多而违约。比较理想的结果是，除直销订单外，还可以有少量产能进行高价零售。

投标时，还可以先投标，最后再认证 ISO 14000，这样可以在企业综合指数上迷惑竞争对手，在直销揭晓前通过认证再次令企业综合指数有一定幅度的提升，提高中标机会。

4. 要有备选方案，增加经营的灵活性

理智型经营策略看似简单，实则比较复杂，受众多因素影响，有些因素是难以预测与控制的。作为经营者，要想获得经营成功，既要认真做好市场分析，也要通过多练习提升经营经验，另外，经营者准备几套方案作为备选、留有退路也非常关键，在经营过程中根据实际环境对方案进行调整，以提升方案的灵活性。

任务四 方案的改进方向

鉴于本方案存在的风险，经营者可将理智型策略的实施时间(抢夺媒体广告)往后延。即第一年采取囤货、保权益策略，第二年再逐步提升媒体广告投标额，提升企业综合指数，努力使企业在第三年第一季度具备综合指数上的优势，提升直销竞争力。

学习情景十七

理智型经营策略(二)

学习目标

1. 了解理智型经营策略(二)的基本思路;
2. 理解方案的适用条件;
3. 理解方案存在的风险及防范措施;
4. 理解方案的改进方向。

理智型经营策略(一)的基本思路是第一年抢批发,第一年第三季度交货、抢媒体广告,提升第一年第四季度综合指数,第一年第四季度通过抢媒体广告,大量零售交易额巩固第二年第一季度综合指数,为获取高价直销打下基础。一旦获得直销订单,尽量在第二年第四季度交付货物,为第三年第一季度直销打下基础。

该方案由于第一年抢夺媒体广告,通常在第一年权益最低,如果第二年拿到理想直销订单,则第二年企业所有者权益可大幅度提高,第三年继续扩大经营成果。但该方案却存在以下问题:一方面,第一年经营环境复杂,对竞争对手缺乏了解,经营风险非常大。另一方面,第二年既直销又零售,往往无法囤货,导致第三年第一季度企业综合指数高的情况下,因产能有限也不能参与过多的直销竞标。此外,根据得分规则可知,假若 A、B 两组,第三年关账时均为 3000W 权益,A 组第二年权益 1500W,B 组第二年权益 0,则最终得分 B 组往往更高。因此,若能在第三年有更多的产品,获得更高的利润,往往更具有优势。

基于以上考虑,拟设计一种经营策略,既能够在第三年第一季度保持较高的企业综合指数,同时企业也有较多的库存产品,而并不太在意企业第二年所有者权益高低。

本策略基本思路:第一年主要销售原有纯 P1 产品,减少投入,维持较高的所有者权益,第一年新生产的产品主要用于第二年零售。第二年的销售主要以第三、四季度为重点,通过第三季度大量零售,力争第四季度综合指数最高,再通过第四季度零售提升第三年第一季度综合指数。而第二年生产的新产品主要为第三年直销、零售等囤货。

任务一　经营方案设计

一、第一年经营方案设计

第一年经营方案如表 17-1 所示。

表 17-1 第一年经营方案

部门	项目任务	具体任务操作			
		第一季度	第二季度	第三季度	第四季度
市场部	1. 市场分析	买市场调研报告(南部)			
	2. 市场开拓	全部开拓			
	3. ISO 认证	全部认证			
直销部	4. 开发客户	放弃			
	5. 参与投标	投标与否均可			
批发部	6. 投放广告	不投			
	7. 选单	无			
生产部	8. 产品研发	全部研发	全部研发	全部研发	无
	9. 产品下线入库	下线入库	下线入库	下线入库	下线入库
	10. 租赁/购买厂房	购买 B 厂房	购买 C 厂房	无	无
	11. 生产线购买及调整	买 2 条 P1 全自动生产线	卖 2 条半自动生产线，买 4 条 P1 全自动生产线	无	无
	12. 原材料采购	根据未来生产线分布买原材料。本参考方案的生产线安排为：第一季度 4 条 P1，第二季度 8 条 P1，第三、四季度为 1 条 P1、3 条 P2、2 条 P3、2 条 P4。因此，原材料采购计划为 R1：160 个，R3、R4 各 80 个	按照生产线布局，本季度采购 R2 原材料 240 个	本季度需要采购 R3 和 R4 原材料，用于第二年生产。为了保证原材料充足供应，且将原材料款推迟到第三年支付，可购买 R3 原材料 210 个，R4 原材料 240 个	本季度需要采购 R1 和 R2 原材料。同样，为了将原材料款推迟到第三年支付，可购买 210 个 R1 和 260 个 R2。(之所以通过大量采购原材料将付款时间推迟，主要是考虑到第二年资金可能紧张，以及第三年初直销准备保证金)
	13. 投入生产	生产 P1 产品的功能视第一年流行功能及周期而定，但要确保新生产的 P1 能够零售至第二年第四季度	生产 P1 产品的功能视第一年流行功能及周期而定，但要确保新生产的 P1 能够零售至第二年第四季度。可生产一部分带全功能的 P1	P1 带全功能，P2、P3、P4 带的功能要保证能卖至第二年第四季度。例如 P4 第一年功能流行四个季度，则可生产线 P4	P1 带全功能，P2、P3、P4 各 2 条带全功能(用于第二年卖冲动型)，另一条 P2 带功能保证能够销售至第二年第四季度
	14. 交货给客户	无	无	无	无

续表

部门	项目任务	具体任务操作			
		第一季度	第二季度	第三季度	第四季度
零售部	15. 签约零售商	签约 A2 零售商	无	无	无
	16. 货物配送	给 A1、A2 零售商配货，注意分配的数量，一般给 A2 零售商配货量更大。例如，按 4∶6 分配	视销售情况补充货物，确保零售商有货可销售	给各零售商配货，将带五个功能的产品配给 A1 卖冲动型	P1 产品注意补充货物。P2、P3、P4，无须配货
	17. 价格制定	低于期望价，以经济型、不定型为主	低于期望价，以经济型、不定型为主	低于期望价，以经济型、不定型为主。带全功能的 P1 高价销售，例如，15W 左右的价格	低于期望价，以经济型、不定型为主。带全功能的 P1 高价销售，例如，15W 左右的价格
	18. 促销策略	多买折扣：买 1 件 9.99 折；买 2 件及以上，9.6 折（折扣不多，对企业而言损失低，但也可能抓住适量的情感型）	多买折扣：买 1 件及以上 9.99 折。若无情感机会，则可以去掉第二种折扣	多买折扣：买1 件及以上 9.99 折	多买折扣：买 1 件及以上 9.99 折
	19. 媒体广告投标	第一年不抢媒体，主要以百度中标为主，尽量发挥媒体的效果（例如，P1 百度投放 10W 左右，P2、P3、P4 百度投放 4W 左右，其他如黄金时段、午间时段、晚间时段等可投放极少量或直接放弃）			
财务部	20. 应收/应付账款	更新	更新	更新	更新
	21. 短期贷款/还本付息	第一季度一般不需贷款	适量贷款	适量贷款	适量贷款
	22. 管理费缴纳	缴纳	缴纳	缴纳	缴纳
	23. 应交税费缴纳	缴纳	无	无	无
	24. 长期贷款/还本付息				还长期贷款后再借长期贷款
	25. 租赁费/维修费				支付费用
	26. 支付库存费				支付费用（可将已过销售期的 P1 调拨给 A2）
	27. 折旧				折旧
	28. 关账				关账

第一年主要目标是在南部市场销售原有的纯 P1 产品，努力保持较高的所有者权益，为第二年提供资金保证。为了保权益，可以放弃签约东部市场零售商(节约入场费、配送费、库存费等)。在产品零售上主要以经济型和不定型为主，兼顾冲动型，寻找机会捡情感型。新生产的产品，由于第二年流行功能不明确，无法为第三年直销囤货，因此生产的 P2、P3、P4 主要是为第二年销售的，其中带全部功能的以冲动型为销售对象，带其他功能或不带功能的则以习惯型、不定型、经济型、理智型为主。

第二年可供销售的 P1 产品数量约为 140 件，P2 产品为 60 件，P3、P4 产品各为 40 件，即为第一年共投产的 280 件产品。

二、第二年经营方案设计

第二年经营方案如表 17-2 所示。

表 17-2 第二年经营方案

部门	项目任务	具体任务操作			
		第一季度	第二季度	第三季度	第四季度
市场部	1. 市场分析	买调研报告(各市场均可买)			
	2. 市场开拓	全部开拓			
	3. ISO 认证	认证 14000			
直销部	4. 开发客户	放弃			
	5. 参与投标	放弃			
批发部	6. 投放广告	放弃			
	7. 选单	无			
生产部	8. 产品研发	无	无	无	无
	9. 产品下线入库	下线入库	下线入库	下线入库	下线入库
	10. 租赁/购买厂房	无	无	无	无
	11. 生产线购买及调整	将 P1 生产线转产生产 P4	无	无	无
	12. 原材料采购	第二年生产线分布为 3 条 P2，2 条 P3，3 条 P4。根据第一年下单情况，本季度无须采购	购买 260 个 R2	为第三年生产 P3、P4 产品采购原材料 R3、R4。既要考虑尽量第三年末无库存，又需考虑生产线可能转产，采购 R3 原材料 110 个，R4 原材料 180 个	为第三年生产买 R1 和 R2 原材料。由于第二年还剩余 90 个 R1，因此无须采购。R2 可买 200 个(在第三年第四季度付款，若不想付款，则可采购大于 200 个)

续表

部门	项目任务	具体任务操作			
		第一季度	第二季度	第三季度	第四季度
生产部	13. 投入生产	3条P2、2条P3、3条P4均生产带第一、二年流行功能，为第三年囤货	3条P2、2条P3、3条P4均生产带第一、二年流行功能，为第三年囤货	3条P2、2条P3、3条P4均生产带第一、二年流行功能，为第三年囤货	3条P2、2条P3、3条P4均生产带第一、二年流行功能，为第三年囤货
生产部	14. 交货给客户	无	无	无	无
零售部	15. 签约零售商	签约B1、B2零售商	签约C1、C2零售商	无	无
零售部	16. 货物配送	给A1、A2、B1、B2均配货，注意A1和B1可以销售P2、P3、P4的冲动型，另每个零售商均可销售P1冲动型	给各零售商均配货，注意A1、B1、C1可销售P2、P3、P4的冲动型	给各零售商配货。每个零售商均可销售各产品冲动型订单	给各零售商配货
零售部	17. 价格制定	高价策略，均高于期望价。其中冲动型定价更高，例如18W左右	高价策略，均高于期望价。其中冲动型定价更高，例如18W左右	针对冲动型的价格适当降低，如15左右，其他型号的产品针对习惯型、经济型、不定型等，略低于期望价。本季度冲销量	若指数具有优势，则可以制定高价，以做大交易额。主要针对习惯型、理智型等
零售部	18. 促销策略	可不变，仍然9.99折	可不变，仍然9.99折	可不变，仍然9.99折	可不变，仍然9.99折
零售部	19. 媒体广告投标	适当抢媒体。如P1、P2黄金时段投放150W左右，午间时段投放30W左右，关注媒体中标情况，进行适当调整	适当抢媒体。如P1、P2黄金时段投放150W左右，午间时段投放30W左右，关注媒体中标情况，进行适当调整	抢媒体，如P1、P2黄金时段投放180W左右，P3、P4黄金时段投放120W左右。通过本季度媒体中标，尽量做大交易额。通过交易额和媒体提升综合指数。若第一、二季度中标，则本季度也可适当降低媒体广告	抢媒体。若指数有优势，则可以通过抢媒体巩固优势并尽量做大交易额。若落后于对手但相差不大，也可以通过抢媒体，力争指数第一，产生理智型优先交易权
财务部	20. 应收/应付账款	更新	更新	更新	更新
财务部	21. 短期贷款/还本付息	无须贷款	一般需要适量贷款	适量贷款	贷款（确保下一年直销有资金，在民间融资或贴现方面，可优先贴现）

续表

部门	项目任务	具体任务操作			
		第一季度	第二季度	第三季度	第四季度
财务部	22. 管理费缴纳	缴纳	缴纳	缴纳	缴纳
	23. 应交税费缴纳	缴纳	无	无	无
	24. 长期贷款/还本付息				还长期贷款
	25. 租赁费/维修费				支付费用
	26. 支付库存费				支付费用
	27. 折旧				折旧
	28. 关账				关账

第二年的经营重点是充分利用好第一年生产的有限产品(140 件 P1,60 件 P2,40 件 P3 和 40 件 P4),制定好媒体广告策略、价格策略等,使企业的产品尽可能集中在第二年第三季度大量销售,通过交易额、媒体广告的作用力争企业在第四季度综合指数第一。第四季度再加强媒体广告,制定较高的销售价格,以习惯型、理智型等人群作为目标顾客,做大交易额,巩固企业综合指数优势,为第三年直销打基础。

三、第三年经营方案设计

第三年经营方案如表 17-3 所示。

表 17-3　第三年经营方案

部门	项目任务	具体任务操作			
		第一季度	第二季度	第三季度	第四季度
市场部	1. 市场分析	先买南部市场调研报告,如需零售,也可以买其他市场调研报告			
	2. 市场开拓	全部开发			
	3. ISO 认证	无			
直销部	4. 开发客户	有选择地进行开发			
	5. 参与投标	根据综合指数等因素,选择直销订单			
批发部	6. 投放广告	若直销不理想,由于本企业库存较大,可以投批发广告			
	7. 选单	选利润高的订单			

续表

部门	项目任务	具体任务操作			
		第一季度	第二季度	第三季度	第四季度
生产部	8. 产品研发	无	无	无	无
	9. 产品下线入库	下线入库	下线入库	下线入库	下线入库
	10. 租赁/购买厂房	无	无	无	无
	11. 生产线购买及调整	根据拿单情况、市场需求情况调整生产线			
	12. 原料采购	根据本年度生产线布局核算原材料需求数量，补购合适数量的原材料，尽量在年末无库存或少库存			
	13. 投入生产	满足直销与批发订单的生产，剩余产能用于零售。由于零售以理智为主，可以减少流行功能，降低产品成本，提高利润（注意若综合指数最高，则第三年第一季度的北部市场拥有理智与情感的优先交易权，同理第三年第三季度西部市场的理智型与情感型市场也是由综合指数决定优先交易权）			
	14. 交货给客户	交货时注意，一方面根据资金情况合理选择交货订单，尽可能避免贷款或贴现等；另一方面尽量在本年度能够收回资金			
零售部	15. 签约零售商	根据实际情况决定是否签约 D1、D2 零售商	无	根据实际情况决定是否签约 E1、E2 零售商	无
	16. 货物配送	尽量给每个零售商配货			
	17. 价格制定	若是针对理智型，则适合制定高价格。当然，定价策略要考虑整体竞争情况，自身产品数量等因素			
	18. 促销策略	可保持不变	可保持不变	可保持不变	可保持不变
	19. 媒体广告投标	总体而言，第三年尽量不要投入太多媒体广告。但如果某季度抢到媒体就可以确保拿到理智市场，则也可以在一定程度上尝试抢媒体。本方案中，若直销批发订单拿的较少，且本企业第二年媒体中标较多，则本年度仍可以适当抢媒体广告，力争指数第一，扩大销售额			
财务部	20. 应收/应付账款	更新	更新	更新	更新
	21. 短期贷款/还本付息	尽量不贷款	尽量不贷款	尽量不贷款	尽量不贷款
	22. 管理费缴纳	缴纳	缴纳	缴纳	缴纳
	23. 应交税费缴纳	缴纳	无	无	无

续表

部门	项目任务	具体任务操作			
		第一季度	第二季度	第三季度	第四季度
财务部	24. 长期贷款/还本付息				还长期贷款本息
	25. 租赁费/维修费				支付费用
	26. 支付库存费				因为少于10件货物的调拨费用为1.5W，而库存费为3W。因此，可将未销售完的同一类货物集中调拨给某个零售商，节省费用
	27. 折旧				折旧
	28. 关账				关账

任务二　方案适用的条件

相比理智型经营策略(一)，由于本方案第一年以囤货、维持(或提升)所有者权益为目的，因此第一年权益往往较高，这为第二年的企业经营活动提供了资金上的保证，因此本方案的经营风险相对较小，适用性较强。

当第二年尤其是第二年第三、四季度媒体竞争不太激烈时，本方案更具有优势。因此，如果第一年各组在媒体广告上竞争激烈，导致多家企业所有者权益很低，从而第二年企业资金受限、媒体广告竞争力下降，则对本企业也是利好。

任务三　方案的风险及防范

一、方案存在的风险

总体而言，本方案风险较小，存在的风险主要在于以下两点。

1. 第一年经营不理想，权益较低

本方案第一年经营努力保权益，减少媒体广告等影响所有者权益方面的投入。但如果市场整体竞争激烈，导致企业产品销售困难，则可能导致所有者权益较低，无法为第二年经营提供充足的资金支持，从而导致企业第二年媒体广告受限，降低了企业的竞争力。即使企业媒体中标，也可能因资金紧张，第三年空有综合指数优势却因缺乏资金而失去直销竞争力。

2. 第二年因竞争激烈而无法提升企业综合指数

本方案的关键点在于第二年第三季度能够媒体中标,且零售交易额较大,从而第二年第四季度有企业综合指数上的优势。但在实战中,有几个原因可能导致企业无法达到目的。①若有对手经营策略与本企业相同,导致媒体竞争激烈,本企业媒体未中标,无法大幅度提升企业综合指数。②第二年第三季度有竞争对手压低产品价格,致使本企业零售交易额较小,也可能导致综合指数无法大幅提升。③若直销中标者选择在第二年第三季度大量交货,则在很大程度上削弱了本企业第三季度交易额在提升综合指数方面的作用。

以上原因都可能导致本企业无法提升企业综合指数,影响经营效果。

二、风险防范

就以上风险防范而言,一方面,在第一年经营中,企业尽量在获利的前提下以经济型、不定型订单售出纯 P1 产品,以避免第一年权益过低而导致的资金紧张。另一方面,第二年策略的实施要果断,要加强对竞争环境的分析。第二年第一、二季度,媒体重点可放在 P1、P2 产品上。第三季度若媒体中标、交易额较大,为了防止第四季度无法做到综合指数最高,在媒体广告量方面要更加果断坚决。例如:进入第二年第四季度后,发现本企业与某个竞争对手的综合指数相差不大。若本企业投入 600W 媒体广告而未中标,综合指数无法排名第一,失去理智型优先交易权,零售交易额可能很低,如 700W。若本企业投入 900W 媒体广告中标,指数排名第一,则交易额可能很大,如 1600W。相比之下,以 900W 媒体中标所产生的效果比投 600W 未中标效果要好得多。后者可能使企业第三年第一季度具备综合指数上的优势,而前者则无优势。

任务四 方案的改进方向

方案在执行过程中,根据经营环境可以作适当调整。

(1) 第一年经营期,企业需要调整好各产品的生产线分配,以及不同型号产品数量的安排。例如:P2、P3、P4 中需要生产多少个全功能的产品?不带功能的产品可以卖至何时?本方案中 P2、P3、P4 各生产 20 件全功能,但实际上也可以进行适当调整。如 P2 由于零售市场需求较大,可以生产 20 件,但 P3、P4 零售市场上冲动型需求量小,可以只生产 10 件,冲动型产品主要目的在于第二年第三季度冲销量。

(2) 第二年最为关键的是第三、四季度。为了确保第四季度综合指数第一,企业可以在第二年适当选择一些批发订单,并于第三季度交货。但如果企业在第二年第一、二季度媒体中标也较多,则可以将批发订单留待第四季度再交货。

(3) 第二年第四季度,若企业综合指数最高,则需要了解综合指数的优势大小,以决定媒体广告投放量。同时,为了抑制竞争对手的交易额,企业可以根据自身产品数量多少,适当降低价格,提升销售及销售额,同时打压主要竞争对手的销售。

总之,本方案相对比较灵活,需要通过实战训练,以便能够根据实际情况进行策略调整。同时,要提升经营者对经营环境、竞争情况的分析判断能力,为正确决策提供依据。

任务五 实战案例

本案例数据来自一次网赛，10 组模式，本组组号为 A10。

一、经营第一年

（一） 经营第一季度

1. 市场部

（1）市场分析。购买南部市场调查报告，获取产品流行功能及南部零售市场需求信息，经整理市场信息如表 17-4 和表 17-5 所示。

表 17-4　市场需求波动率和产品流行功能及流行周期表

	第一季度	第二季度	第三季度	第四季度
南部市场需求波动率（%）	6	3	0	−3
东部市场需求波动率（%）	11	2	−8	−17
产品流行功能及流行周期				
P1	P1F4（2 个季度）		P1F5（2 个季度）	
P2			P2F5（3 个季度）	
P3			P3F3（3 个季度）	
P4			P4F5（4 个季度）	

表 17-5　零售市场需求量及价格表

市场	季度	产品	市场期望价（W/件）	习惯型（件）	理智型（件）	冲动型（件）	经济型（件）	情感型（件）	不定型（件）
南部市场	1	P1	9.12	51	0	0	66	0	239
	2	P1	10.82	52	42	0	56	52	127
	3	P1	10.55	44	40	49	53	49	75
	4	P1	11.22	38	34	41	45	41	64
	4	P2	9.41	5	6	6	8	6	9
	4	P3	10.99	2	2	2	3	2	5
	4	P4	14.88	2	2	2	3	2	5

根据表 17-4 中的产品流行功能及周期，可以列出部分产品项目的销售期限，如表 17-6 所示。

表 17-6　部分产品项目的销售期限

产品型号	销售期限	说　　明
P1	1.4～2.2	判断标准：当下一个功能开始流行，前一个功能成基本功能，基本功能为必带功能。当 P1 的 F5 功能成基本功能后，纯 P1 便无法销售。而当 P1 的 F4 功能开始流行，F5 即成基本功能。而某个功能开始流行时间＝报告给出的时间＋零售商市场敏感度。由于零售商市场敏感度不同，同一产品项目销售期限也存在差异
P1F4	2.2～2.4	
P2	2.3～3.1	
P3	2.3～3.1	
P4	2.4～3.2	

（2）市场开拓：全部市场开拓。

（3）ISO 认证：全部认证。

2. 直销部

（1）开发客户：企业在第一年无须开发客户也能参与直销竞标，因此放弃客户开发，节省费用投入。

（2）参与投标：可先参与直销报名，对是否投标持观望态度，在直销投标结束前，查看各个订单的投标情况，如图 17-1 所示。

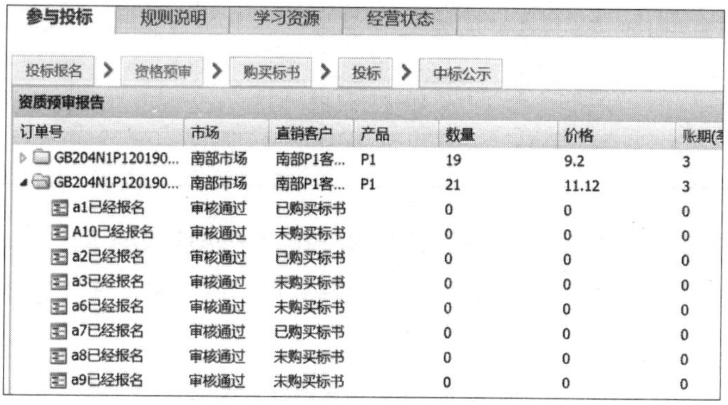

订单号	市场	直销客户	产品	数量	价格	账期(
GB204N1P120190...	南部市场	南部P1客...	P1	19	9.2	3
GB204N1P120190...	南部市场	南部P1客...	P1	21	11.12	3
a1已经报名	审核通过	已购买标书		0	0	0
A10已经报名	审核通过	未购买标书		0	0	0
a2已经报名	审核通过	已购买标书		0	0	0
a3已经报名	审核通过	未购买标书		0	0	0
a6已经报名	审核通过	未购买标书		0	0	0
a7已经报名	审核通过	已购买标书		0	0	0
a8已经报名	审核通过	未购买标书		0	0	0
a9已经报名	审核通过	未购买标书		0	0	0

图 17-1　直销竞标资格预审

由图可见，有多个小组参与了直销投标，因此本组直接放弃直销投标。

直接竞标结束后，可以通过“辅助信息”中的“市场占有率”查看中标情况，分别有第 7、1、6 组中标，如图 17-2 所示。

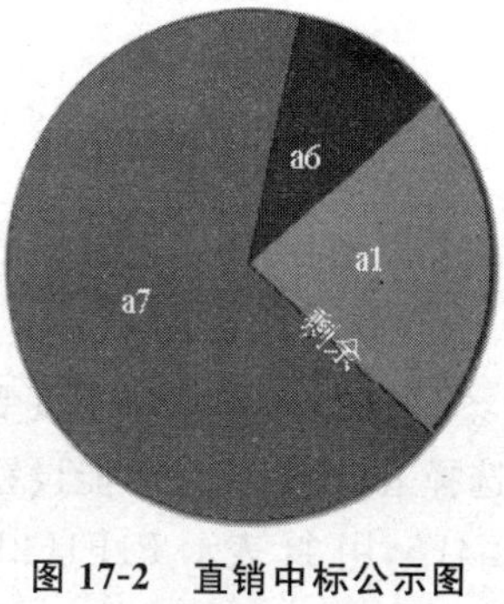

图 17-2　直销中标公示图

3. 批发部

（1）投放招商广告：由于第一年招商广告的变数较多，为控制风险，本企业采取投机策略，在南部市场投了 14W 的招商广告费。

（2）选择批发订单：根据观察选择订单指示区，记录选择批发订单的顺序依次为6(23%)、8(24%)、7(19%)、4(15%)、1(19%)小组。最终批发中标结果如图17-3所示，根据市场占有率及批发订单总数，可大致计算出各组中标的订单数量。

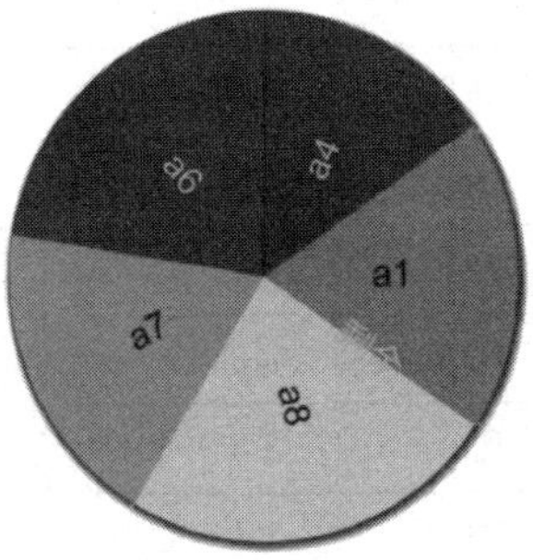

图 17-3 批发中标公示图

4. 生产部

生产部主要涉及产品研发、租赁/购买厂房、购买生产线、采购原材料及投入生产、交付货物等任务。本方案中，生产部主要进行以下事项。

(1) 产品研发：研发P2、P3和P4产品。

(2) 租赁/购买厂房：购买B厂房。

(3) 购买生产线：购买了2条全自动生产线生产P1产品。

(4) 采购原材料：采购原材料的数量由本年度生产线分布决定。本年度生产线分布计划如表17-7所示。

表 17-7 第一年生产线拟分布情况 单位：条

产品	第一季度	第二季度	第三季度	第四季度
P1	4	8	1	1
P2			3	3
P3			2	2
P4			2	2

由表17-7，并结合原材料采购的提前期，拟安排第一季度采购R1：160个、R3：80个、R4：80个，第二季度采购R2：240个。以上采购量正好满足第一年生产所需。采购订单如表17-8所示。

图 17-8 原材料采购订单表

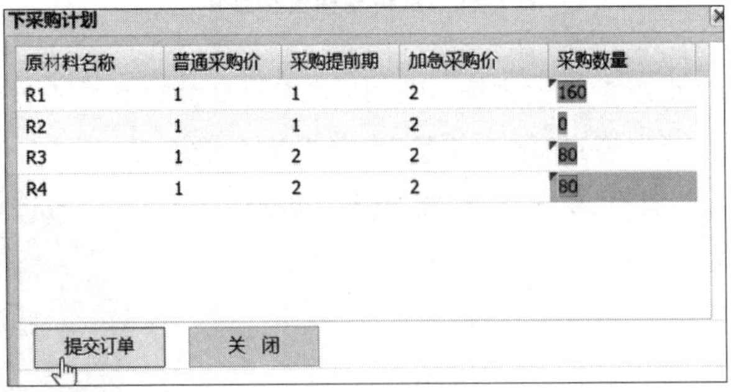
下采购计划

原材料名称	普通采购价	采购提前期	加急采购价	采购数量
R1	1	1	2	160
R2	1	1	2	0
R3	1	2	2	80
R4	1	2	2	80

提交订单 关 闭

(5) 投入生产：本季度受原材料限制，企业只能投入4条生产线进行生产。在产品型号选择上，按照流行功能设置了三种产品项目，分别用产品型号1f表示P1F4，用1s表示P1F4F5，用1t表示P1F1F2F3F4F5。

考虑到产品的销售期限，生产成本等因素，本季度拟投产 4 条 P1 生产线生产 1f，如表 17-9 所示。

表 17-9　生产线投产情况表

投入生产　规则说明　学习资源　经营状态　　媒体广告投标火热进行中……　倒计

空闲生产线列表

生产线编号	生产线名称	产品	产品型号	所在厂房	所在位置	原材料成本	原料明细	加工费	生产周期	生产效率	生产状态
PLA100006	全自动线	P1	1f	A	2号位	1	R1:1,	1	1	10	1
PLA100007	柔性线	P1	1f	A	3号位	1	R1:1,	1	1	10	1
PLA100009	全自动线	P1	1f	B	1号位	1	R1:1,	1	1	10	1
PLA100010	全自动线	P1	1f	B	2号位	1	R1:1,	1	1	10	1

5. 零售部

在实际经营活动中，企业可在生产部产品下线入库后，先行操作零售部，待零售部任务操作完成，再操作生产部。由于企业生产什么产品往往受市场销售、竞争等情况的影响，因此，待零售部操作完成，媒体结束后再完成生产部的操作更合理。

（1）签约零售商：签约 A2 零售商。

（2）货物配送：考虑到 A1 和 A2 零售商的市场覆盖率，以及 A1 零售商原本就有 40 件P1 产品，因此给 A1 零售商再配送 20 件 P1 产品，给 A2 零售商配送 80 件 P1 产品，注意每次配送数量为 10 件最经济。

（3）价格制定并上架：综合考虑习惯型、经济型、不定型等消费人群，定价低于期望价，如表 17-10 所示。

表 17-10　价格制定

促销策略　规则说明　学习资源　经营状态　　媒体广告投标火热进行中……　倒计时：195秒　第 1 年

零售商销售管理

市场：　零售商：　产品：　产品型号：　下架/上架：

查询

销售价格	市场	零售商名称	产品	产品型号	库存数量	成本	总成本	历史价格	上架/下架
8.54	南部市场	A1零售商	P1	P1	60	2	120	0	上架
8.54	南部市场	A2零售商	P1	P1	80	2	160	0	上架

制定零售价格是基于经营者对交易的预期而定，此定价一是可保证习惯型交易的利润，也保留了经济型和不定型的交易可能。

（4）促销策略：一是要考虑满足不定型交易的最基本条件，因此要有促销。二是考虑若能大量交易，少量的优惠额也能为情感型交易创造条件。因此，制定了两种促销策略，如表 17-11 所示。

表 17-11　促销策略

促销策略　规则说明　学习资源　经营状态　　媒体广告投标火热进行中……　倒计时：169秒

满就送　多买折扣　买第几件折扣

多买折扣

添加　删除

编号	促销名称	促销范围	产品范围	购买最少件数	享受折扣	操作
4232	1	不限制	不限制	1	9.99	
4235	2	不限制	P1,	2	8.99	

(5) 媒体广告投标：采取保守的媒体广告策略，若黄金时段能中标，则可采取理智型策略。媒体广告投标如表 17-12 所示。

表 17-12　媒体广告投标

媒体广告投标　规则说明　学习资源　经营状态

媒体广告投标方案

编号	产品	媒体	媒体时段	影响力	最低投放额度	投标价格
1	P1	百度	排名第一	20	1	9
2	P1	央视	黄金时段	40	1	288
3	P1	央视	午间时段	12	1	67
4	P1	央视	晚间时段	6	1	29
						393

(6) 媒体中标：媒体招标结束后，经营者可以通过“辅助信息”中的“媒体中标信息”查看媒体中标情况。第一季度媒体中标情况如表 17-13 所示。

表 17-13　媒体中标公示

媒体中标信息　规则说明　学习资源　经营状态　媒体广告招标圆满结束　设计时　第 1

小组账号：　产品：　年份：　季度：　查询

中标组	投标年	投标季度	媒体名称	产品名	时段名称	中标费用	影响力	关系值
a4	1	1	央视	P1	黄金时段	509	40	2
a5	1	1	央视	P1	午间时段	223	12	10
a4	1	1	央视	P1	晚间时段	89	6	8
a5	1	1	百度	P1	排名第一	112	20	5
a4	1	1	百度	P1	排名第二	59	18	9
a8	1	1	百度	P1	排名第三	49	15	8
a2	1	1	百度	P1	排名第四	39	13	7
a6	1	1	百度	P1	排名第五	27	11	6
A10	1	1	百度	P1	排名第六	9	10	5
a3	1	1	百度	P1	排名第七	7	9	4
a9	1	1	百度	P1	排名第八	5	7	3
a1	1	1	百度	P1	排名第九	5	6	3
a7	1	1	百度	P1	排名第十	2	5	3

(7) 零售交易情况：第一季度本企业零售交易如表 17-14 所示，可见只交易了习惯型，央视媒体未中标，且没有交易经济型和不定型，因此不具备转理智策略的条件。

表 17-14　零售交易情况

零销商区域

零售订单信息

年份：　季度：　市场：
产品：　零售商：　人群类型：　查询

年	季度	市场	零售商名称	产品	产品型号	消费人群	销售数量	销售价格	实收金额
1	1	南部市场	A1零售商	P1	P1	习惯型	1	8.54	8.53
1	1	南部市场	A2零售商	P1	P1	习惯型	1	8.54	8.53
1	1	南部市场	A2零售商	P1	P1	习惯型	1	8.54	8.53
							3		25.59

经营者除了了解本企业的交易外，还需查看整个零售交易情况，例如，经济型订单的交易价格情况、各组优惠额度、各组企业综合指数情况等。例如，本季度经营活动中，第 1 组以5.12W/件的价格成交了经济型，而第 5 组优惠额最大，将获得第二季度的情感型订单的优先交易权，如表 17-15 所示。

表 17-15　各组历史优惠额度

小组账号：全部　产品：P1　市场：南部市场　查询

小组账号	产品	市场	历史优惠额度	销售额
a1	P1	南部市场	0.22	512.00
A10	P1	南部市场	0.03	25.62
a2	P1	南部市场	0.05	42.84
a3	P1	南部市场	688.71	1158.24
a4	P1	南部市场	0.09	176.44
a5	P1	南部市场	1249.44	1249.44
a6	P1	南部市场	0.03	32.82
a7	P1	南部市场	0.02	13.94
a8	P1	南部市场	0.03	36.39
a9	P1	南部市场	91.20	200.64

6. 财务部

（1）应收账款/应付账款：本季度无到期的应收账款和应付账款。

（2）短期贷款/还本付息：由于年初资金较充足，本季度无须银行贷款。

（3）管理费缴纳：缴纳 4W 管理费，分别为 2W 的行政管理费和 2W 的 A1 零售商管理费。A2 零售商需在下一季度开始征收管理费。

（4）应交税费缴纳：缴纳所得税 23.25W。由于上一年利润总额为 93W，按照利润的 25%，即 23.25W 缴纳所得税。

（二）经营第二季度

1. 生产部

（1）产品研发：继续研发 P2、P3、P4。

（2）厂房及生产线方面：购买 C 厂房，变卖 2 条半自动生产线，再购买 4 条全自动生产线。从而本季度企业的三个厂房已经布满生产线，其中 1 条柔性生产线，7 条全自动生产线。

（3）原材料采购：采购 240 个 R2 原材料。

（4）投入生产：本季度投产 7 条 1s、1 条 1t。其中，投产 1t 主要目的是在第一年第三季度销售冲动型订单。而生产的 1s 则主要用于第二年的零售。

2. 零售部

（1）货物配送：本季度未配货（实际上也可以将 20 件 P1 配送给 A1、A2 零售商）。

（2）价格制定：由于第一季度只卖出少量习惯型，媒体中标费用也比较高，本季度适当降低价格，继续考虑习惯型、经济型和不定型。价格降为 7.33W/件。

（3）促销策略：本季度将第二种促销方案删除，保留 9.99 折的第一个促销方案。

（4）媒体广告：本季度不抢夺媒体广告，先观望，拟于第二年寻求进理智型的机会。

（5）媒体中标情况及产品销售情况：本季度央视由第 4 组中标，本组只卖了 2 个习惯型订单。本季度媒体中标及销售如表 17-16 所示。

表 17-16　媒体中标及零售情况

a4	1	2	央视	P1	黄金时段	409	40	2
a4	1	2	央视	P1	午间时段	159	12	10
a4	1	2	央视	P1	晚间时段	109	6	8
a5	1	2	百度	P1	排名第一	69	20	5
a4	1	2	百度	P1	排名第二	55	18	9
a6	1	2	百度	P1	排名第三	19	15	8
a8	1	2	百度	P1	排名第四	15	13	7
a2	1	2	百度	P1	排名第五	13	11	6
a1	1	2	百度	P1	排名第六	13	10	5
a7	1	2	百度	P1	排名第七	13	9	4
A10	1	2	百度	P1	排名第八	11	7	3
a3	1	2	百度	P1	排名第九	9	6	3
a9	1	2	百度	P1	排名第十	4	5	3

零售订单信息

年份:　季度:　市场:

产品:　零售商:　人群类型:　查询

年	季度	市场	零售商名称	产品	产品型号	消费人群	销售数量	销售价格	实收金额
1	2	南部市场	A1零售商	P1	P1	习惯型	1	7.33	7.32
1	2	南部市场	A2零售商	P1	P1	习惯型	1	7.33	7.32
							2		14.64

3. 财务部

本季度短期贷款 500W。

（三）经营第三季度

由于第一年未拿到批发订单，且第一季度央视也未中标，因此，放弃第一年进理智市场的想法。接下来产品的销售主要是以经济型、不定型为对象的纯 P1 产品和以冲动型为对象的 1t。对竞争对手方面，则主要关注媒体竞争情况，对手竞争越激烈，对本企业越有利。

1. 生产部

(1) 产品研发：继续研发所有产品，P2、P3、P4 本季度研发完成。

(2) 原材料采购：企业在本季度需要为第二年生产采购 R3 和 R4 原材料。考虑到原材料的需求量及付款周期，拟采购 R3 原材料 210 个、R4 原材料 240 个，按照此采购数量，可将原材料付款时间延迟至第三年第一季度，缓解第三年第一季度直销资金紧张问题，如表 17-17 所示。

表 17-17　第三季度原材料采购

下采购计划

原材料名称	普通采购价	采购提前期	加急采购价	采购数量
R1	1	1	2	0
R2	1	1	2	0
R3	1	2	2	210
R4	1	2	2	240

提交订单　关 闭

(3) 投入生产：基本思路是第一年生产的产品主要用于第二年销售，第二年生产的产品尽量囤货。为了保证第一年生产的产品可销，结合第一年产品流行功能及周期，考虑主要生产不带功能和带一个功能的 P2、P3 产品，生产不带功能的 P4 产品。同时第一年拟生产带全功能的 P2、P3、P4 产品，用于第二年销售冲动型。

在投产前，先进行生产线的调整。本季度转产 3 条全自动生产线生产 P2 产品，转产 2 条全自动生产线生产 P4 产品，转产 1 条全自动和柔性生产线生产 P3 产品。

在产品型号管理方面，设置了 2f 表示 P2F5，3f 表示 P3F3，以及带全功能的 P2、P3、P4，分别用 2t、3t、4t 表示。

第三季度为节省生产费用，投入生产如表 17-18 所示。

表 17-18　第三季度生产情况

投入生产　规则说明　学习资源　经营状态　媒体广告投标火热进行中......

空闲生产线列表

生产线编号	生产线名称	产品	产品型号	所在厂房	所在位置	原料成本	原料明细	加工费	生产周期	生产效率	生产状态
PLA100012	全自动线	P1	1t	A	4号位	1	R1:1,	1	1	10	1
PLA100006	全自动线	P2	P2	A	2号位	3	R1:1,R...	1	1	10	1
PLA100009	全自动线	P2	P2	B	1号位	3	R1:1,R...	1	1	10	1
PLA100010	全自动线	P2	2f	B	2号位	3	R1:1,R...	1	1	10	1
PLA100011	全自动线	P3	P3	A	1号位	3	R2:2,R...	1	1	10	1
PLA100007	柔性线	P3	P3	A	3号位	3	R2:2,R...	1	1	10	1
PLA100013	全自动线	P4	P4	B	3号位	4	R2:1,R...	1	1	10	1
PLA100014	全自动线	P4	P4	C	1号位	4	R2:1,R...	1	1	10	1

2. 零售部

(1) 签约零售商：未签约 B1、B2 零售商，仍由 A1 和 A2 零售商销售产品(目的在于节省 40W 的入场费，以保持第一年权益)。

(2) 货物配送及制定价格：本季度给 A1 零售商配送 10 件全功能的 1t，给 A2 零售商配送 10 件纯 P1 产品。

(3) 在定价方面，针对习惯型、经济型和不定型的纯 P1 产品再次适当降价，针对冲动型的产品制定较高的价格。货物配送及定价如表 17-19 所示。

表 17-19　产品价格制定

价格制定　规则说明　学习资源　经营状态　媒体广告投标火热进行中......　倒计时：230秒　第 1

零售商销售管理

市场：　零售商：　产品：　产品型号：　下架/上架：

查询

销售价格	市场	零售商名称	产品	产品型号	库存数量	成本	总成本	历史价格	上架/下架
6.95	南部市场	A1零售商	P1	P1	58	2	116	7.33	上架
15.66	南部市场	A1零售商	P1	1t	10	7	70	0	上架
6.95	南部市场	A2零售商	P1	P1	87	2	174	7.33	上架

(4) 促销策略：仍保持不定，即满 1 件 9.99 折。

(5) 媒体广告：本季度不抢媒体广告，但也没有放弃，央视可以投少量广告，百度均 10W 以内。部分媒体中标如表 17-20 所示。

(6) 产品销售情况：本季度本组销售了 2 件习惯型，2 件冲动型及不定型订单，产品销售如表 17-21 所示。

表 17-20　第三季度部分媒体中标情况

小组账号: 产品: 年份: 季度: 第三季度 查询

中标组	投标年	投标季度	媒体名称	产品名	时段名称	中标费用	影响力	关系值
a6	1	3	央视	P1	黄金时段	289	40	2
a6	1	3	央视	P2	黄金时段	109	40	2
a6	1	3	央视	P3	黄金时段	109	40	2
a4	1	3	央视	P4	黄金时段	109	40	2
a4	1	3	央视	P1	午间时段	58	12	10
a6	1	3	央视	P2	午间时段	36	12	10
a6	1	3	央视	P3	午间时段	36	12	10
a6	1	3	央视	P4	午间时段	36	12	10
a4	1	3	央视	P1	晚间时段	33	6	8
a6	1	3	央视	P2	晚间时段	31	6	8
a6	1	3	央视	P3	晚间时段	31	6	8
a6	1	3	央视	P4	晚间时段	31	6	8
a4	1	3	百度	P1	排名第一	28	20	5

表 17-21　第三季度产品销售情况

产品: 零售商: 人群类型: 查询

年	季度	市场	零售商名称	产品	产品型号	消费人群	销售数量	销售价格	实收金额
1	3	南部市场	A1零售商	P1	P1	习惯型	1	6.95	6.94
1	3	南部市场	A2零售商	P1	P1	习惯型	1	6.95	6.94
1	3	南部市场	A1零售商	P1	1t	冲动型	1	15.66	15.64
1	3	南部市场	A1零售商	P1	1t	冲动型	1	15.66	15.64
1	3	南部市场	A1零售商	P1	P1	不定型	4	6.95	27.77
1	3	南部市场	A1零售商	P1	P1	不定型	1	6.95	6.94
1	3	南部市场	A1零售商	P1	P1	不定型	1	6.95	6.94
1	3	南部市场	A1零售商	P1	P1	不定型	1	6.95	6.94
1	3	南部市场	A1零售商	P1	P1	不定型	1	6.95	6.94
1	3	南部市场	A1零售商	P1	P1	不定型	1	6.95	6.94
1	3	南部市场	A1零售商	P1	P1	不定型	2	6.95	13.89
1	3	南部市场	A1零售商	P1	P1	不定型	2	6.95	13.89
1	3	南部市场	A1零售商	P1	P1	不定型	2	6.95	13.89
1	3	南部市场	A1零售商	P1	P1	不定型	2	6.95	13.89
1	3	南部市场	A2零售商	P1	P1	不定型	6	6.95	41.66
							27		204.85

3. 财务部

本季度企业新增短期贷款 500W。

（四）经营第四季度

进入第四季度后，由于本季度需要偿还到期的长期贷款及其利息共 480W，因此首先根据资金情况，短期贷款 300W，偿还到期的长期贷款后再新贷 1700W 的长期贷款，用于第二年企业的经营开支。

1. 生产部

(1) 原材料采购：本季度企业需要为第二年生产产品而采购 R1 和 R2 原材料，同样考虑到原材料使用量及原材料付款时间，拟采购 210 个 R1 原材料和 280 个 R2 原材料。将原材料款均推迟到第三年第一季度支付。原材料采购如表 17-22 所示。

(2) 投入生产：投入生产如表 17-23 所示。

投产后，除 P1 产品外，计划供企业第二年销售的 P2、P3、P4 的产品数量如表 17-24 所示。

表 17-22　原材料采购表

下采购计划

原材料名称	普通采购价	采购提前期	加急采购价	采购数量
R1	1	1	2	210
R2	1	1	2	280
R3	1	2	2	0
R4	1	2	2	0

提交订单　关　闭

表 17-23　第一年第四季度投产情况

空闲生产线列表

生产线编号	生产线名称	产品	产品型号	所在厂房	所在位置	原料成本	原料明细	加工费	生产周期	生产效率	生产状态
PLA100012	全自动线	P1	1t	A	4号位	1	R1:1,	1	1	10	1
PLA100006	全自动线	P2	2f	A	2号位	3	R1:1,R...	1	1	10	1
PLA100009	全自动线	P2	2t	B	1号位	3	R1:1,R...	1	1	10	1
PLA100010	全自动线	P2	2t	B	2号位	3	R1:1,R...	1	1	10	1
PLA100011	全自动线	P3	3f	A	1号位	3	R2:2,R...	1	1	10	1
PLA100007	柔性线	P3	3t	A	3号位	3	R2:2,R...	1	1	10	1
PLA100013	全自动线	P4	P4	B	3号位	4	R2:1,R...	1	1	10	1
PLA100014	全自动线	P4	4t	C	1号位	4	R2:1,R...	1	1	10	1

投入生产　跳　过　添加型号

表 17-24　拟计划第二年销售的 P2、P3、P4 产品数量

产品型号	数量(件)	产品型号	数量(件)	产品型号	数量(件)
P2	20	P3	20	P4	30
2f	20	3f	10	4t	10
2t	20	3t	10		

2. 零售部

(1) 货物配送：给 A1 零售商配送 10 件 1s，给 A2 零售商配送 10 件纯 P1。P2、P3、P4 产品均不配送。

(2) 价格制定：针对经济型和不定型产品的定价均低于期望价，针对冲动型的产品适当高价，如表 17-25 所示。

表 17-25　第一年第四季度产品定价表

价格制定　规则说明　学习资源　经营状态　媒体广告投标火热进行中......　暂停计时　第

零售商销售管理

市场:　零售商:　产品:　产品型号:　下架/上架:

查询

销售价格	市场	零售商名称	产品	产品型号	库存数量	成本	总成本	历史价格	上架/下
5.66	南部市场	A1零售商	P1	P1	40	2	80	6.95	上架
9.88	南部市场	A1零售商	P1	1s	10	4	40	0	上架
14.55	南部市场	A1零售商	P1	1t	8	7	56	15.66	上架
5.76	南部市场	A2零售商	P1	P1	90	2	180	6.95	上架

(3) 媒体广告：不抢媒体广告。百度 P1 产品投放 6W,其余产品投放 4W。部分媒体中标如表 17-26 所示。

表 17-26　第一年第四季度部分媒体中标情况

小组账号：　产品：　年份：　季度：第四季度　查询

中标组	投标年	投标季度	媒体名称	产品名	时段名称	中标费用	影响力
a4	1	4	央视	P1	黄金时段	308	40
a4	1	4	央视	P2	黄金时段	119	40
a7	1	4	央视	P3	黄金时段	93	40
a4	1	4	央视	P4	黄金时段	119	40
a4	1	4	央视	P1	午间时段	61	12
a4	1	4	央视	P2	午间时段	28	12
a4	1	4	央视	P3	午间时段	28	12
a4	1	4	央视	P4	午间时段	28	12
a4	1	4	央视	P1	晚间时段	38	6
a6	1	4	央视	P2	晚间时段	19	6
a6	1	4	央视	P3	晚间时段	19	6
a6	1	4	央视	P4	晚间时段	19	6
a4	1	4	百度	P1	排名第一	28	20

(4) 产品销售情况：本季度销售了 8 个 1t 的冲动型,其余为经济型和不定型的 P1 产品,产品销售情况如表 17-27 所示。

表 17-27　第一年第四季度产品销售情况

年	季度	市场	零售商名称	产品	产品型号	消费人群	销售数量	销售价格	实收金额
1	4	南部市场	A1零售商	P1	P1	不定型	3	5.66	16.96
1	4	南部市场	A1零售商	P1	P1	不定型	3	5.66	16.96
1	4	南部市场	A1零售商	P1	P1	不定型	3	5.66	16.96
1	4	南部市场	A1零售商	P1	P1	不定型	3	5.66	16.96
1	4	南部市场	A1零售商	P1	P1	不定型	3	5.66	16.96
1	4	南部市场	A2零售商	P1	P1	不定型	3	5.76	17.26
1	4	南部市场	A2零售商	P1	P1	不定型	4	5.76	23.02
1	4	南部市场	A2零售商	P1	P1	不定型	3	5.76	17.26
1	4	南部市场	A2零售商	P1	P1	不定型	3	5.76	17.26
1	4	南部市场	A2零售商	P1	P1	不定型	3	5.76	17.26
1	4	南部市场	A2零售商	P1	P1	不定型	3	5.76	17.26
							55		384.03

第 1 页,共 2 页　显示 1 - 25条，共 30 条

零售订单信息

年份：　季度：　市场：
产品：　零售商：　人群类型：　查询

年	季度	市场	零售商名称	产品	产品型号	消费人群	销售数量	销售价格	实收金额
1	4	南部市场	A2零售商	P1	P1	不定型	3	5.76	17.26
1	4	南部市场	A2零售商	P1	P1	不定型	3	5.76	17.26
1	4	南部市场	A2零售商	P1	P1	不定型	3	5.76	17.26
1	4	南部市场	A2零售商	P1	P1	不定型	3	5.76	17.26
1	4	南部市场	A2零售商	P1	P1	不定型	1	5.76	5.75
							13		74.79

3. 财务部

本季度短期贷款 300W,长期贷款 1700W。

（五）第一年末财务报表分析

第一年经营结束后，通过查看各组的财务报表，并结合各组第二年第一季度综合指数，可以对各组的经营情况进行初步分析。经整理各组财务报表，获得如表 17-28 所示信息。

表 17-28　各组经营数据统计表①

组别	权益（W）	库存（W）	在制品（W）	土地与建筑（W）	机器与设备（W）	短期贷款（W）	长期贷款（W）	现金（W）	累计折旧（W）	综合指数
A1	1194	133	390	680	680	200	1600	745	66	9.71
A10	807	920	590	680	680	1300	2100	1266	66	6.99
A2	610	932	380	680	920	1500	2100	1417	66	6.28
A3	761	161	300	680	680	1000	1200	688	66	6.34
A4	−297	661	420	680	720	2100	2100	766	66	19.7
A5	−62	628	400	680	680	1700	2100	1262	66	6.66
A6	834	192	420	680	760	1400	2100	1312	66	17.47
A7	1113	165	430	680	760	800	2100	1269	66	14.48
A8	344	1031	430	680	680	1200	2100	968	66	9.50
A9	430	1144	560	680	760	1600	2100	1173	66	2.84

根据表 17-28 可知：

（1）土地与建筑价值为 680W，说明所有小组均购买了 A、B、C 三个厂房。

（2）机器与设备价值有差异，其中价值 680W 的应为 7 条全自动生产线 1 条柔性生产线，如第 1、3、5、8、10 组；价值 720W 的应为 6 条全自动生产线 2 条柔性生产线，如第 4 组；价值为 760W 的应为 5 条全自动生产线 3 条柔性生产线，如第 6、7、9 组；第 2 组机器与设备价值 920W，应为 1 条全自动生产线 7 条柔性生产线。柔性生产线越多，生产线价值越大，生产线转产灵活，但占用更多的资金，折旧费用也将更高。

（3）从折旧看，各小组均为 66W，说明每个小组均出售了半自动生产线。

（4）综合看，第 2、8、9、10 四个组的库存量较大，有大量囤货。而第 4、5 组权益为负，结合综合指数，第 5 组在直销方面没有优势，资金压力较大。而第 4、6、7 组的综合指数较高，第二年直销有优势，尤其是第 6、7 组，权益高，综合指数高，若能拿到合适的直销订单，则优势更大。

① 表中权益和现金都只取整数。

二、经营第二年

（一）经营第一季度

1. 市场部

（1）市场分析：本年度购买南部、东部、中部三份调研报告，经整理，产品的流行功能、流行周期及市场价格如表 17-29 和表 17-30 所示。

表 17-29　第二年产品流行功能及周期表

产品	第一季度	第二季度	第三季度	第四季度
P1	P1F2(1 个季度)	P1F3(2 个季度)		P1F1(1 个季度)
P2		P2F4(2 个季度)		P2F1(1 个季度)
P3		P3F4(2 个季度)		P3F1(1 个季度)
P4			P4F1(3 个季度)	

表 17-30　第二年市场需求波动率及市场价格

南部市场 市场需求波动率	第一季度	第二季度	第三季度	第四季度	直　销		批　发	
	−26%	−28%	−14%	−1%	价格(W/件)	数量(件)	价格(W/件)	数量(件)
P1	13.69	13.33	12.68	12.91	11.95	80	7.23	162
P2	11.19	13.65	13.98	14.88	10.72	137	7.47	137
P3	12.65	11.86	12.10	13.88	11.32	47	5.98	120
P4	15.38	14.49	15.74	15.44	12.57	120	7.76	47
东部市场 市场需求波动率	第一季度	第二季度	第三季度	第四季度	直　销		批　发	
	9%	5%	17%	32%	价格(W/件)	数量(件)	价格(W/件)	数量(件)
P1	12.13	10.94	10.68	9.79	11.96	23	6.79	23
P2	13.46	15.91	16.65	16.52	12.73	119	7.72	119
P3	14.02	14.16	14.28	14.39	12.95	47	8.67	120
P4	12.54	12.99	14.88	14.26	11.67	107	6.97	42
中部市场 市场需求波动率	第一季度	第二季度	第三季度	第四季度	直　销		批　发	
		−5%	−2%	2%	价格(W/件)	数量(件)	价格(W/件)	数量(件)
P1		12.95	12.08	11.04				
P2		12.85	12.52	14.48				
P3		13.57	14.04	14.37				
P4		13.22	14.14	15.74				

从市场环境可见，各个市场的需求波动率均呈现上升趋势，东部波动率最大、环境最好。由于本企业主要面向经济型和不定型人群，而这两类人群的交易主要受价格因素的影响，为了获利，一方面需要减少如销售费用等支出；另一方面需要控制好产品的成本。而要降低产品的成本，则主要从流行功能考虑，即以尽可能少的流行功能销售产品。这就需要经营者非常清楚不同型号产品的销售期限。

(2) 市场开拓：开拓中部市场、北部市场和西部市场。

(3) ISO 认证：认证 ISO 14000。

2. 直销部

(1) 参与投标。虽然本企业综合指数较低，但考虑到第三年也需要开发客户并参与直销竞标，因此本年度选择了开发 P2、P3、P4 产品的客户，以及部分 P1 南部市场的客户，投标报名后，购买所有通过审核的订单并参与投标。投标的主要目标是：

① 捡到别人不要的订单。虽然本组在直销方面没有竞争力，但也存在大家都放弃直销的情况，因此，本组投标时并没有以低价投标，而主要是以捡漏为目的，如果能拿到直销订单，则对提升企业综合指数有帮助。

② 购买标书后，有利于了解中标者的中标价格及交单时间。即使本组没中标，但购买标书也方便本企业掌握竞争对手的中标价格，并能掌握对手交单的时间，以便本组制定合适对策。

(2) 中标公示。直销竞标结束后，通过“辅助信息”中的“市场占有率”查看中标结果，其中第 6 组市场占有率为 72%，第 8 组市场占有率占 21%，第 7 组市场占有率占 7%，由于直销订单中产品的总数量为 680 件，因此可计算出各中标组大致的订单数量，直销中标如图 17-4 所示。

由于第 6 组库存并不大，因此可以判断第 6 组肯定违约。而第 4 组上一年权益为负，未获得直销订单，第 4 组经营压力很大，破产可能性高。本企业拟第二年进入理智市场，并适当获得一些批发订单增加进入理智市场的条件，如图 17-5 所示。

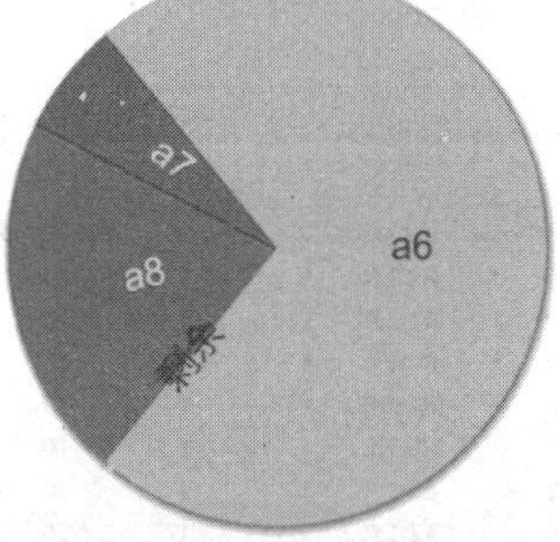

图 17-4　第二年直销订单中标情况

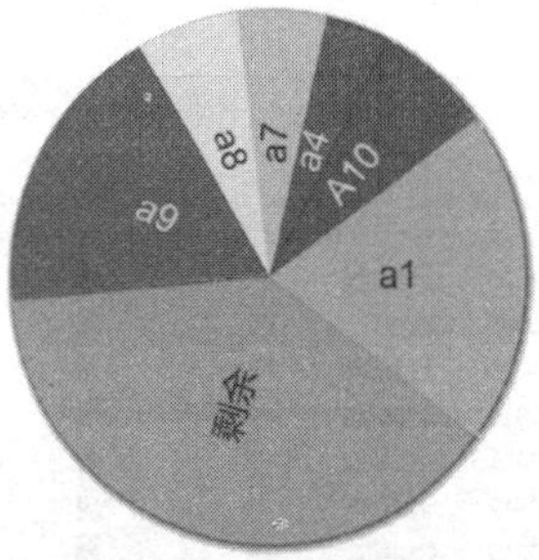

图 17-5　第二年批发订单中标情况

3. 批发部

本企业投放招商广告如表 17-31 所示。

表 17-31　第二年招商广告

投放招商广告 | 规则说明 | 学习资源 | 经营状态

招商广告投放区

产品名称	南部市场	东部市场	中部市场
P1	8	2	0
P2	13	13	0
P3	1	23	0
P4	2	1	0

本组选择批发订单如表 17-32 所示。批发订单市场占有率如图 17-5 所示，其中第 1 组中标占 20%，第 10 组中标占 7%，第 4 组中标占 4%，第 7 组中标占 6%，第 8 组中标占 6%，第 9 组中标占 18%。

表 17-32　第二年批发订单

签约区

订单号	批发商	产品	市场	数量	价格	总金额	账期(季	交货期	ISO认	功能
AB204D2P320...	国...	P3	东...	25	10....	254	-1	3	IS...	,P3F3
AB204N2P220...	天...	P2	南...	32	7.95	25...	-1	3	IS...	,P2F5
				57		50...				

4. 生产部

(1) 原材料采购：本季度无须采购原材料。

(2) 投入生产：设置新的产品型号，分别用 2s 表示 P2F145，3s 表示 P3F134，4s 表示 P4F15。本年度以生产 2s、3s 和 4s 为主，用于为第三年直销囤货。

投产前进行生产线调整，由于 P2 有批发订单，以及 P2 第三年直销订单较多，零售市场需求量也较大，因此安排 4 条生产线生产 P2，将柔性生产线转产生产 P2，将 P1 全自动生产线转产生产 P3。生产线投产如表 17-33 所示。

表 17-33　第二年第一季度投产情况

投入生产 | 规则说明 | 学习资源 | 经营状态　　媒体广告投标火热进行中......

空闲生产线列表

	生产线编号	生产线名称	产品	产品型号	所在厂房	所在位置	原料成本	原料明细	加工费	生产周期	生产效率	生产状态
☐	PLA100006	全自动线	P2	2f	A	2号位	3	R1:1,R...	1	1	10	1
☐	PLA100007	柔性线	P2	2f	A	3号位	3	R1:1,R...	1	1	10	1
☐	PLA100009	全自动线	P2	2s	B	1号位	3	R1:1,R...	1	1	10	1
☐	PLA100010	全自动线	P2	2s	B	2号位	3	R1:1,R...	1	1	10	1
☐	PLA100011	全自动线	P3	3f	A	1号位	3	R2:2,R...	1	1	10	1
☐	PLA100012	全自动线	P3	3f	A	4号位	3	R2:2,R...	1	1	10	1
☐	PLA100013	全自动线	P4	4s	B	3号位	4	R2:1,R...	1	1	10	1
☑	PLA100014	全自动线	P4	4s	C	1号位	4	R2:1,R...	1	1	10	1

(3) 交货给客户：本季度不交货。

5. 零售部

（1）签约零售商：本季度签约 B1 和 B2 零售商。

（2）货物配送：给南部和东部市场的四个零售商配货。考虑到产品的销售期限，给不同零售商选择不同的货物以保证可以销售至本年末。例如：将 P2 配送给 A2 和 B2 零售商，而将 2f 配给 A1 和 B1 零售商，等等。同时，A1、B1 零售商可销售冲动型的 P2、P3 和 P4 产品，可将 2t、3t、4t 分别进行配送。

注意：将 A1 未销售完的 13 件纯 P1 调拨给 B2 零售商继续销售。

（3）价格制定：本年度拟通过抢媒体广告拟进入理智型市场。基本思路是制定较高价格，若媒体未中标，产品销量小，则于第三季度降低价格销售，力求第三季度大幅度提升销量并抢媒体广告，实现第四季度综合指数领先的目标。若媒体中标，则一直保持高价策略，在提升指数的情况下，有更多的囤货。

针对不同型号的产品采取不同的定价策略，总体上定较高的价格，如表 17-34 所示。

表 17-34　第二年第一季度各产品定价

销售价格	市场	零售商名称	产品	产品型号	库存数量	成本	总成本	历史价格	上架/下
19.55	南部市场	A1零售商	P1	1t	4	7	28	14.55	上架
15.44	南部市场	A1零售商	P1	1s	10	4	40	0	上架
14.33	南部市场	A2零售商	P1	1f	10	3	30	0	上架
19.88	南部市场	A2零售商	P1	1t	5	7	35	0	上架
7.44	南部市场	A2零售商	P1	P1	57	2	114	5.76	上架
14.77	东部市场	B1零售商	P1	1s	10	4	40	0	上架
18.99	东部市场	B1零售商	P1	1t	3	7	21	0	上架
19.33	东部市场	B2零售商	P1	1t	3	7	21	0	上架
13.55	东部市场	B2零售商	P1	1f	10	3	30	0	上架
7.44	东部市场	B2零售商	P1	P1	13	2	26	0	上架
销售价格	市场	零售商名称	产品	产品型号	库存数量	成本	总成本	历史价格	上架/下架
18.77	南部市场	A1零售商	P2	2t	3	9	27	0	上架
15.44	南部市场	A1零售商	P2	2f	4	5	20	0	上架
15.33	南部市场	A2零售商	P2	P2	5	4	20	0	上架
19.44	南部市场	A2零售商	P2	2t	3	9	27	0	上架
15.66	东部市场	B1零售商	P2	2f	4	5	20	0	上架
19.44	东部市场	B1零售商	P2	2t	4	9	36	0	上架
19.88	东部市场	B2零售商	P2	2t	4	9	36	0	上架
14.99	东部市场	B2零售商	P2	P2	5	4	20	0	上架
销售价格	市场	零售商名称	产品	产品型号	库存数量	成本	总成本	历史价格	上架/下架
18.77	南部市场	A1零售商	P3	3t	2	9	18	0	上架
15.44	南部市场	A1零售商	P3	3f	2	5	10	0	上架
15.33	南部市场	A2零售商	P3	P3	5	4	20	0	上架
19.33	东部市场	B1零售商	P3	3t	2	9	18	0	上架
15.77	东部市场	B1零售商	P3	3f	3	5	15	0	上架
15.44	东部市场	B2零售商	P3	P3	5	4	20	0	上架
销售价格	市场	零售商名称	产品	产品型号	库存数量	成本	总成本	历史价格	上架/下架
18.99	南部市场	A1零售商	P4	4t	2	10	20	0	上架
16.55	南部市场	A1零售商	P4	P4	5	5	25	0	上架
15.77	南部市场	A2零售商	P4	P4	5	5	25	0	上架
17.77	东部市场	B1零售商	P4	4t	2	10	20	0	上架
15.66	东部市场	B1零售商	P4	P4	5	5	25	0	上架
15.33	东部市场	B2零售商	P4	P4	5	5	25	0	上架

（4）促销策略：通过辅助信息发现 P2 产品各组的历史优惠额较低，本季度为 P2 产品制定小额促销，希望能做点优惠额，适当销售部分情感型订单，如表 17-35 所示。

（5）媒体广告投标：抢媒体广告，P1、P2 的广告高于 P3、P4，如表 17-36 所示。

（6）媒体中标及产品销售情况如表 17-37 所示。

表 17-35　第二年第一季度促销策略

满就送　多买折扣　买第几件折扣

多买折扣

添加　删除

编号	促销名称	促销范围	产品范围	购买最少件数	享受折扣	操作
4232	1	不限制	不限制	1	9.99	
4331	2	B1零售商,B2零售商,	2f,P2,	1	8.88	

表 17-36　第二年第一季度媒体投放情况

媒体广告投标方案

编号	产品	媒体	媒体时段	影响力	最低投放额度	投标价格
2	P1	央视	黄金时段	40	1	143
6	P2	央视	黄金时段	40	1	123
10	P3	央视	黄金时段	40	1	98
14	P4	央视	黄金时段	40	1	98
1	P1	百度	排名第一	20	1	17
5	P2	百度	排名第一	20	1	7
9	P3	百度	排名第一	20	1	7
13	P4	百度	排名第一	20	1	7
3	P1	央视	午间时段	12	1	39
7	P2	央视	午间时段	12	1	34
11	P3	央视	午间时段	12	1	34
15	P4	央视	午间时段	12	1	34

表 17-37　第二年第一季度媒体中标及销售情况

小组账号:　产品:　年份: 第2年　季度: 第一季度　查询

中标组	投标年	投标季度	媒体名称	产品名	时段名称	中标费用	影响力	关系值
a4	2	1	央视	P1	黄金时段	169	40	2
A10	2	1	央视	P2	黄金时段	123	40	2
a4	2	1	央视	P3	黄金时段	109	40	2
a4	2	1	央视	P4	黄金时段	102	40	2
A10	2	1	央视	P1	午间时段	39	12	10
A10	2	1	央视	P2	午间时段	34	12	10
A10	2	1	央视	P3	午间时段	34	12	10
A10	2	1	央视	P4	午间时段	34	12	10
a4	2	1	央视	P1	晚间时段	26	6	8
a9	2	1	央视	P2	晚间时段	19	6	8
a9	2	1	央视	P3	晚间时段	19	6	8
a9	2	1	央视	P4	晚间时段	19	6	8
a5	2	1	百度	P1	排名第一	32	20	5

年	季度	市场	零售商名称	产品	产品型号	消费人群	销售数量	销售价格	实收金额
2	1	南部市场	A1零售商	P1	1s	习惯型	1	15.44	15.42
2	1	南部市场	A2零售商	P1	P1	习惯型	1	7.44	7.43
2	1	南部市场	A2零售商	P1	P1	习惯型	1	7.44	7.43
2	1	南部市场	A2零售商	P1	P1	习惯型	1	7.44	7.43
2	1	东部市场	B2零售商	P1	P1	习惯型	1	7.44	7.43
2	1	南部市场	A1零售商	P2	2f	习惯型	1	15.44	15.42
2	1	南部市场	A2零售商	P2	P2	习惯型	1	15.33	15.31
2	1	东部市场	B1零售商	P2	2f	习惯型	1	15.66	13.91
2	1	东部市场	B2零售商	P2	P2	习惯型	1	14.99	13.31
2	1	东部市场	B1零售商	P2	2t	冲动型	1	19.44	19.42
2	1	南部市场	A1零售商	P3	3t	冲动型	1	18.77	18.75
2	1	东部市场	B1零售商	P3	3t	冲动型	1	19.33	19.31
2	1	南部市场	A1零售商	P4	4t	冲动型	1	18.99	18.97
							13		179.54

6. 财务部

本季度无须贷款。

（二）经营第二季度

1. 生产部

（1）原材料采购：本季度再采购 260 个 R2 原材料，以供第三、四季度生产所需。

（2）投入生产：本季度均生产带第一、二年功能的产品，为第三年直销囤货，如表 17-38 所示。

表 17-38　第二年第二季度生产情况

投入生产　规则说明　学习资源　经营状态　　媒体广告招标圆满结

空闲生产线列表

☑	生产线编号	生产线名称	产品	产品型号	所在厂房	所在位置	原材料成本	原材料明细	加工费	生产周期	生产效率	生产状态
☑	PLA100006	全自动线	P2	2s	A	2号位	3	R1:1,R...	1	1	10	1
☑	PLA100007	柔性线	P2	2s	A	3号位	3	R1:1,R...	1	1	10	1
☑	PLA100009	全自动线	P2	2s	B	1号位	3	R1:1,R...	1	1	10	1
☑	PLA100010	全自动线	P2	2s	B	2号位	3	R1:1,R...	1	1	10	1
☑	PLA100011	全自动线	P3	3s	A	1号位	3	R2:2,R...	1	1	10	1
☑	PLA100012	全自动线	P3	3s	A	4号位	3	R2:2,R...	1	1	10	1
☑	PLA100013	全自动线	P4	4s	B	3号位	4	R2:1,R...	1	1	10	1
☐	PLA100014	全自动线	P4	4s	C	1号位	4	R2:1,R...	1	1	10	1

（3）交货给客户：不交货。

2. 零售部

（1）签约零售商：签约 C1、C2 零售商。

（2）货物配送：给 C1、C2 零售商配货。

（3）价格制定：仍然制定高价。但即将过销售期限的纯 P1 产品则定低价甩卖。

（4）促销策略：由于竞争对手针对 P2 做了优惠额，因此取消对 P2 的促销。

（5）媒体中标：由于上季度黄金时段只有 P2 中标，根据上季度媒体中标额，本季度增加广告投放量。第二季度部分媒体中标情况如表 17-39 所示，可见本企业央视媒体除 P2 黄金时段外均中标，对企业综合指数的提升将起到较大作用。

表 17-39　第二年第二季度部分媒体中标情况

小组账号：　产品：　年份：第2年　季度：第二季度　查询

中标组	投标年	投标季度	媒体名称	产品名	时段名称	中标费用	影响力	关系值
A10	2	2	央视	P1	黄金时段	148	40	2
a4	2	2	央视	P2	黄金时段	139	40	2
A10	2	2	央视	P3	黄金时段	104	40	2
A10	2	2	央视	P4	黄金时段	105	40	2
A10	2	2	央视	P1	午间时段	42	12	10
A10	2	2	央视	P2	午间时段	39	12	10
A10	2	2	央视	P3	午间时段	37	12	10
A10	2	2	央视	P4	午间时段	37	12	10
A10	2	2	央视	P1	晚间时段	22	6	8
A10	2	2	央视	P2	晚间时段	18	6	8
A10	2	2	央视	P3	晚间时段	17	6	8
A10	2	2	央视	P4	晚间时段	17	6	8
A10	2	2	百度	P1	排名第一	24	20	5

（6）产品销售情况：本季度主要是以 P1 的销售为主，产品销售(部分)如表 17-40 所示。

表 17-40　第二年第二季度产品销售情况

年份：　季度：　市场：
产品：　零售商：　人群类型：　查询

年	季度	市场	零售商名称	产品	产品型号	消费人群	销售数量	销售价格	实收金额
2	2	南部市场	A2零售商	P1	P1	不定型	3	3.44	10.31
2	2	南部市场	A2零售商	P1	P1	不定型	3	3.44	10.31
2	2	南部市场	A2零售商	P1	P1	不定型	3	3.44	10.31
2	2	东部市场	B1零售商	P1	1s	习惯型	1	13.88	13.87
2	2	东部市场	B1零售商	P1	1s	习惯型	1	13.88	13.87
2	2	东部市场	B2零售商	P1	P1	习惯型	2	4.33	8.65
2	2	东部市场	B2零售商	P1	P1	习惯型	1	4.33	4.33
2	2	东部市场	B2零售商	P1	P1	经济型	1	4.33	4.33
2	2	东部市场	B2零售商	P1	P1	经济型	1	4.33	4.33
2	2	东部市场	B2零售商	P1	P1	经济型	1	4.33	4.33
2	2	东部市场	B2零售商	P1	P1	经济型	1	4.33	4.33
							65		296.24

年	季度	市场	零售商名称	产品	产品型号	消费人群	销售数量	销售价格	实收金额
2	2	东部市场	B2零售商	P2	P2	习惯型	1	16.99	16.97
2	2	东部市场	B1零售商	P2	2t	冲动型	1	19.44	19.42
2	2	东部市场	B1零售商	P2	2t	冲动型	1	19.44	19.42
2	2	中部市场	C1零售商	P2	P2	习惯型	1	15.66	14.88
2	2	中部市场	C2零售商	P2	P2	习惯型	1	15.66	14.88
2	2	中部市场	C1零售商	P3	P3	习惯型	1	15.77	14.98
2	2	中部市场	C2零售商	P3	P3	习惯型	1	15.44	14.67
2	2	中部市场	C1零售商	P3	3t	冲动型	1	19.66	19.64
2	2	南部市场	A1零售商	P4	4t	冲动型	1	19.44	19.42
2	2	东部市场	B2零售商	P4	P4	习惯型	1	15.33	15.31
2	2	中部市场	C2零售商	P4	P4	习惯型	1	15.77	14.98
							20		270.44

3. 财务部

还短期贷款及利息 525W，贷短期贷款 700W，民间融资 300W。

（三）经营第三季度

进入第三季度后，首先接收应收账款，偿还 525W 的短期贷款及利息，再操作其他步骤。

1. 生产部

（1）原材料采购：为确保第三年生产，并考虑到生产线的转产，本季度采购 R3 共 110 个，采购 R4 共 160 个。

（2）投入生产：待媒体投放结束，掌握销售及库存情况后再执行此步操作。本季度将生产 P2 的柔性生产线转产至生产 P4 产品。由于 P2、P3 产品零售商剩余较少，因此本季度生产 P2 和 2f、3f，拟于第四季度通过零售销售，如表 17-41 所示。

（3）交货给客户：考虑到本季度媒体若中标，则下季度综合指数应该最高，因此，本季度不交货，留到第四季度交货，以巩固第三年指数优势。

表 17-41　第二年第三季度生产情况

投入生产　规则说明　学习资源　经营状态　系统公告

空闲生产线列表

生产线编号	生产线名称	产品	产品型号	所在厂房	所在位置	原料成本	原料明细	加工费	生产周期	生产效率	生产状态
PLA100006	全自动线	P2	P2	A	2号位	3	R1:1,R...	1	1	10	1
PLA100009	全自动线	P2	2f	B	1号位	3	R1:1,R...	1	1	10	1
PLA100010	全自动线	P2	2s	B	2号位	3	R1:1,R...	1	1	10	1
PLA100011	全自动线	P3	3f	A	1号位	3	R2:2,R...	1	1	10	1
PLA100012	全自动线	P3	3s	A	4号位	3	R2:2,R...	1	1	10	1
PLA100007	柔性线	P4	4s	A	3号位	4	R2:1,R...	1	1	10	1
PLA100013	全自动线	P4	4s	B	3号位	4	R2:1,R...	1	1	10	1
PLA100014	全自动线	P4	4s	C	1号位	4	R2:1,R...	1	1	10	1

2. 零售部

（1）货物配送：将库存的 1f 和 1s 配送给零售商销售，同时根据各零售商产品库存情况，在零售商之间进行产品调拨，确保每个零售商均有产品可销。

（2）价格制定：由于企业综合指数未能排名第一，且与第 4 组存在一定的差距，因此本季度仍需要冲销量和销售额，定价不能过高，尤其是 1f 和 1s，库存较多，定价在期望价左右。

（3）促销策略：不变。

（4）媒体中标：本季度部分媒体中标情况如表 17-42 所示，可见本企业媒体全部中标。

表 17-42　第二年第三季度媒体中标情况

媒体中标信息　规则说明　学习资源　经营状态　媒体广告招标圆满结束　设计时

小组账号：　产品：　年份：第2年　季度：第三季度　查询

中标组	投标年	投标季度	媒体名称	产品名	时段名称	中标费用	影响力	关系值
A10	2	3	央视	P1	黄金时段	133	40	2
A10	2	3	央视	P2	黄金时段	127	40	2
A10	2	3	央视	P3	黄金时段	106	40	2
A10	2	3	央视	P4	黄金时段	107	40	2
A10	2	3	央视	P1	午间时段	42	12	10
A10	2	3	央视	P2	午间时段	39	12	10
A10	2	3	央视	P3	午间时段	38	12	10
A10	2	3	央视	P4	午间时段	38	12	10
A10	2	3	央视	P1	晚间时段	22	6	8
A10	2	3	央视	P2	晚间时段	18	6	8
A10	2	3	央视	P3	晚间时段	18	6	8
A10	2	3	央视	P4	晚间时段	18	6	8
A10	2	3	百度	P1	排名第一	27	20	5

（5）产品销售情况：由于媒体全中标，零售也取得较大突破，部分零售如表 17-43 所示，本季度销售收入共计 1718.53W，预计第四季度综合指数最高。

3. 财务部

还短期贷款及利息 525W，再贷短期贷款 500W，民间融资 600W。

（四）经营第四季度

1. 生产部

（1）原材料采购：购买 210 个 R2 原材料以保证第三年的生产。

表 17-43　第二年第三季度部分零售情况表

年份:　季度:　市场:
产品:　零售商:　人群类型:　查询

年	季度	市场	零售商名称	产品	产品型号	消费人群	销售数量	销售价格	实收金额
2	3	南部市场	A2零售商	P1	1t	冲动型	1	16.44	16.42
2	3	南部市场	A2零售商	P1	1f	不定型	7	12.66	88.53
2	3	东部市场	B1零售商	P1	1s	习惯型	1	12.88	12.87
2	3	东部市场	B1零售商	P1	1s	习惯型	1	12.88	12.87
2	3	东部市场	B2零售商	P1	1f	习惯型	1	12.44	12.43
2	3	东部市场	B2零售商	P1	1f	习惯型	1	12.44	12.43
2	3	东部市场	B2零售商	P1	1f	习惯型	1	12.44	12.43
2	3	东部市场	B2零售商	P1	1t	习惯型	1	16.88	16.86
2	3	东部市场	B1零售商	P1	1s	理智型	2	12.88	25.73
2	3	东部市场	B1零售商	P1	1s	理智型	1	12.88	12.87
2	3	东部市场	B2零售商	P1	1f	理智型	3	12.44	37.28
							41		541.69

第 1 页,共 4 页　显示 1 - 25条，共 95 条

(2) 投入生产：待本季度媒体投放结束后再操作此任务。企业综合指数高，且零售商库存产品所剩无几，为了第三年能够保留部分低成本的产品高价零售，本季度特生产了部分低成本产品，如表 17-44 所示。

表 17-44　第三年第四季度生产情况表

投入生产　规则说明　学习资源　经营状态　媒体广告招标圆满结

空闲生产线列表

☑	生产线编号	生产线名称	产品	产品型号	所在厂房	所在位置	原料成本	原料明细	加工费	生产周期	生产效率	生产状态
☑	PLA100006	全自动线	P2	2f	A	2号位	3	R1:1,R...	1	1	10	1
☑	PLA100009	全自动线	P2	2f	B	1号位	3	R1:1,R...	1	1	10	1
☑	PLA100010	全自动线	P2	2f	B	2号位	3	R1:1,R...	1	1	10	1
☑	PLA100011	全自动线	P3	3f	A	1号位	3	R2:2,R...	1	1	10	1
☑	PLA100012	全自动线	P3	3f	A	4号位	3	R2:2,R...	1	1	10	1
☑	PLA100007	柔性线	P4	P4	A	3号位	4	R2:1,R...	1	1	10	1
☑	PLA100013	全自动线	P4	4f	B	3号位	4	R2:1,R...	1	1	10	1
☑	PLA100014	全自动线	P4	4s	C	1号位	4	R2:1,R...	1	1	10	1

(3) 交货给客户：交付批发订单。

2. 零售部

(1) 货物配送：将 1s、P2、2f、3f 分别配给零售商，并对各零售商的库存产品进行调拨，确保各零售商可供货销售。

(2) 价格制定：由于部分 P1 产品即将过销售期限，P1 产品定价适中，其他产品制定高价格，以理智型、习惯型为主要销售对象。

(3) 媒体广告投标：由于本季度企业综合指数有较大优势，竞争对手很难超越，因此适当降低媒体广告，提高企业利润。

(4) 媒体中标情况：虽然本组适当降低了媒体广告投放量，但仍然中标，如表 17-45 所示。

(5) 产品销售情况：本季度零售额为 1834.24W，部分零售情况如表 17-46 所示。

表 17-45　第二年第四季度部分媒体中标情况

小组账号：　产品：　年份：第2年　季度：第四季度　查询

中标组	投标年	投标季度	媒体名称	产品名	时段名称	中标费用	影响力	关系值
A10	2	4	央视	P1	黄金时段	98	40	2
A10	2	4	央视	P2	黄金时段	114	40	2
A10	2	4	央视	P3	黄金时段	98	40	2
A10	2	4	央视	P4	黄金时段	98	40	2
A10	2	4	央视	P1	午间时段	29	12	10
A10	2	4	央视	P2	午间时段	28	12	10
A10	2	4	央视	P3	午间时段	28	12	10
A10	2	4	央视	P4	午间时段	28	12	10
A10	2	4	央视	P1	晚间时段	15	6	8
A10	2	4	央视	P2	晚间时段	13	6	8
A10	2	4	央视	P3	晚间时段	13	6	8
A10	2	4	央视	P4	晚间时段	13	6	8
A10	2	4	百度	P1	排名第一	7	20	5

表 17-46　第二年第四季度产品销售情况

零售商区域

零售订单信息

年份：　季度：　市场：

产品：　零售商：　人群类型：　查询

年	季度	市场	零售商名称	产品	产品型号	消费人群	销售数量	销售价格	实收金额
2	4	中部市场	C2零售商	P2	P2	情感型	1	20.77	20.75
2	4	中部市场	C1零售商	P2	2f	习惯型	1	20.77	20.75
2	4	中部市场	C1零售商	P2	2t	习惯型	1	21.33	21.31
2	4	中部市场	C2零售商	P2	P2	习惯型	1	20.77	20.75
2	4	中部市场	C2零售商	P2	P2	习惯型	1	20.77	20.75
2	4	中部市场	C2零售商	P2	2t	习惯型	1	21.33	21.31
2	4	中部市场	C1零售商	P2	2f	理智型	1	20.77	20.75
2	4	南部市场	A1零售商	P3	3f	习惯型	1	17.77	17.75
2	4	南部市场	A2零售商	P3	P3	习惯型	1	17.77	17.75
2	4	南部市场	A1零售商	P3	3f	理智型	1	17.77	17.75
2	4	南部市场	A2零售商	P3	P3	理智型	1	17.77	17.75
							25		521.54

第 3 页,共5页　　显示51 - 75条，共102条

3. 财务部

偿还短期贷款后，将短期贷款额度贷完，适当民间融资并贴现，保证第三年直销有资金。

（五）第二年末财务数据分析

第二年经营结束后，经营者应再次分析各组的财务报表以便了解竞争对手的经营数据，并判断企业自身所处的竞争地位等，为企业下一年的经营决策提供依据。第二年结束后各组经营数据如表 17-47 所示。

表 17-47 第二年结束后各组经营数据

组别	权益（W）	库存（W）	在制品（W）	土建（W）	设备（W）	现金（W）	应收款（W）	营业外支出（W）	综合指数[①]
A1	未关账	781		680	680			0	4.06
A10	−187	1367	430	680	680	1009	1711	0	19.08
A2	未关账	1139		680	920				5.13
A3	1102	504	510	680	680	49	2028	0	7.67
A4	破产								12.43
A5	破产								4.72
A6	1469	187	630	680	760	75	2487	567.83	15.53
A7	未关账	505		680	760				6.76
A8	1262	481	520	680	680	5	2214	0	12.35
A9	1357	740	540	680	760	301	2485	0	12.25

从报表数据分析可见：

(1) 第 6 组营业外支出为 567.83W，可见第 6 组第二年有订单违约，因此该组第三年没有直销资格。第 6 组在制品高达 630W，推测该组应该生产全功能的产品，拟针对零售市场中的冲动型消费人群。

(2) 第 4、5 组由于第一年末权益低，资金链断裂导致破产，而第 1、2、7 组也未关账，第三年可能竞争并不激烈。

(3) 从综合指数看，本组指数最高，直销的优势最大。指数排名第二的为第 6 组，该组因违约没有直销资格。第 8、9 组指数虽然也较高，但一方面零售市场可能不激烈，另一方面第 8、9 组也可以参与中等价格的直销竞标，而没必要压低价格争夺高价直销订单。

(4) 从库存看，本组库存量最大，而整体库存水平并不高，减缓了零售市场的压力。

综合分析判断，本组在直销及零售方面均有最大优势，第三年产品可以通过直销与零售相结合的渠道进行销售。

三、经营第三年

1. 市场部

(1) 查看市场波动率，并购买一份市场调查报告。

(2) 市场开拓：可待直销结束后，再开拓北部和西部市场，以免影响直接保证金。

2. 直销部

(1) 先查看直销订单价格，针对高价订单，有选择性的开发客户。

(2) 针对高价订单报名、购买标书，并按照原价投标。

(3) 直销结束，查看本组中标情况，如表 17-48 所示。

从表 17-48 中可见，本组中标情况为 P2：151 件，P3：37 件，P4：203 件。由于本企业

① 综合指数是第三年第一季度直销招标前的数据。

原有库存量分别为 P2：70 件，P3：30 件，P4：70 件。年初生产线分布为 3 条 P2、2 条 P3、3 条 P4。因此，需要对生产线进行调整，保证直销交货后，剩余产品可通过零售销售。

表 17-48　第三年本组直销中标情况

直销客户订单

产品：P2　市场：　年份：　查询

订单号	签约年	产品	市场	数量	价	总金	帐期	交货	ISO	功能	交货年	交货季度	订单状态
GB204D3P...	3	P2	东部	21	16.	3...	2	3		,P2F5,P2F4,P2F1	0	0	未交货
GB204D3P...	3	P2	东部	20	16.	3...	0	3	I...	,P2F5,P2F4,P2F1	0	0	未交货
GB204D3P...	3	P2	东部	20	17.	3...	2	3	I...	,P2F5,P2F4,P2F1	0	0	未交货
GB204N3P...	3	P2	南部	18	17.	3...	2	3	I...	,P2F5,P2F4,P2F1	0	0	未交货
GB204N3P...	3	P2	南部	22	16.	3...	2	3	I...	,P2F5,P2F4,P2F1	0	0	未交货
GB204N3P...	3	P2	南部	19	15.	2...	2	3		,P2F5,P2F4,P2F1	0	0	未交货
GB204N3P...	3	P2	南部	10	15.	1...	4	3	I...	,P2F5,P2F4,P2F1	0	0	未交货
				151		2...							

产品：P3　市场：　年份：　查询

订单号	签约年	产品	市场	数量	价	总金	帐期	交货	ISO	功能	交货年	交货季度	订单状态
GB204D3P...	3	P3	东部	15	14	2...	1	3	I...	,P3F3,P3F4,P3F1	0	0	未交货
GB204Z3P...	3	P3	中部	10	15	1...	4	3		,P3F3,P3F4,P3F1	0	0	未交货
GB204Z3P...	3	P3	中部	12	16	1...	2	3	I...	,P3F3,P3F4,P3F1	0	0	未交货
				37		5...							

产品：P4　市场：　年份：　查询

订单号	签约年	产品	市场	数量	价	总金	帐期	交货	ISO	功能	交货年	交货季度	订单状态
GB204D3P...	3	P4	东部	21	15	3...	4	3	I...	,P4F5,P4F1	0	0	未交货
GB204N3P...	3	P4	南部	21	15	3...	2	3		,P4F5,P4F1	0	0	未交货
GB204N3P...	3	P4	南部	22	16	3...	4	3	I...	,P4F5,P4F1	0	0	未交货
GB204N3P...	3	P4	南部	20	16	3...	1	3	I...	,P4F5,P4F1	0	0	未交货
GB204N3P...	3	P4	南部	20	15	3...	3	3		,P4F5,P4F1	0	0	未交货
GB204Z3P...	3	P4	中部	21	17	3...	1	3	I...	,P4F5,P4F1	0	0	未交货
GB204Z3P...	3	P4	中部	18	15	2...	0	3		,P4F5,P4F1	0	0	未交货
GB204Z3P...	3	P4	中部	22	16	3...	4	3	I...	,P4F5,P4F1	0	0	未交货
GB204Z3P...	3	P4	中部	16	15	2...	3	3		,P4F5,P4F1	0	0	未交货
				203		3...							

3. 生产部

（1）生产线调整：根据直销订单及库存情况，考虑到 P2 产品更适合零售，因此，第三年生产线布局情况如表 17-49 所示。

表 17-49　第三年生产线分布计划表　　单位：条

产品	第一季度	第二季度	第三季度	第四季度
P1	0	0	0	1
P2	4	3	3	3
P3	1	0	0	0
P4	3	5	5	4

通过计算，需要通过零售销售的产品数量分别为

P2＝200－153＝47（件）（其中包括上季度投产的 30 件 2f）；P3＝60－37＝23（件）（其中包括上季度投产的 20 件 3f）；P4＝230－103＝127（件）（其中包括上季度投产的 10 件 P4 和 10 件 4f）。

（2）原材料采购：根据生产线布局安排原材料的采购数量。

(3) 交货给客户：考虑资金的回收及应付款和贷款还款时间选择合适的订单交货，尽可能避免新的贷款。

4. 零售部

(1) 签约 D1 和 D2 零售商。

(2) 货物配送：根据不同型号产品的销售期限给零售商配货，发挥零售商的作用。

(3) 价格制定：制定高价格。

由于综合指数领先，制定高价格，以理智型人群为目标市场。而北部市场在第三年第一季度也兼顾了情感型人群。

(4) 媒体广告投标：本年度不抢媒体广告，而综合指数的优势可以通过交货、零售产生的交易额继续保持。

(5) 本年各季度零售情况分别如表 17-50～表 17-53 所示。

① 第一季度销售额为 1293.69W。

表 17-50 第三年第一季度销售情况

年	季度	市场	零售商名称	产品	产品型号	消费人群	销售数量	销售价格	实收金额
3	1	南部市场	A2零售商	P2	2f	经济型	1	27.88	27.88
3	1	南部市场	A2零售商	P2	2s	经济型	1	27.89	27.89
3	1	东部市场	B1零售商	P2	2f	理智型	1	26.65	26.65
3	1	东部市场	B2零售商	P2	2f	理智型	1	26.65	26.65
3	1	东部市场	B1零售商	P2	2f	经济型	1	26.65	26.65
3	1	东部市场	B1零售商	P2	2s	经济型	1	26.66	26.66
3	1	中部市场	C1零售商	P2	2f	理智型	1	26.54	26.54
3	1	中部市场	C2零售商	P2	2f	理智型	1	26.54	26.54
3	1	中部市场	C2零售商	P2	2f	理智型	1	26.54	26.54
3	1	中部市场	C2零售商	P2	2s	冲动型	1	26.55	26.55
3	1	中部市场	C1零售商	P2	2f	经济型	1	26.54	26.54
							25		635.85

第 1 页,共 3 页　显示 1 - 25条，共 54 条

② 第二季度销售额为 958.96W。

表 17-51 第三年第二季度销售情况

年份：　季度：　市场：
产品：　零售商：　人群类型：　查询

年	季度	市场	零售商名称	产品	产品型号	消费人群	销售数量	销售价格	实收金额
3	2	北部市场	D1零售商	P2	2f	理智型	1	21.43	21.43
3	2	南部市场	A2零售商	P3	3f	理智型	1	18.22	18.2
3	2	南部市场	A2零售商	P3	3f	经济型	1	18.22	18.2
3	2	东部市场	B1零售商	P3	3s	习惯型	1	21.33	21.33
3	2	东部市场	B1零售商	P3	3s	理智型	1	21.33	21.33
3	2	东部市场	B2零售商	P3	3f	理智型	1	18.33	18.31
3	2	东部市场	B2零售商	P3	3f	理智型	1	18.33	18.31
3	2	东部市场	B2零售商	P3	3f	经济型	1	18.33	18.31
3	2	东部市场	B2零售商	P3	3f	经济型	1	18.33	18.31
3	2	中部市场	C2零售商	P3	3f	情感型	1	18.33	18.31
3	2	中部市场	C1零售商	P3	3f	理智型	1	18.33	18.31
							25		560.87

第 1 页,共 2 页　显示 1 - 25条，共 47 条

③ 第三季度销售额为 357.81W。

表 17-52　第三年第三季度销售情况

年	季度	市场	零售商名称	产品	产品型号	消费人群	销售数量	销售价格	实收金额
3	3	东部市场	B2零售商	P2	2s	理智型	1	26.66	26.66
3	3	东部市场	B2零售商	P2	2s	理智型	1	26.66	26.66
3	3	中部市场	C1零售商	P2	2s	理智型	1	26.55	26.55
3	3	南部市场	A2零售商	P3	3f	习惯型	1	21.33	21.33
3	3	东部市场	B2零售商	P3	3f	习惯型	1	23.44	23.44
3	3	中部市场	C2零售商	P3	3f	习惯型	1	24.44	24.44
3	3	南部市场	A2零售商	P4	4f	理智型	1	27.44	27.44
3	3	东部市场	B2零售商	P4	4s	理智型	1	24.44	24.44
3	3	中部市场	C2零售商	P4	4f	习惯型	1	26.44	26.44
3	3	中部市场	C1零售商	P4	4f	理智型	1	25.55	25.55
3	3	中部市场	C2零售商	P4	4f	理智型	1	26.44	26.44
							14		357.81

第 1 页,共 1 页　显示 1 - 14条，共 14 条

④ 第四季度销售额为 194.82W。处理完可销售的所有产品，仅剩余已过了销售期的纯 P1 产品 2 件。

表 17-53　第三年第四季度销售情况表

零售订单信息

年份:　季度:　市场:

产品:　零售商:　人群类型:　查询

年	季度	市场	零售商名称	产品	产品型号	消费人群	销售数量	销售价格	实收金额
3	4	东部市场	B2零售商	P2	2s	情感型	1	23.66	23.66
3	4	南部市场	A2零售商	P4	4t	习惯型	1	23.77	23.77
3	4	南部市场	A1零售商	P4	4s	理智型	1	22.88	22.88
3	4	东部市场	B1零售商	P4	4s	习惯型	1	19.33	19.33
3	4	东部市场	B2零售商	P4	4s	习惯型	1	19.44	19.44
3	4	中部市场	C2零售商	P4	4t	习惯型	1	23.99	23.99
3	4	中部市场	C1零售商	P4	4t	理智型	1	23.88	23.88
3	4	北部市场	D2零售商	P4	4s	习惯型	1	18.99	18.99
3	4	北部市场	D1零售商	P4	4s	理智型	1	18.88	18.88
							9		194.82

⑤ 第三年最终经营成果如图 17-6 所示。

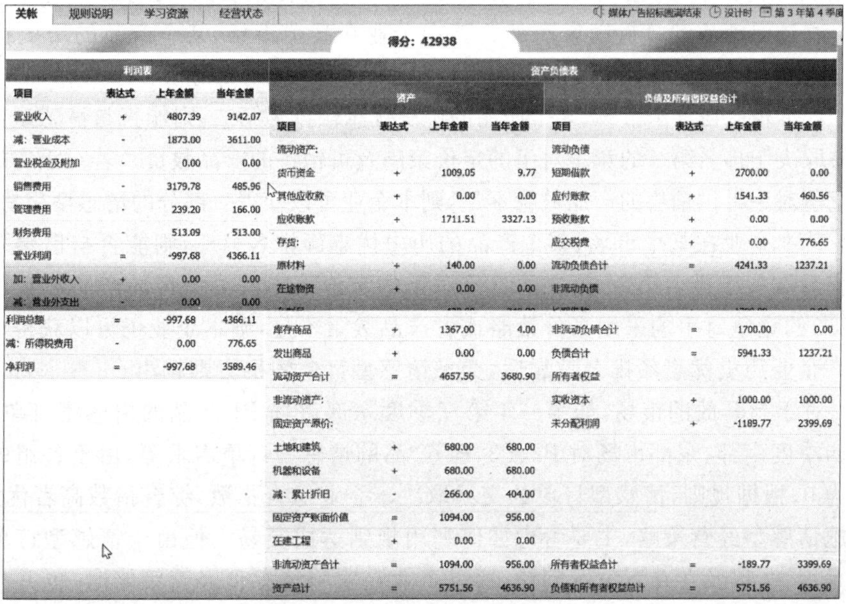
关帐　规则说明　学习资源　经营状态　媒体广告招标圆满结束　设计时　第 3 年第 4 季度

得分：42938

利润表

项目	表达式	上年金额	当年金额
营业收入	+	4807.39	9142.07
减：营业成本	-	1873.00	3611.00
营业税金及附加	-	0.00	0.00
销售费用	-	3179.78	485.96
管理费用	-	239.20	166.00
财务费用	-	513.09	513.00
营业利润	=	-997.68	4366.11
加：营业外收入	+	0.00	0.00
减：营业外支出	-	0.00	0.00
利润总额	=	-997.68	4366.11
减：所得税费用	-	0.00	776.65
净利润	=	-997.68	3589.46

资产负债表

资产				负债及所有者权益合计			
项目	表达式	上年金额	当年金额	项目	表达式	上年金额	当年金额
流动资产:				流动负债			
货币资金	+	1009.05	9.77	短期借款	+	2700.00	0.00
其他应收款	+	0.00	0.00	应付账款	+	1541.33	460.56
应收账款	+	1711.51	3327.13	预收账款	+	0.00	0.00
存货:				应交税费	+	0.00	776.65
原材料	+	140.00	0.00	流动负债合计	=	4241.33	1237.21
在途物资	+	0.00	0.00	非流动负债			
库存商品	+	1367.00	4.00	非流动负债合计	=	1700.00	0.00
发出商品	+	0.00	0.00	负债合计	=	5941.33	1237.21
流动资产合计	=	4657.56	3680.90	所有者权益			
非流动资产:				实收资本	+	1000.00	1000.00
固定资产原价:				未分配利润	+	-1189.77	2399.69
土地和建筑	+	680.00	680.00				
机器和设备	+	680.00	680.00				
减：累计折旧	-	266.00	404.00				
固定资产账面价值	=	1094.00	956.00				
在建工程	+	0.00	0.00				
非流动资产合计	=	1094.00	956.00	所有者权益合计	=	-189.77	3399.69
资产总计	=	5751.56	4636.90	负债和所有者权益总计	=	5751.56	4636.90

图 17-6　第三年经营结果

学习情景十八

情感型经营策略

学习目标

1. 了解情感型经营策略的基本思路；
2. 理解方案的适用条件；
3. 理解方案存在的风险及防范措施；
4. 理解方案的改进方向。

与理智型经营策略相似，情感型经营策略也是立足于高端市场（情感型市场），以期待获得高额的利润回报。

情感型消费人群的交易规则如下。

情感型消费人群的购买行为受该产品历史优惠额度的影响，该产品历史优惠额度最高的零售商，将获得优先交易权；如果该产品的零售商历史优惠额度相同，则比较企业的综合指数，综合指数高者获得优先交易权。如果综合指数相同，则比较该产品的销售价格，销售价格低的零售商获得优先交易权。

根据以上规则可知，企业在以下情况可以获得情感型消费人群的购买。

（1）通过促销活动打折销售产品。若本企业在某个市场、某个产品的历史优惠额度相比竞争对手为最大，则企业便满足情感型消费人群的优先交易权。

（2）若本企业在某个市场、某个产品的历史优惠额排名第二，则能否与情感型消费人群进行交易取决于排名第一的竞争对手的定价策略及可销售的产品数量。若对手实施高价策略或者竞争对手可供销售的产品数量不足，则本企业可以获得一部分的情感型交易订单。

（3）若本企业在某个市场、某个产品的历史优惠额排名第三，则能否与情感型消费人群进行交易取决于排名第一、第二的竞争对手的定价策略及可销售的产品数量。若排名第一、第二的竞争对手均采用高价策略或者产品数量不足，则本企业仍可以获得情感型交易订单。企业历史优惠额排名越靠后，交易情感型订单的机会则越小。

（4）对于新开放的市场，如第一年第三季度东部市场 P1 产品的情感型订单需求，第一年第四季度南部、东部市场对 P2、P3、P4 产品的情感型订单需求等，由于各组的历史优惠额均为 0，根据规则，情感型订单的交易取决于企业综合指数，综合指数高者优先交易。

实施情感型经营策略，主要考虑如何利用规则达成交易。但由于情感型订单的需求量并不是很大，以及存在竞争等问题，所以企业在实施情感型经营策略时，也并非只是针对情感型市场，往往还需要考虑满足其他市场的需求，以促进企业的发展。

情感型经营策略的实施方案比较多，例如有直接 0 折销售以期待做大优惠额的，也有适当折扣促销采取比较保守的情感策略；有市场一开放即以不定型为销售对象，为情感型做铺垫的，也有观察环境后再进入情感型市场的。由于经营环境是动态的，很难说有最优的情感型经营策略，本方案仅作为一个参考。

任务一　情感型经营方案设计

一、第一年经营方案设计

第一年经营方案设计如表 18-1 所示。

表 18-1　第一年经营方案详解

部门	项目任务	具体任务操作			
		第一季度	第二季度	第三季度	第四季度
市场部	1. 市场分析	买市场调研报告（南部和东部）			
	2. 市场开拓	全部开拓			
	3. ISO 认证	全部认证			
直销部	4. 开发客户	放弃			
	5. 参与投标	放弃			
批发部	6. 投放广告	放弃			
	7. 选单	无			
生产部	8. 产品研发	全部研发	全部研发	全部研发	无
	9. 产品下线入库	下线入库	下线入库	下线入库	下线入库
	10. 租赁/购买厂房	购买 B 厂房	购买 C 厂房	无	无
	11. 生产线购买及调整	买 2 条 P1 全自动生产线	卖 2 条半自动生产线，买 4 条 P1 全自动生产线	转产。2 条全自动生产线和 1 条柔性生产线转产 P2，各 1 条全自动生产线转产 P3 和 P4	无
	12. 原材料采购	根据未来生产线分布买原材料。本参考方案的生产线拟安排为：第一季度 4 条 P1，第二季度 8 条 P1，第三、四季度为 3 条 P1、3 条 P2、1 条 P3、1 条 P4。因此，原材料采购计划为 R1：200 个，R3、R4 各 40 个	按照生产线布局，本季度采购 R2 原材料 180 个	本季度需要采购 R3 和 R4 原材料，用于第二年生产。可各购买 R3、R4 原材料 160 个（预估第二年 P3 和 P4 各 2 条生产线）	本季度需要采购 R1 和 R2 原材料。可购买 R1 原材料 160 个，R2 原材料 260 个（每季度需要 40 个 R1，R2 原材料待第二年根据生产线实际安排再购买余下所需的原材料）

部门	项目任务	具体任务操作			
		第一季度	第二季度	第三季度	第四季度
生产部	13. 投入生产	待媒体投放结束后再生产，如果零售销售量大，为节省成本，可多生产不带功能的 P1，若销量小，则为了避免产品滞销过销售期，可生产部分带功能的 P1	生产带不等功能的 P1，适合不同时期销售，以免产品过销售期限	生产的 P1 带不等功能，P2、P3、P4 则不带功能，用于第四季度做优惠额	媒体投放结束后再生产，若可交易情感型，则视产品数量继续生产不带功能的产品，否则生产适当带功能的产品
	14. 交货给客户	无	无	无	无
零售部	15. 签约零售商	签约 A2 零售商	无	签约 B1、B2 零售商	无
	16. 货物配送	给 A1、A2 零售商配货，注意分配的数量，一般给 A2 零售商配货量更大。例如按 4∶6 分配	视销售情况补充货物，确保零售商有货可销售	给各零售商配货	给各零售商配货，注意配货数量。如 P2 产品给 A1、A2 各配 6 个和 9 个。P3 产品给 A1、A2 各配 2 个和 3 个等
	17. 价格制定	期望价，第 1 件 9.99 折，第 2 件及以上折后 3 折左右（打多少折并无最优，有时 0 折也不一定做到优惠额最大，有时 4 折就可能做到最大优惠额）	若优惠额最大，则高价销售。若优惠额第二，既可以选择适当低价（如期望价）销售，也可以视优惠额差距选择继续做优惠额（做法：带一个功能的 P1 定价比期望价低 0.01W，纯 P1 产品定期望价打折销售。）	同上，若优惠额最大，高价销售。否则，适当价格可能销售一部分情感型，或者视优惠额差距继续做优惠额。东部市场则可以选择 0 折销售纯 P1 产品	策略同上，P2、P3、P4 产品可选择 0 折销售
	18. 促销策略	多买折扣：买 1 件 9.99 折，买 2 件及以上可以 3 折	多买折扣：买 1 件及以上 9.99 折。要销售给情感型则纯 P1 产品可以多给折扣	同上，东部市场 0 折	P2、P3、P4 产品 0 折销售

续表

部门	项目任务	具体任务操作			
		第一季度	第二季度	第三季度	第四季度
零售部	19. 媒体广告投标	若0折销售，可以适当抢媒体广告，以便在对手也打0折的情况下因媒体影响力优势优先交易。若不按0折销售，也可不必抢媒体	可不抢媒体广告（但是，企业可以根据第一季度交易额以及是否与情感型人群交易等，决定是否情感型转理智型的经营策略，若想转，则抢媒体广告）	可不抢媒体（若转了理智型，则可继续抢媒体）	可不抢媒体（若转了理智型，则可继续抢媒体，P2、P3、P4产品则无须0折，可高价销售不打折）
财务部	20. 应收/应付账款	更新	更新	更新	更新
	21. 短期贷款/还本付息	第一季度一般不需贷款	适量贷款	适量贷款	适量贷款
	22. 管理费缴纳	缴纳	缴纳	缴纳	缴纳
	23. 应交税费缴纳	缴纳	无	无	无
	24. 长期贷款/还本付息				还长期贷款后，再借长期贷款
	25. 租赁费/维修费				支付费用
	26. 支付库存费				支付费用（可将已过销售期的P1调拨给A2）
	27. 折旧				折旧
	28. 关账				关账

第一年经营期，除了考虑折扣额之外，经营者需要考虑是否具备情感型转理智型的条件，尤其是当企业并不是打0折销售，优惠额却具备优势的条件下，转理智型的机会较大。一旦第二季度转理智型成功，则第二季度可能获得大量习惯型、情感型和理智型订单，将进一步巩固企业综合指数的优势。

在转理智型成功后，第三季度和第四季度不必再针对性地做优惠额，就能够获得第三季度东部市场P1产品的情感型与理智型市场以及第四季度P2、P3和P4的情感型和理智型市场。

二、第二年经营方案设计

假定第一年并未转理智型，但成功地实施了情感型策略。则第二年建议有两种策略值得尝试。

一是仍立足于情感型市场，制定利润最大化的定价策略，将多余的产品转为囤货，以期第三年能够通过直销、零售等获得高额利润。

二是第二年再由情感型向理智型转变。由于第一年获得了情感型市场，第二年第一季度往往有较高的零售交易额。应在第二年第一季度发力，适当降低产品定价，并抢夺媒体广告，力争迅速提升综合指数。

这两种策略中，前者需要经营者关注各产品、各市场的优惠额变化，努力确保自身在情感型市场上的优势。而后者则相对复杂、难度也高。一方面，前期指数有优势的，在第一、二季度其综合指数很难被超越；另一方面，有些竞争对手也希望在第二年第一季度发力，力争第二季度指数最高以便能促成中部市场情感型与理智型市场的交易。因此，可能会选择第二年第一季度交付直销与批发订单，同时抢夺媒体广告等。

本方案（见表 18-2）中，拟选择仍立足于情感型市场开展经营活动，适当提升媒体广告投放（如黄金时段投放 100W 左右，午间时段投放 40W 左右，晚间时段投放 20W 左右，百度投放 20W 左右），若能中标，则可提升综合指数，兼顾习惯型和理智型等市场。

表 18-2　第二年经营方案设计表

部门	项目任务	具体任务操作			
		第一季度	第二季度	第三季度	第四季度
市场部	1. 市场分析	买调研报告（各市场均可买）			
市场部	2. 市场开拓	全部开拓			
市场部	3. ISO 认证	认证 14000			
直销部	4. 开发客户	可放弃			
直销部	5. 参与投标	放弃			
批发部	6. 投放广告	放弃			
批发部	7. 选单	无			
生产部	8. 产品研发	无	无	无	无
生产部	9. 产品下线入库	下线入库	下线入库	下线入库	下线入库
生产部	10. 租赁/购买厂房	无	无	无	无
生产部	11. 生产线购买及调整	再转 2 条全自动生产线 P1 至 P3 和 P4	无	无	无
生产部	12. 原材料采购	第二年生产线拟按 1 条 P1、3 条 P2、2 条 P3 和 2 条P4 分布。根据第一年原材料采购情况，第二年只需要再采购 R2 原材料即可。应于第二季度下采购订单，数量为 220 个	购买 220 个 R2	为第三年生产 P3、P4 下原材料 R3、R4。可采购 R3 原材料 120 个，R4 原材料 160 个	为第三年生产买 R1 和 R2 原材料。可采购 R1 原材料 80 个，R2 可采购 160 个

续表

部门	项目任务	具体任务操作			
		第一季度	第二季度	第三季度	第四季度
生产部	13. 投入生产	在确保产品可销的情况下，可少带流行功能以节约成本。同时，如产能较大需要库存，则可生产一部分产品带第一、二年流行功能，用于第三年直销与零售			
	14. 交货给客户	无	无	无	无
零售部	15. 签约零售商	无	签约 C1、C2 零售商	无	无
	16. 货物配送	给各零售商配货或补充货物			
	17. 价格制定	高价策略。如果某个市场、某种产品的优惠额被超越，则该市场、该产品可以选择低成本的产品以期望价继续配送，但同时以低于期望价 0.01W 配送带少量功能的产品以销售情感型	中部市场打折销售，仍为情感型做铺垫	同第一季度	同第一季度
	18. 促销策略	针对情感型可不打折，针对不定型打折	中部市场可 0 折	同第一季度	同第一季度
	19. 媒体广告投标	适当抢媒体广告。黄金时段投放 100W 左右，午间时段投放 40W 左右，晚间时段投放 20W 左右，百度时段投放 20W 左右。若能中标则考虑往理智型等方面转移。媒体可适当调整，同时，P1、P2 的媒体广告可比 P3、P4 高些			
财务部	20. 应收/应付账款	更新	更新	更新	更新
	21. 短期贷款/还本付息	一般无须贷款	适量贷款	适量贷款	贷款（确保下一年直销有资金，在民间融资或贴现方面，可优先贴现）
	22. 管理费缴纳	缴纳	缴纳	缴纳	缴纳
	23. 应交税费缴纳	缴纳	无	无	无
	24. 长期贷款/还本付息				还长期贷款
	25. 租赁费/维修费				支付费用
	26. 支付库存费				支付费用
	27. 折旧				折旧
	28. 关账				关账

第二年经营方面，主要考虑是否能够稳住情感型市场。由于第二年产品零售市场的期望价较高，竞争对手可能会利用较高的期望价将优惠额做大，使本企业失去情感型市场

的优势。另外，如果市场环境较好（比如波动率为正且幅度大），企业媒体又能够大范围中标，则向理智型发展可获得更大的利润。

三、第三年经营方案设计

第三年经营方案设计需要考虑要零售还是直销＋零售。

一般而言，零售市场若经营得好，比直销的利润更高。但经营者需要做好分析，以作出正确决策。

什么情况下零售空间较大呢？

当市场环境较好（市场需求波动率为正且幅度较大）、竞争对手整体产品库存不高（或者已经有一些对手破产退出竞争）、本企业综合指数排名有优势、情感型市场有优势等情况下，企业更偏向于零售。

当市场环境不好（市场需求波动率为负且幅度较大）以及竞争对手整体产品库存量较大的情况下，企业更偏向于直销。

当然，在市场环境较好的情况下，也可以争取拿到一些价格较高的直销订单，一方面可减轻零售的压力，另一方面也为更好的零售保驾护航，如表18-3所示。

表 18-3　第三年经营方案设计

部门	项目任务	具体任务操作			
		第一季度	第二季度	第三季度	第四季度
市场部	1. 市场分析	先买南部市场调研报告，也可以买其他市场调研报告			
	2. 市场开拓	全部开发			
	3. ISO认证	无			
直销部	4. 开发客户	有选择的针对高价直销订单开发相应客户			
	5. 参与投标	根据综合指数等因素，选择直销订单			
批发部	6. 投放广告	放弃			
	7. 选单	无			
生产部	8. 产品研发	无	无	无	无
	9. 产品下线入库	下线入库	下线入库	下线入库	下线入库
	10. 租赁/购买厂房	无	无	无	无
	11. 生产线购买及调整	根据直销情况、市场需求情况、自身产品情况等调整生产线（一般零售市场以P1、P2为主）			
	12. 原材料采购	根据本年度生产线布局核算原材料需求数量，补购合适数量的原材料，尽量在年末无库存或少库存			

续表

部门	项目任务	具体任务操作			
		第一季度	第二季度	第三季度	第四季度
生产部	13. 投入生产	满足直销订单的生产，剩余产能用于零售。零售以情感型、理智型为主，可以减少流行功能，降低产品成本，提高利润			
生产部	14. 交货给客户	交货时注意，一方面根据资金情况合理选择交货订单，尽可能避免贷款或贴现等；另一方面尽量在本年度能够收回资金			
零售部	15. 签约零售商	签约 D1、D2 零售商	无	根据实际情况决定是否签约 E1、E2 零售商	无
零售部	16. 货物配送	尽量给每个零售商配货			
零售部	17. 价格制定	主要针对情感型、理智型，制定高价			
零售部	18. 促销策略	可不促销或针对北部市场适当促销	可不促销	可不促销	可不促销
零售部	19. 媒体广告投标	总体而言，第三年尽量不要投入太多的媒体广告。但如果媒体中标就可以拿到理智型市场，则也可以在一定程度上尝试抢媒体。例如本方案中，第一季度若能抢到媒体广告，则很可能实现情感型、理智型双市场上的优势。后续依靠零售交易额往往可以实现综合指数上的优势			
财务部	20. 应收/应付账款	更新	更新	更新	更新
财务部	21. 短期贷款/还本付息	尽量不贷款	尽量不贷款	尽量不贷款	尽量不贷款
财务部	22. 管理费缴纳	缴纳	缴纳	缴纳	缴纳
财务部	23. 应交税费缴纳	缴纳	无	无	无
财务部	24. 长期贷款/还本付息				还长期贷款本息
财务部	25. 租赁费/维修费				支付费用
财务部	26. 支付库存费				因为少于10件货物的调拨费用为1.5W，而库存费用为3W。因此，可将未销售完的同一类货物集中调拨给某个零售商，以节省费用
财务部	27. 折旧				折旧
财务部	28. 关账				关账

总体而言，情感型经营策略的风险相对较大，一旦碰到竞争对手坚决的采取相同策略，则往往会两败俱伤。因此，在实战中应谨慎使用情感型经营策略，或者对该策略进行适当调整，加强对竞争环境的分析，适时地进入情感型市场。

任务二　方案适用的条件

一方面，当市场需求波动率为正，波动幅度越大，意味着零售市场的需求量越大，则实施方案的风险越小。另外，通过市场调研报告查看零售市场，当情感型市场需求量较大时，更适用此方案。另一方面，从竞争的角度看。如果竞争对手更偏向于理智型、经济型、囤货等，则意味着情感型的竞争可能较小，更适用此方案。

第一年经营期，如果直销中标比较分散，批发选单者又较多，一般拿到直销与批发订单的企业往往不会以不定型为主，则情感型经营策略可能有更多的机会。

任务三　方案的风险及防范

本方案的风险主要来自竞争风险。由于情感型市场的高额回报，往往会导致激烈的市场竞争，而竞争的主要手段是以促销优惠进行的，即使企业的历史优惠额排名第二，能否交易以及交易多少情感型订单仍取决于竞争对手的价格策略，这直接影响了情感型策略的产出。为了获得主动交易权，经济出现情感型市场上的不计成本与后果的恶性竞争。

要防范竞争风险，一方面，企业竞争有底线，有时候甘愿做第二，可能使得竞争双方均能获益；另一方面，如遇机会（比如某个季度期望价较高），则应充分利用机会将优惠额拉开，让竞争对手望而却步。

任务四　方案的改进方向

作为经营者，在制定与实施某种经营策略时，应备有几套可选方案，以提升方案的灵活性，降低经营风险。

在情感型方案中，第一年可以往理智型过渡，若不成功（如第一年第二季度媒体未中标），则可以在 P1 获得情感型（或者部分情感型）的基础上，转为囤货等策略。

在情感型方案中，由于情感型市场偏小，为了提升销量，也可以以冲动型市场为目标市场，销售全功能的各种产品。

学习情景十九

经济型+不定型经营策略

学习目标

1. 了解经济型+不定型经营策略的基本思路；
2. 理解方案的适用条件；
3. 理解方案存在的风险及防范措施；
4. 理解方案的改进方向。

零售市场六类人群分别是情感型、习惯型、理智型、冲动型、经济型和不定型消费人群。

针对理智型、情感型、冲动型人群，企业往往可以制定高价销售。但企业为了获得理智型或情感型订单往往需要在群体广告或打折销售方面付出很大的代价。冲动型虽相对独立，主要依靠流行功能成交，但一方面冲动型市场规模较小，另一方面在存在竞争的情况下，仍需要回到价格竞争。

习惯型订单是由季度媒体影响力决定的，任何一个小组都不可能垄断媒体广告，因此任何企业都不可能像垄断理智型、情感型、冲动型等市场一样垄断习惯型市场，加之订单数量非常有限，习惯型人群不可能是企业主要针对的销售对象。

当市场上媒体广告竞争激烈、情感型市场也不易获得时，不妨尝试采用经济+不定型经营策略。

经济型+不定型经营策略的思路比较简单，就是以零售市场中的经济型和不定型人群为主要交易对象，销售产品。

通常情况下，经营者会认为经济型和不定型属于较低端的市场，销售价格较低，利润较低。但是，这两类市场需求量较大，与媒体广告几乎无关(有时候销售不定型与媒体广告有间接关系，但本方案基本无关，也不考虑0折卖不定型)，因此可以以低成本的方式实现销量，总体利润也非常可观。

企业在以经济型、不定型为销售对象时，也可以同时兼顾与媒体广告基本无关的冲动型市场，增加产品的销售范围。

任务一　经济型+不定型经营方案设计

一、第一年经营方案设计

第一年经营方案如表19-1所示。

表 19-1　第一年经营方案

部门	项目任务	具体任务操作			
		第一季度	第二季度	第三季度	第四季度
市场部	1. 市场分析	买市场调研报告(只买南部)			
	2. 市场开拓	全部开拓			
	3. ISO 认证	全部认证			
直销部	4. 开发客户	放弃			
	5. 参与投标	放弃			
批发部	6. 投放广告	放弃			
	7. 选单	无			
生产部	8. 产品研发	全部研发	全部研发	全部研发	无
	9. 产品下线入库	下线入库	下线入库	下线入库	下线入库
	10. 租赁/购买厂房	购买 B 厂房	购买 C 厂房	无	无
	11. 生产线购买及调整	买 2 条 P1 全自动生产线	卖 2 条半自动生产线，买 4 条 P1 全自动生产线	转产。2 条全自动生产线和 1 条柔性生产线转产 P2，各 1 条全自动生产线转产 P3 和 P4	无
	12. 原材料采购	根据第一年生产线分布情况，于第一季度采购 R1 原材料 200 个，R3、R4 原材料各 40 个	采购 R2 原材料 180 个	为第二年生产所需采购 R3 原材料 160 个，R4 原材料 160 个(拟于第二年生产线分布为 1 条 P1，3 条 P2，2 条 P3，2 条 P4，也可根据实际销售情况进行调整)	为第二年生产所需采购 R1 原材料 160 个，R2 原材料 240 个
	13. 投入生产	待媒体广告结束后再生产，若零售销售量较大，可继续生产不带功能的 P1，若销量较小，则为了避免产品滞销过销售期，可生产部分带功能的 P1	待媒体广告结束后再根据销售投产，可用 2 条生产线生产带全功能的 P1，用于第三季度销售冲动型	P1 产品视销售情况投产，注意纯 P1 的销售期限。P2、P3、P4 则不带功能，用于第四季度的销售	媒体广告结束后再生产，尽量在产品可销的情况下少带流行功能，以节省成本。若 P2、P3、P4 销售量较小，则投产时可带一个功能
	14. 交货给客户	无	无	无	无

续表

部门	项目任务	具体任务操作			
		第一季度	第二季度	第三季度	第四季度
零售部	15. 签约零售商	签约 A2 零售商	无	签约 B1、B2 零售商	无
	16. 货物配送	给 A1、A2 零售商配货，注意分配的数量，一般给 A2 零售商配货量更大。例如按 4∶6 分配	视销售情况补充货物，确保零售商有货可销售	给各零售商配货。注意 A1 和 B1 零售商可销售冲动型	给各零售商配货，注意配货数量。如 P2 产品给 A1、A2 各配 6 个和 9 个。P3 产品给 A1、A2 各配 2 个和 3 个等。东部市场零售商类似
	17. 价格制定	低于期望价销售，如 6W 左右，以经济型和不定型为主要销售对象	低于期望价销售，以经济型和不定型为主要销售对象（若能遇到一定的情感型，也可以适当提价）	低于期望价销售，以经济型和不定型为主要销售对象。针对 A1、B1 零售商全功能的 P1，可以制定高价	低于期望价销售，以经济型和不定型为主要销售对象。针对 A1、B1 零售商全功能的 P1，可以制定高价
	18. 促销策略	多买折扣：买 1 件及以上 9.99 折，买 2 件及以上也可打折，例如 9.6 折（主要目的：既可能销售经济型和不定型，也可能优惠额排名靠前销售一定的情感型）	多买折扣：买 1 件及以上 9.99 折。如果优惠额无法靠前，则删除买 2 件及以上的折扣	多买折扣：买 1 件及以上 9.99 折	多买折扣：买 1 件及以上 9.99 折
	19. 媒体广告投标	百度投 1W（可销售习惯型）	百度投 1W（可销售习惯型）	P1 产品百度投 1W，其他可放弃	百度投 1W 或放弃
财务部	20. 应收/应付账款	更新	更新	更新	更新
	21. 短期贷款/还本付息	第一季度一般不需贷款	适量贷款	适量贷款	适量贷款
	22. 管理费缴纳	缴纳	缴纳	缴纳	缴纳
	23. 应交税费缴纳	缴纳	无	无	无
	24. 长期贷款/还本付息				还长期贷款，适量贷款
	25. 租赁费/维修费				支付费用
	26. 支付库存费				支付费用（可将已过销售期的 P1 产品调拨给 A2）
	27. 折旧				折旧
	28. 关账				关账

实施经济型+不定型的销售策略，也要考虑利润。

经济型的定价在考虑产品销售期限、市场环境、竞争等情况下，还要考虑产品的成本。例如：纯 P1 的产品直接成本为 2W/件，如果零售价格为 6W/件，去掉零售商 10%的提成，企业实际收入 5.4W/件，仍有 3.4W/件的毛利。一般情况下，如果纯 P1 的销售期限较长(例如可以销售至第二年第二季度)、市场需求波动率为正且幅度大，则可以适当高价销售(根据竞争情况考虑调整)。

针对不定型销售，主要目的并不是做优惠额，而是以销售产品、获取利润为目的，因此，在制定低价格的基础上，适当给一定的优惠额，即可满足不定型交易的基本条件。

实施经济型+不定型的销售策略，一定要控制好成本和费用。一方面，从产品生产方面，应尽量减少产品流行功能以节省生产费用；另一方面，少投或不投媒体广告，以减少销售费用。此外，在资金不紧张的情况下，应减少贷款额，降低财务费用等。

二、第二年经营方案设计

第二年经营方案仍然立足于经济型和不定型市场，可以兼顾冲动型，并适当关注情感型。

相对而言，P1 和 P2 的零售市场较大，P3 和 P4 的零售市场较小。因此在生产线分配方面，更偏重于 P1 和 P2(由于第一年 P1 可能有大量库存，因此第二年 P1 的生产线可以少些)。第二年经营方案设计如表 19-2 所示。

表 19-2　第二年经营方案

部门	项目任务	具体任务操作			
		第一季度	第二季度	第三季度	第四季度
市场部	1. 市场分析	买调研报告(可只买一份)			
	2. 市场开拓	全部开拓			
	3. ISO 认证	认证 14000			
直销部	4. 开发客户	可放弃			
	5. 参与投标	放弃			
批发部	6. 投放广告	可放弃			
	7. 选单	无			
生产部	8. 产品研发	无	无	无	无
	9. 产品下线入库	下线入库	下线入库	下线入库	下线入库
	10. 租赁/购买厂房	无	无	无	无
	11. 生产线购买及调整	将柔性生产线转至 P3，将 P1 全自动生产线各转一条至 P2 和 P4。生产线分布为 1 条 P1、3 条 P2、2 条 P3、2 条 P4	根据产品的销售及库存情况调整生产线	根据产品的销售及库存情况调整生产线	根据产品的销售及库存情况调整生产线

续表

部门	项目任务	具体任务操作			
		第一季度	第二季度	第三季度	第四季度
生产部	12. 原材料采购	第二年生产线拟按 1 条 P1、3 条 P2、2 条 P3 和2 条 P4 分布。根据第一年原材料采购情况，第二年只需要再采购 R2 原材料即可。应于第二季度下采购订单，数量为 240 个	购买 240 个 R2（若生产线有所调整，则采购的原材料数量也要调整，避免缺原材料）	为第三年生产 P3、P4 下原材料 R3、R4。可采购 R3 原材料 120 个，R4 原材料 160 个	为第三年生产买 R1 和 R2 原材料。可采购 R1 原材料 80 个，R2 可采购 160 个
	13. 投入生产	均在媒体广告结束后再考虑投产，根据产品的销售情况选择投产的产品型号，避免流行功能少、销售期限短的产品过量积压（如果产品销售压力较大，也可以为第三年批发备货）			
	14. 交货给客户	无	无	无	无
零售部	15. 签约零售商	无	签约 C1、C2 零售商	无	无
	16. 货物配送	给各零售商配货或补充货物			
	17. 价格制定	针对经济型和不定型，均制定较低的价格并打折（如低于期望价，毛利 5W/件左右）；针对冲动型可以适当定高价	同第一季度	同第一季度	同第一季度
	18. 促销策略	多买折扣，1 件及以上均 9.99 折	同第一季度（观察各产品、各市场的历史优惠额，如果有机会也可以少量折扣争取一部分情感型订单）		
	19. 媒体广告投标	不抢媒体（可以只投 1 的媒体或直接放弃。由于习惯型订单较少，除 P1 媒体中标可能销售型之外，其余均很难销售，故可以直接放弃）			
财务部	20. 应收/应付账款	更新	更新	更新	更新
	21. 短期贷款/还本付息	视资金情况贷款	视资金情况贷款	视资金情况贷款	视资金情况贷款
	22. 管理费缴纳	缴纳	缴纳	缴纳	缴纳
	23. 应交税费缴纳	缴纳	无	无	无
	24. 长期贷款/还本付息				还长期贷款
	25. 租赁费/维修费				支付费用
	26. 支付库存费				支付费用
	27. 折旧				折旧
	28. 关账				关账

实施本策略一定要注重成本、费用的控制，以保证在较低售价的情况下获得尽可能高的利润。

在整个经营过程中，除了关注竞争对手的价格策略、情感型市场机会外，还需要了解市场整体的竞争情况。例如，第二年直销订单的归属、是否存在违约、媒体广告的竞争情况如何、本企业第三年是否有直接捡单的机会等。

三、第三年经营方案设计

首先，通过分析竞争对手的财务报表，了解竞争对手的库存、现金等，再查看企业综合指数情况，大致判断本企业是否有直销的机会。如果有，则可尝试投直销；否则，没有必要开发客户、购买标书等。

其次，若放弃直销或者直销未拿到订单，而市场环境也不好(查看市场需求波动率)，则可以考虑批发市场，选择部分批发订单。如果拿到数量较多的直销订单，则企业可以放弃批发市场。

第三年经营方案设计如表 19-3 所示。

表 19-3　第三年经营方案

<table>
<tr><th rowspan="2">部门</th><th rowspan="2">项目任务</th><th colspan="4">具体任务操作</th></tr>
<tr><th>第一季度</th><th>第二季度</th><th>第三季度</th><th>第四季度</th></tr>
<tr><td rowspan="3">市场部</td><td>1. 市场分析</td><td>可只买一份调查报告</td><td rowspan="7"></td><td rowspan="7"></td><td rowspan="7"></td></tr>
<tr><td>2. 市场开拓</td><td>全部开发</td></tr>
<tr><td>3. ISO 认证</td><td>无</td></tr>
<tr><td rowspan="2">直销部</td><td>4. 开发客户</td><td>可放弃，也可开发部分客户</td></tr>
<tr><td>5. 参与投标</td><td>可放弃或选择性投标</td></tr>
<tr><td rowspan="2">批发部</td><td>6. 投放广告</td><td>若无直销，可适当投放或者直接放弃</td></tr>
<tr><td>7. 选单</td><td>考虑利润选单</td></tr>
<tr><td rowspan="7">生产部</td><td>8. 产品研发</td><td>无</td><td>无</td><td>无</td><td>无</td></tr>
<tr><td>9. 产品下线入库</td><td>下线入库</td><td>下线入库</td><td>下线入库</td><td>下线入库</td></tr>
<tr><td>10. 租赁/购买厂房</td><td>无</td><td>无</td><td>无</td><td>无</td></tr>
<tr><td>11. 生产线购买及调整</td><td colspan="4">根据直销、批发订单等情况调整生产线。若主要零售，则仍以 P1、P2 为主</td></tr>
<tr><td>12. 原材料采购</td><td colspan="4">根据本年度生产线布局核算原材料需求数量，补购合适数量的原材料，尽量在年末无库存或少库存。</td></tr>
<tr><td>13. 投入生产</td><td colspan="4">满足直销订单的生产，剩余产能用于零售。在产品可销的情况下，减少流行功能，降低产品成本，提高利润</td></tr>
<tr><td>14. 交货给客户</td><td colspan="4">可集中交货，提升指数</td></tr>
</table>

续表

部门	项目任务	具体任务操作			
		第一季度	第二季度	第三季度	第四季度
零售部	15. 签约零售商	根据情况决定是否签约 D1、D2 零售商（如主要通过零售，则签约）	无	根据实际情况决定是否签约 E1、E2 零售商	无
	16. 货物配送	尽量给每个零售商配货			
	17. 价格制定	低价策略（如果拿到较多的直销，交货后指数较高，零售产品压力小也可以高价）			
	18. 促销策略	多买折扣，1 件及以上均 9.99 折	同上	同上	同上
	19. 媒体广告投标	不抢媒体广告	不抢媒体广告	不抢媒体广告	不抢媒体广告
财务部	20. 应收/应付账款	更新	更新	更新	更新
	21. 短期贷款/还本付息	尽量不贷款	尽量不贷款	尽量不贷款	尽量不贷款
	22. 管理费缴纳	缴纳	缴纳	缴纳	缴纳
	23. 应交税费缴纳	缴纳	无	无	无
	24. 长期贷款/还本付息				还长期贷款本息
	25. 租赁费/维修费				支付费用
	26. 支付库存费				因为少于 10 件货物的调拨费用为 1.5W，而库存费为 3W。因此，可将未销售完的同一类货物集中调拨给某个零售商，节省费用
	27. 折旧				折旧
	28. 关账				关账

任务二　方案适用的条件

由于经济型人群和不定型人群的需求量较大，因此本方案适用广泛。尤其是当市场环境较好，竞争对手集中在理智型、情感型人群的竞争时，采用本方案会有较大的优势。

任务三　方案的风险及防范

本方案的风险如下。

(1) 当市场环境不好,市场需求减少,销售面临较大压力的情况下,各个小组可能都会压低价格销售,从而导致经济型和不定型的利润空间受到影响。

(2) 市场环境较好,但竞争对手偏向于保守,从而媒体广告的竞争反而不激烈,针对经济型、不定型的策略雷同,导致竞争加剧。

(3) 当市场环境开始时较好(比如第一年环境很好),但后期(如第三年)环境恶化,竞争对手迫不得已都转向经济型的竞争,使得本企业生存压力大增,而企业综合指数较高的对手,可能获得直销订单而保证了利润,取得经营上的成功。

风险防范如下。

(1) 如果第三年市场环境恶化,加之整体库存量都比较大的情况下,不可过多的寄希望于零售,若未能拿到直销订单,此时批发订单(保证有利润)不可忽视。

(2) 寻求策略的变化。如果某个季度(尤其是第一、二年)经济型和不定型销量很大,则销量对综合指数提升可能起到很大作用,若能通过抢夺媒体广告进入理智型市场,也可以尝试转型。

由于竞争对手的策略、市场环境的变化等因素难以预测,因此并不一定能化解风险。

任务四　方案的改进方向

如果在本方案实施过程中,具备经济+不定型转理智型的条件,也可以对本方案进行调整,转化为理智型方案。考虑到方案可能的变化,则每季度的媒体广告仍可以尝试低媒体投放。

如果对市场环境的预期较好,若第一年方案也比较成功,则可以转化为囤货策略。因为若第三年市场环境较好,则竞争对手可能更期待在零售市场上获得高额利润,因此会放弃价格较低的直销订单,给本企业直销带来机会。

任务五　实战案例

本案例数据来自一次网赛,10组模式,本组组号为WHJT1。

一、经营第一年

(一) 经营第一季度

1. 市场部

(1) 市场分析。通过购买南部市场调查报告,获取产品流行功能及南部零售市场需求信息。整理后的市场信息如表19-4和表19-5所示。

表 19-4　市场需求波动率及产品流行功能及流行周期表

	第一季度	第二季度	第三季度	第四季度
南部市场需求波动率(%)	6	3	0	−3
东部市场需求波动率(%)	5	5	34	31
产品流行功能及流行周期				
P1	P1F5(2 个季度)		P1F4(2 个季度)	
P2			P2F4(2 个季度)	
P3			P3F5(3 个季度)	
P4			P4F3(4 个季度)	

表 19-5　零售市场需求量及价格表

市场	季度	产品	市场期望价	习惯型(件)	理智型(件)	冲动型(件)	经济型(件)	情感型(件)	不定型(件)
南部市场	1	P1	9.84	54	0	0	65	0	261
	2	P1	10.91	55	45	0	71	45	136
	3	P1	11.11	49	40	49	58	40	76
	4	P1	11.83	42	34	42	49	34	64
	4	P2	11.03	6	5	5	8	6	10
	4	P3	12.18	2	2	2	3	2	5
	4	P4	14.52	2	2	2	3	2	4

根据表 19-4 中的产品流行功能及周期，可以列出部分产品项目的销售期限，如表 19-6 所示。

表 19-6　部分产品项目的销售期限

产品型号	销售期限	说　明
P1	1.4～2.2	判断标准：当下一个功能开始流行后，前一个功能成为基本功能，基本功能为必带功能。当 P1 的 F5 功能成为基本功能后，纯 P1 便无法销售。而当 P1 的 F4 功能开始流行后，F5 即成为基本功能。某个功能开始流行时间＝报告给出的时间＋零售商市场敏感度。由于零售商市场敏感度不同，同一产品项目销售期限也存在差异
P1F5	2.2～2.4	
P2	2.2～2.4	
P3	2.3～3.1	
P4	2.4～3.2	

(2) 市场开拓：全部市场开拓。

(3) ISO 认证：全部认证。

2. 直销部

(1) 开发客户。企业在第一年无须开发客户也能参与直销竞标,因此可放弃客户开发,以节省费用投入。

(2) 参与投标。可先参与直销报名,对是否投标持观望态度,在直销投标结束前,查看各个订单的投标情况,如图 19-1 所示。

投标报名 > 资格预审 > 购买标书 > 投标 > 中标公示

资质预审报告

订单号	市场	直销客户	产品	数量	价格	帐期(季度)	交货期(季度)
GB229N1P120191...	南部市场	南部P1客...	P1	20	9.68	1	3
whjt1已经报名	审核通过	未购买标书		0	0	0	0
whjt10已经报名	审核通过	未购买标书		0	0	0	0
whjt2已经报名	审核通过	已购买标书		0	0	0	0
whjt3已经报名	审核通过	未购买标书		0	0	0	0
whjt4已经报名	审核通过	已购买标书		0	0	0	0
whjt5已经报名	审核通过	已购买标书		0	0	0	0
whjt6已经报名	审核通过	未购买标书		0	0	0	0
whjt7已经报名	审核通过	未购买标书		0	0	0	0
whjt8已经报名	审核通过	已购买标书		0	0	0	0
whjt9已经报名	审核通过	已购买标书		0	0	0	0

图 19-1　直销竞标资格预审

由图 19-1 可见,已有多个小组参与了直销投标,能以比较理想的价格中标的可能性很小,因此本组直接放弃直销投标。

直接竞标结束后,可以通过"辅助信息"中的"市场占有率"查看中标情况,结果所有直销订单均由第 8 组中标,如图 19-2 所示(订单数量为 184 个 P1)。

3. 批发部

(1) 投放招商广告。本企业采取投机策略,在南部市场投放了 8W 的招商广告费。如果能够拿到订单,则可获取较高利润;若拿不到订单,也可承受损失。

(2) 选择批发订单。根据观察选择订单指示区,发现选择批发订单的顺序依次为 8、10、4、6、5、7 组,但第 6 组在规定的时间内未选择订单,最终批发中标结果如图 19-3 所示。根据市场占有率及批发订单总数,可大致计算出各组中标的订单数量,如表 19-7 所示。

图 19-2　直销中标公示图

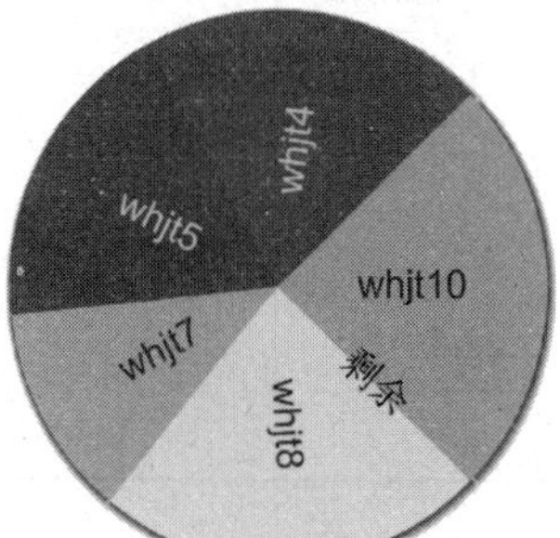

图 19-3　批发中标公示图

表 19-7　批发订单分布情况

订单总量	中标小组	市场占有率	订单数量
370	WHJT8	24%	88
	WHJT10	25%	91
	WHJT4	21%	77
	WHJT5	19%	70
	WHJT7	12%	44

由于市场占有率的百分号前只保留整数，因此订单数量只能大致估算。

4. 生产部

生产部主要涉及产品研发、租赁/购买厂房、购买生产线、采购原材料及投入生产、交付货物等任务。

(1) 产品研发：研发 P2、P3 和 P4。

(2) 租赁/购买厂房：购买 B 厂房。

(3) 购买生产线：购买了 2 条全自动生产线生产 P1 产品。

(4) 采购原材料：采购原材料的数量由本年度生产线分布决定。本年度生产线分布计划如表 19-8 所示。

表 19-8　第一年生产线拟分布情况　　单位：条

产品	第一季度	第二季度	第三季度	第四季度
P1	4	8	2	2
P2			2	2
P3			2	2
P4			2	2

由表 19-8 并结合原材料采购的提前期，拟安排第一季度采购 R1：160 个，R3：80 个，R4：80 个；第二季度采购 R2：200 个。以上采购量正好满足第一年生产所需。

(5) 投入生产：本季度受原材料限制，企业只能投入 4 条生产线进行生产。在产品型号的选择上，按照流行功能拟设置了三种产品项目，如表 19-9 所示。

表 19-9　产品项目设置图

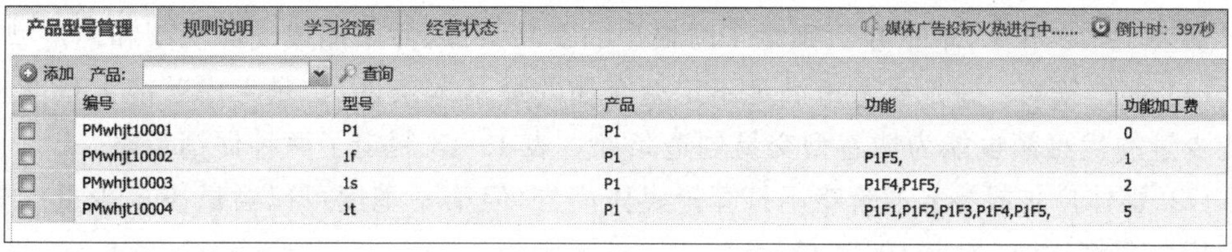

编号	型号	产品	功能	功能加工费
PMwhjt10001	P1	P1		0
PMwhjt10002	1f	P1	P1F5,	1
PMwhjt10003	1s	P1	P1F4,P1F5,	2
PMwhjt10004	1t	P1	P1F1,P1F2,P1F3,P1F4,P1F5,	5

考虑到产品的销售期限、生产成本等因素，本季度拟投产 3 条 P1 生产线生产 1f，1 条 P1 生产线生产 1s，如表 19-10 所示。

表 19-10　生产线投产情况

投入生产　规则说明　学习资源　经营状态　媒体广告投标火热进行中……

空闲生产线列表

☑	生产线编号	生产线名称	产品	产品型号	所在厂房	所在位置	原料成本	原料明细	加工费	生产周期	生产效率	生产状态
☑	PLwhjt100...	全自动线	P1	1f	A	2号位	1	R1:1,	1	1	10	1
☑	PLwhjt100...	柔性线	P1	1f	A	3号位	1	R1:1,	1	1	10	1
☑	PLwhjt100...	全自动线	P1	1f	B	1号位	1	R1:1,	1	1	10	1
☐	PLwhjt100...	全自动线	P1	1s	B	2号位	1	R1:1,	1	1	10	1

（6）交付货物：由于本年度企业没有获取直销订单和批发订单，因此无须交货。

5. 零售部

在实际经营活动中，企业可在生产部产品下线入库后，先对零售部进行操作，待零售部任务操作完成，再对生产部进行操作。由于企业生产什么产品往往受市场销售情况的影响，因此，待零售部操作完成，媒体广告结束后再完成生产部的操作更加合理。

（1）签约零售商：签约 A2 零售商。

（2）货物配送：考虑到 A1 和 A2 零售商的市场覆盖率，以及 A1 零售商原本就有 40 件P1 产品，因此给 A1 零售商再配送 20 件 P1，给 A2 零售商配送 80 件 P1。

注意：考虑到配送费用的经济性，可以一次配送 10 件产品，分多个批次配送货物。如分 8 次配送 80 件 P1，每次 10 件，则配送费用为 8×1.5＝12(W)，若一次直接配送 80 件，则配送费为 1.5＋(80－10)×0.2＝15.5(W)。可见分批次配送费用更低。

（3）价格制定：综合考虑习惯型、经济型、不定型等消费人群，制定低于期望价的定价，如表 19-11 所示。

表 19-11　价格制定情况表

价格制定　规则说明　学习资源　经营状态　媒体广告投标火热进行中……　倒计时：108秒　第 1 年

零售商销售管理

市场：　零售商：　产品：　产品型号：　下架/上架：

查询

☐	销售价格	市场	零售商名称	产品	产品型号	库存数量	成本	总成本	历史价格	上架/下架
☐	8.44	南部市场	A1零售商	P1	P1	60	2	120	0	上架
☐	8.55	南部市场	A2零售商	P1	P1	80	2	160	0	上架

经营者基于对交易的预期制定零售价格，此定价可保证习惯型交易的利润，同时也保留了经济型和不定型的交易可能。媒体广告结束后，最终的交易情况如表 19-12 所示。

从表 19-12 可见，本企业只满足了习惯型的交易条件，并未能成交经济型和不定型。

（4）促销策略：一是要考虑满足不定型交易的最基本条件；二是考虑若能大量交易，可能少量的优惠额也能为情感型交易创造条件。表 19-13 制定了两种促销策略。

（5）媒体广告投标：本策略不打算抢媒体广告，但第一季度可以尝试投放少量广告，不中标费用将退回，如表 19-14 所示。

表 19-12　零售交易情况

零售商区域

零售订单信息

年份：　季度：　市场：

产品：　零售商：　人群类型：　查询

市场		零售商名称	产品	产品型号	消费人群	销售数量	销售价格	实收金额	折扣金额
1	南部市场	A1零售商	P1	P1	习惯型	1	8.44	8.43	0.01
1	南部市场	A2零售商	P1	P1	习惯型	1	8.55	8.54	0.01
1	南部市场	A2零售商	P1	P1	习惯型	1	8.55	8.54	0.01
						3		25.51	0.03

表 19-13　促销策略

添加多买折扣促销

多买折扣基本信息

促销名称：	1
促销范围：	□A1零售商 □A2零售商
产品范围：	□P1
购买最少件数：	1
享受折扣：	9.99

保 存

修改

多买折扣基本信息

促销名称：	2
促销范围：	□A1零售商 □A2零售商
产品范围：	☑P1
购买最少件数：	2
享受折扣：	9.66

保 存

表 19-14　媒体广告投标

媒体广告投标　规则说明　学习资源　经营状态

媒体广告投标方案

编号	产品	媒体	媒体时段	影响力	最低投放额度	投标价格
1	P1	百度	排名第一	20	1	3
2	P1	央视	黄金时段	40	1	233
3	P1	央视	午间时段	12	1	45
4	P1	央视	晚间时段	6	1	23
						304

（6）媒体中标：媒体招标结束后，经营者可以通过“辅助信息”中的“媒体中标公示”查看媒体中标情况。第一季度媒体中标情况如表 19-15 所示。

表 19-15　媒体中标公示

小组账号：　产品：　年份：　季度：　查询

中标组	投标年	投标季度	媒体名称	产品名	时段名称	中标费用	影响力	关系值
whjt10	1	1	央视	P1	黄金时段	474	40	2
whjt10	1	1	央视	P1	午间时段	116	12	10
whjt10	1	1	央视	P1	晚间时段	62	6	8
whjt10	1	1	百度	P1	排名第一	78	20	5
whjt4	1	1	百度	P1	排名第二	49	18	9
whjt3	1	1	百度	P1	排名第三	29	15	8
whjt9	1	1	百度	P1	排名第四	9	13	7
whjt6	1	1	百度	P1	排名第五	3	11	6
whjt1	1	1	百度	P1	排名第六	3	10	5
whjt2	1	1	百度	P1	排名第七	2	9	4
whjt7	1	1	百度	P1	排名第八	2	7	3
whjt8	1	1	百度	P1	排名第九	1	6	3
whjt5	1	1	百度	P1	排名第十	1	5	3

媒体广告投放结束后，经营者需及时查看交易情况，了解市场竞争环境。例如，需要查看经济型订单的交易情况，以了解对手的定价策略；查看各组优惠额度，了解下一季度情感型订单交易情况及竞争激烈程度；查看企业综合指数情况，了解理智型订单可能的交易情况等。例如，本次经营活动中，第 9 组将获得第二季度的情感型订单的优先交易权，如表 19-16 所示。

表 19-16　各组历史优惠额度

产品在各个市场的影响参数

小组账号：全部　产品：P1　市场：南部市场　查询

小组账号	产品	市场	历史优惠额度	销售额
whjt1	P1	南部市场	0.03	25.54
whjt10	P1	南部市场	0.00	257.40
whjt2	P1	南部市场	244.63	432.96
whjt3	P1	南部市场	693.69	1188.22
whjt4	P1	南部市场	0.00	52.36
whjt5	P1	南部市场	0.20	15.76
whjt6	P1	南部市场	0.16	535.44
whjt7	P1	南部市场	0.32	17.85
whjt8	P1	南部市场	0.00	30.30
whjt9	P1	南部市场	847.32	1357.92

由表 19-16 可见，第 9 组优先交易情感型，其次是第 3 组。并且第 3、6、9 组均拥有较大的交易额，第二季度的综合指数也会比较高。而第 10 组由于媒体影响力较大，在综合指数方面具有优势。从策略分析，第 9、3 组应该在一定程度上具备情感型转理智型①的条件，第 6 组也在一定程度上具备经济型转理智型②的条件。

6. 财务部

（1）应收账款/应付账款：本季度无到期的应收账款和应付账款。

（2）短期贷款/还本付息：由于年初资金较充足，本季度无须银行贷款。

（3）管理费缴纳：缴纳 4W 管理费，分别为 2W 的行政管理费和 2W 的 A1 零售商管理费。A2 零售商需在下一季度开始征收管理费。

（4）应交税费缴纳：缴纳所得税 23.25W。由于上一年利润总额为 93W，按照利润的 25％即 23.25W 缴纳所得税。

（二）经营第二季度

1. 生产部

（1）产品研发：继续研发 P2、P3、P4 产品。

---

①　情感型转理智型是指第二季度通过抢媒体广告、通过大量交易习惯型和情感型订单所产生的交易额，以及媒体影响力的共同作用，提升综合指数，为后续获取理智型订单创造条件的策略。

②　经济型转理智型是指通过第一季度大量交易经济型订单，由交易额提升第二季度综合指数，若第二季度抢夺媒体广告，中标后可能使综合指数上升至第一，并能交易理智型订单的策略。

(2) 厂房及生产线方面：购买C厂房，变卖2条半自动生产线，再购买4条全自动生产线。从而本季度企业的三个厂房已经布满生产线，其中1条柔性生产线，7条全自动生产线。

(3) 原材料采购：采购200个R2原材料。

(4) 投入生产：本季度投产1条1f、4条1s、3条1t。其中，投产1t主要目的是在第一年第三季度销售冲动型订单，如表19-17所示。

表19-17　第二季度投入生产

投入生产　规则说明　学习资源　经营状态　媒体广告招标火热进行中……

空闲生产线列表

生产线编号	生产线名称	产品	产品型号	所在厂房	所在位置	原料成本	原料明细	加工费	生产周期	生产效率	生产状态
PLwhjt100...	全自动线	P1	1f	A	1号位	1	R1:1,	1	1	10	1
PLwhjt100...	全自动线	P1	1s	A	2号位	1	R1:1,	1	1	10	1
PLwhjt100...	柔性线	P1	1s	A	3号位	1	R1:1,	1	1	10	1
PLwhjt100...	全自动线	P1	1s	A	4号位	1	R1:1,	1	1	10	1
PLwhjt100...	全自动线	P1	1s	B	1号位	1	R1:1,	1	1	10	1
PLwhjt100...	全自动线	P1	1t	B	2号位	1	R1:1,	1	1	10	1
PLwhjt100...	全自动线	P1	1t	B	3号位	1	R1:1,	1	1	10	1
PLwhjt100...	全自动线	P1	1t	C	1号位	1	R1:1,	1	1	10	1

2. 零售部

(1) 货物配送：仍然以经济型和不定型为主要销售对象，给A2零售商再配送10件P1。

(2) 价格制定：稍降价格，定价为8.33W/件，仍以经济型和不定型为主要对象。

(3) 促销策略：由于已经有几个组做了较大的优惠额，因此本组将第二种促销方案删除，保留9.99折的第一个促销方案。

(4) 媒体广告：再次尝试投放少量媒体广告。主要考虑若第二季度成功销售了经济型和不定型，且媒体广告中标，则由于较大的交易额和媒体影响力的综合作用，第三季度企业综合指数将有迅速上升的可能。若无法销售经济型和不定型，媒体不中标，企业也没什么损失。媒体广告投标情况如表19-18所示。

表19-18　第二季度媒体广告投标

媒体广告投标　规则说明　学习资源　经营状态

媒体广告投标方案

编号	产品	媒体	媒体时段	影响力	最低投放额度	投标价格
1	P1	百度	排名第一	20	1	6
2	P1	央视	黄金时段	40	1	233
3	P1	央视	午间时段	12	1	66
4	P1	央视	晚间时段	6	1	23
						328

(5) 媒体中标情况及产品销售情况：本季度央视广告投放未中标，只交易了3个习惯型订单。媒体中标及零售情况如表19-19所示。

3. 财务部

本季度因需要购买C厂房及生产线，对资金需求较大，短期贷款500W。

表 19-19　媒体中标及零售情况

小组账号：　产品：　年份：　季度：第二季度　查询

中标组	投标年	投标季度	媒体名称	产品名	时段名称	中标费用	影响力	关系值
whjt10	1	2	央视	P1	黄金时段	467	40	2
whjt6	1	2	央视	P1	午间时段	121	12	10
whjt10	1	2	央视	P1	晚间时段	58	6	8
whjt10	1	2	百度	P1	排名第一	54	20	5
whjt4	1	2	百度	P1	排名第二	37	18	9
whjt3	1	2	百度	P1	排名第三	19	15	8
whjt9	1	2	百度	P1	排名第四	16	13	7
whjt6	1	2	百度	P1	排名第五	16	11	6
whjt1	1	2	百度	P1	排名第六	6	10	5
whjt7	1	2	百度	P1	排名第七	6	9	4
whjt5	1	2	百度	P1	排名第八	4	7	3
whjt2	1	2	百度	P1	排名第九	3	6	3
whjt8	1	2	百度	P1	排名第十	1	5	3

零售订单信息

年份：　季度：　市场：
产品：　零售商：　人群类型：　查询

季度	市场	零售商名称	产品	产品型号	消费人群	销售数量	销售价格	实收金额	折扣金额
	南部市场	A1零售商	P1	P1	习惯型	1	8.33	8.32	0.01
	南部市场	A2零售商	P1	P1	习惯型	1	8.33	8.32	0.01
	南部市场	A2零售商	P1	P1	习惯型	1	8.33	8.32	0.01
						3		24.96	0.03

（三）经营第三季度

1. 生产部

（1）产品研发：继续研发所有产品，P2、P3、P4 产品本季度研发完成。

（2）原材料采购：本季度企业需要为第二年生产采购 R3 和 R4 原材料。考虑到原材料的需求量及付款周期，拟采购 R3 原材料 210 个、R4 原材料 220 个，按照此采购数量，可将原材料付款时间延迟至第三年第一季度，如表 19-20 所示。

表 19-20　第三季度原材料采购

下采购计划

原料名称	普通采购价	采购提前期	加急采购价	采购数量
R1	1	1	2	0
R2	1	1	2	0
R3	1	2	2	210
R4	1	2	2	220

提交订单　关 闭

（3）投入生产：在投产前，先进行生产线的调整。本季度各转产 2 条全自动生产线生产 P2 和 P4 产品，转产 1 条全自动生产线和柔性生产线生产 P3 产品。在产品型号方面，由于 1f 和 1s 已经有库存，且 1s 的销售期限未明确，因此 P1 产品生产线投产全功能的 1t，而 P2、P3 和 P4 产品生产线均生产不带功能的产品，以控制成本，如表 19-21 所示。

表 19-21　第三季度生产情况

投入生产　规则说明　学习资源　经营状态　　媒体广告招标火热进行中......

空闲生产线列表

☑	生产线编号	生产线名称	产品	产品型号	所在厂房	所在位置	原料成本	原料明细	加工费	生产周期	生产效率	生产状态
☑	PLwhjt100...	全自动线	P1	1t	A	4号位	1	R1:1,	1	1	10	1
☑	PLwhjt100...	全自动线	P1	1t	B	2号位	1	R1:1,	1	1	10	1
☑	PLwhjt100...	全自动线	P2	P2	A	2号位	3	R1:1,R...	1	1	10	1
☑	PLwhjt100...	全自动线	P2	P2	B	1号位	3	R1:1,R...	1	1	10	1
☑	PLwhjt100...	全自动线	P3	P3	A	1号位	3	R2:2,R...	1	1	10	1
☑	PLwhjt100...	柔性线	P3	P3	A	3号位	3	R2:2,R...	1	1	10	1
☑	PLwhjt100...	全自动线	P4	P4	B	3号位	4	R2:1,R...	1	1	10	1
☐	PLwhjt100...	全自动线	P4	P4	C	1号位	4	R2:1,R...	1	1	10	1

投入生产　跳 过　添加型号

2. 零售部

(1) 签约零售商：本季度签约 B1、B2 零售商。

(2) 货物配送及制定价格：本季度给 A1 零售商配送 20 件全功能的 1t 和 10 件 1s，给 B1 零售商配送 10 件 1t 和 10 件 1s，主要以销售冲动型为目标。给 B2 零售商配送 10 件不带功能的 P1，从 A1 零售商处调拨 10 件不带功能的 P1 给 B1 零售商。

在定价方面，针对习惯型、经济型和不定型的不带功能的 P1 再次适当降价，针对冲动型的产品制定较高的价格。货物配送及定价如表 19-22 所示。

表 19-22　产品价格制定

零售商销售管理

市场：　零售商：　产品：　产品型号：　下架/上架：

查询

销售价格	市场	零售商名称	产品	产品型号	库存数量	成本	总成本	历史价格	上架/下架
15.77	南部市场	A1零售商	P1	1t	20	7	140	0	上架
12.33	南部市场	A1零售商	P1	1s	10	4	40	0	上架
7.94	南部市场	A1零售商	P1	P1	48	2	96	8.33	上架
7.94	南部市场	A2零售商	P1	P1	86	2	172	8.33	上架
7.95	东部市场	B1零售商	P1	P1	10	2	20	0	上架
15.66	东部市场	B1零售商	P1	1t	10	7	70	0	上架
12.33	东部市场	B1零售商	P1	1s	10	4	40	0	上架
7.95	东部市场	B2零售商	P1	P1	10	2	20	0	上架

(3) 促销策略：保持不定型，即满 1 件 9.99 折。

(4) 媒体广告：由于经济型和不定型的销售与媒体广告之间没有直接关联，因此本季度不抢媒体广告，百度 P1 投放 4W，其余产品投放 1W。部分媒体中标如表 19-23 所示。

表 19-23　第三季度部分媒体中标情况

小组账号：　产品：　年份：　季度：第三季度　查询

中标组	投标年	投标季度	媒体名称	产品名	时段名称	中标费用	影响力	关系值
whjt3	1	3	央视	P1	黄金时段	327	40	2
whjt10	1	3	央视	P2	黄金时段	106	40	2
whjt10	1	3	央视	P3	黄金时段	106	40	2
whjt10	1	3	央视	P4	黄金时段	106	40	2
whjt4	1	3	央视	P1	午间时段	37	12	10
whjt10	1	3	央视	P2	午间时段	26	12	10
whjt10	1	3	央视	P3	午间时段	26	12	10
whjt10	1	3	央视	P4	午间时段	26	12	10
whjt10	1	3	央视	P1	晚间时段	18	6	8
whjt3	1	3	央视	P2	晚间时段	17	6	8
whjt3	1	3	央视	P3	晚间时段	17	6	8
whjt3	1	3	央视	P4	晚间时段	17	6	8
whjt10	1	3	百度	P1	排名第一	38	20	5

(5) 产品销售情况：本季度企业销售了 81 件 P1 产品，如表 19-24 所示。

表 19-24　第三季度产品销售图

产品: 零售商: 人群类型: 查询

年	季度	市场	零售商名称	产品	产品型号	消费人群	销售数量	销售价格	实收金额
1	3	南部市场	A1零售商	P1	P1	习惯型	1	7.94	7.93
1	3	南部市场	A2零售商	P1	P1	习惯型	1	7.94	7.93
1	3	南部市场	A2零售商	P1	P1	习惯型	1	7.94	7.93
1	3	南部市场	A1零售商	P1	1t	冲动型	1	15.77	15.75
1	3	南部市场	A1零售商	P1	P1	不定型	7	7.94	55.52
1	3	南部市场	A1零售商	P1	P1	不定型	6	7.94	47.59
1	3	南部市场	A1零售商	P1	P1	不定型	6	7.94	47.59
1	3	南部市场	A1零售商	P1	P1	不定型	1	7.94	7.93
1	3	南部市场	A1零售商	P1	P1	不定型	1	7.94	7.93
1	3	南部市场	A1零售商	P1	P1	不定型	1	7.94	7.93
1	3	南部市场	A1零售商	P1	P1	不定型	1	7.94	7.93
1	3	南部市场	A1零售商	P1	P1	不定型	1	7.94	7.93
1	3	南部市场	A1零售商	P1	P1	不定型	7	7.94	55.52
1	3	南部市场	A2零售商	P1	P1	不定型	8	7.94	63.46
1	3	南部市场	A2零售商	P1	P1	不定型	8	7.94	63.46
1	3	南部市场	A2零售商	P1	P1	不定型	8	7.94	63.46
1	3	南部市场	A2零售商	P1	P1	不定型	8	7.94	63.46
1	3	南部市场	A2零售商	P1	P1	不定型	8	7.94	63.46
1	3	南部市场	A2零售商	P1	P1	不定型	3	7.94	23.8
1	3	南部市场	A2零售商	P1	P1	不定型	3	7.94	23.8
							81		650.31

3. 财务部

本季度企业新增短期贷款 400W。

（四）经营第四季度

进入第四季度后，由于本季度需要偿还到期的长期贷款及长期贷款利息共 480W，因此首先根据资金情况，短期贷款 300W，偿还到期的长期贷款后再重新贷款 1700W 的长期贷款，用于第二年企业的经营开支。

1. 生产部

(1) 原材料采购：本季度企业需要为第二年的生产采购 R1 和 R2 原材料，同样考虑到原材料使用量及原材料付款时间，拟采购 210 个 R1 原材料和 270 个 R2 原材料。将原材料款均推迟到第三年支付。

(2) 投入生产：先设置产品型号，如表 19-25 所示。

待媒体广告结束后发现，本季度 P2、P3、P4 产品均未交易，因此本季度生产的 P2、P3、P4 产品均带一个流行功能，即生产 2f、3f、4f，而 P1 产品则生产带所有功能的 1t。

2. 零售部

(1) 货物配送：将 P2、P3、P4 产品各 20 件分别配送给四个零售商。

(2) 价格制定：针对经济型和不定型的产品的定价均低于期望价，针对冲动型的产品制定高价。

(3) 媒体广告：不抢媒体广告。百度 P1 投放 4W，其余产品投放 2W。部分媒体中标如表 19-26 所示。

表 19-25　产品型号设置

添加　产品：　查询

编号	型号	产品	功能	功能加工费
PMwhjt10002	1f	P1	P1F5,	1
PMwhjt10003	1s	P1	P1F4,P1F5,	2
PMwhjt10004	1t	P1	P1F1,P1F2,P1F3,P1F4,P1F5,	5
PMwhjt10005	P2	P2		0
PMwhjt10008	2f	P2	P2F4,	1
PMwhjt10009	3f	P3	P3F5,	1
PMwhjt10006	P3	P3		0
PMwhjt10007	P4	P4		0
PMwhjt10010	4f	P4	P4F3,	1

表 19-26　第四季度部分媒体中标情况

小组账号：　产品：　年份：　季度：第四季度　查询

中标组	投标年	投标季度	媒体名称	产品名	时段名称	中标费用	影响力	关系值
whjt3	1	4	央视	P1	黄金时段	275	40	2
whjt10	1	4	央视	P2	黄金时段	137	40	2
whjt3	1	4	央视	P3	黄金时段	109	40	2
whjt3	1	4	央视	P4	黄金时段	109	40	2
whjt10	1	4	央视	P1	午间时段	46	12	10
whjt10	1	4	央视	P2	午间时段	38	12	10
whjt4	1	4	央视	P3	午间时段	33	12	10
whjt4	1	4	央视	P4	午间时段	33	12	10
whjt10	1	4	央视	P1	晚间时段	26	6	8
whjt10	1	4	央视	P2	晚间时段	19	6	8
whjt4	1	4	央视	P3	晚间时段	19	6	8
whjt4	1	4	央视	P4	晚间时段	19	6	8
whjt4	1	4	百度	P1	排名第一	33	20	5

(4) 产品销售情况：本季度只销售了 2 件 P1 产品的习惯型和 1 件冲动型。

3. 财务部

本季度短期贷款 300W，长期贷款 1700W。

（五）第一年末财务报表分析

第一年经营结束后，通过查看各组的财务报表，并结合各组第二年第一季度综合指数，可以对各组的经营情况进行初步分析。整理各组财务报表后获得的信息如表 19-27 所示。

表 19-27　各组经营数据统计表①

组　别	权益(W)	库存(W)	在制品(W)	土地与建筑(W)	机器与设备(W)	短期贷款(W)	长期贷款(W)	现金(W)	累计折旧(W)	综合指数
WHJT1	821	1060	460	680	680	1200	2100	1412	66	4.54
WHJT10	728	282	350	680	760	2100	2100	1307	66	22.94

① 表中所有者权益和现金都只取整数。

续表

组　别	权益（W）	库存（W）	在制品（W）	土地与建筑（W）	机器与设备（W）	短期贷款（W）	长期贷款（W）	现金（W）	累计折旧（W）	综合指数
WHJT2	763	830	400	680	880	1400	2100	1134	66	7.55
WHJT3	376	153	320	680	680	1100	2100	862	66	14.06
WHJT4	451	1108	460	680	720	1200	2100	1123	66	9.93
WHJT5	1161	756	420	680	760	600	2100	1154	66	7.92
WHJT6	1157	276	320	680	720	1000	2100	1355	66	8.87
WHJT7	1155	1112	400	680	840	1000	2100	1355	66	5.33
WHJT8	1190	200	400	680	760	800	2100	1352	66	11.62
WHJT9	1208	311	370	680	920	800	2100	1450	66	7.24

分析表 19-27 可知：

(1) 土地与建筑价值为 680W，说明所有小组均购买了 A、B、C 三个厂房。

(2) 机器与设备价值有差异，其中价值 680W 的应为 7 条全自动生产线和 1 条柔性生产线，如第 1、3 组；价值 720W 的应为 6 条全自动生产线和 2 条柔性生产线，如第 4、6 组；价值为 760W 的应为 5 条全自动生产线和 3 条柔性生产线，如第 10、5、8 组；价值为 840W 的应为 3 条全自动生产线和 5 条柔性生产线，如第 7 组；价值为 880W 的应为 2 条全自动生产线和 6 条柔性生产线，如第 2 组；第 9 组机器与设备价值 920W，应为 1 条全自动生产线和 7 条柔性生产线。柔性生产线越多，生产线价值越大，生产线转产灵活费用少，但占用更多的资金，折旧费用也将更高。

(3) 从折旧看，各小组均为 66W，说明每个小组均出售了半自动生产线。

(4) 结合所有者权益、贷款和现金分析，所有小组目前的资金状况都良好。特别是所有者权益整体都较高，加上整体库存量较大，后续竞争可能比较激烈。

(5) 表中最后一列为第二年第一季度直销结束前记录的综合指数，结合指数分析，第 10 组直销优势最大，且第 10 组经营理智型策略，权益也高，总体判断第 10 组的经营优势最为明显。其次直销方面具有相对优势的还有第 3 组和第 8 组。考虑到第 10、3、8 组的库存量并不大，因此第 4 组也具备一定的直销竞争力。

二、经营第二年

（一）经营第一季度

1. 市场部

(1) 市场分析。本年度购买南部、东部、中部三份调研报告，经整理发现，产品的流行功能、流行周期及市场价格如表 19-28 和表 19-29 所示。

表 19-28　第二年产品流行功能及周期表

产品	第一季度	第二季度	第三季度	第四季度
P1	P1F2(1 个季度)	P1F3(2 个季度)		P1F1(1 个季度)
P2	P2F1(1 个季度)	P2F5(3 个季度)		
P3		P3F2(2 个季度)		P3F4(2 个季度)
P4			P4F4(2 个季度)	

表 19-29　第二年市场需求波动率及市场价格

南部市场 市场需求波动率	第一季度	第二季度	第三季度	第四季度	直　销		批　发	
	−3%	3%	10%	14%	价格(W/件)	数量(件)	价格(W/件)	数量(件)
P1	13.37	13.66	13.13	12.68	11.62	80	6.42	162
P2	12.57	13.43	15.29	16.14	10.73	137	6.28	137
P3	11.63	11.55	13.07	14.21	10.44	47	6.90	120
P4	13.65	14.87	16	14.65	12.10	120	8.09	47
东部市场 市场需求波动率	第一季度	第二季度	第三季度	第四季度	直　销		批　发	
	30%	34%	39%	43%	价格(W/件)	数量(件)	价格(W/件)	数量(件)
P1	12.72	12.6	11.89	9.7	9.84	23	6.73	23
P2	14.96	14.29	15.08	16.65	11.97	119	7.43	119
P3	14.48	14.27	13.92	15.62	11.06	47	8.00	120
P4	14.45	14.73	13.80	14.01	12.47	107	7.67	42
中部市场 市场需求波动率	第一季度	第二季度	第三季度	第四季度	直　销		批　发	
		−5%	−2%	2%	价格(W/件)	数量(件)	价格(W/件)	数量(件)
P1		12.95	12.08	11.04				
P2		12.85	12.52	14.48				
P3		13.57	14.04	14.37				
P4		13.22	14.14	15.74				

从市场环境可见，各个市场的需求波动率均呈现上升趋势，东部波动率最大、环境最好。由于本企业主要面向经济型和不定型人群，而这两类人群的交易主要受价格因素的影响。为了获利，一方面需要减少如销售费用等支出；另一方面需要控制好产品的成本。要降低产品的成本，主要从流行功能考虑，即以尽可能少的流行功能销售产品，这就需要经营者非常清楚不同型号产品的销售期限。

根据产品流行功能及周期表，可以明确不同产品型号的销售期限，如表 19-30 所示。

表 19-30　不同型号产品的销售期限

产品型号	销售期限	产品型号	销售期限	产品型号	销售期限	产品型号	销售期限
P1	1.4～2.2	P2	2.2～2.4	P3	2.3～3.1	P4	2.4～3.2
P1F5	2.2～2.4	P2F4	2.3～3.1	P3F5	3.1～3.3	P4F3	3.2～3.4
P1F54	2.3～3.1	P2F41	3.2～3.4	P3F52	3.3～4.1		
P1F542	3.1～3.3						
P1F5423	3.2～3.4						

(2) 市场开拓：开拓中部市场、北部市场和西部市场。

(3) ISO 认证：认证 ISO 14000。

2. 直销部

由于本企业综合指数较低，参与直销竞标中标的可能性非常小，为了节省客户开发费及购买标书费，直接放弃了直销投标，因此无须开发客户。

但本企业仍然可以投标报名，以便查看直销投标及竞争情况，如图 19-4 所示。

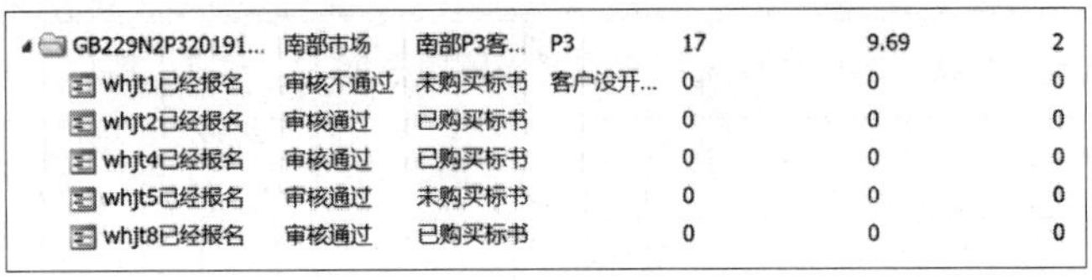

GB229N2P320191...	南部市场	南部P3客...	P3	17	9.69	2
whjt1已经报名	审核不通过	未购买标书	客户没开...	0	0	0
whjt2已经报名	审核通过	已购买标书		0	0	0
whjt4已经报名	审核通过	已购买标书		0	0	0
whjt5已经报名	审核通过	未购买标书		0	0	0
whjt8已经报名	审核通过	已购买标书		0	0	0

图 19-4　直销投标资格预审

直销竞标结束后，通过“辅助信息”中的“市场占有率”查看中标结果，并可计算出各中标组大致的订单数量，如图 19-5 所示。

3. 批发部

本企业未投招商广告，批发竞单结束后，可查看中标情况，如图 19-6 所示。

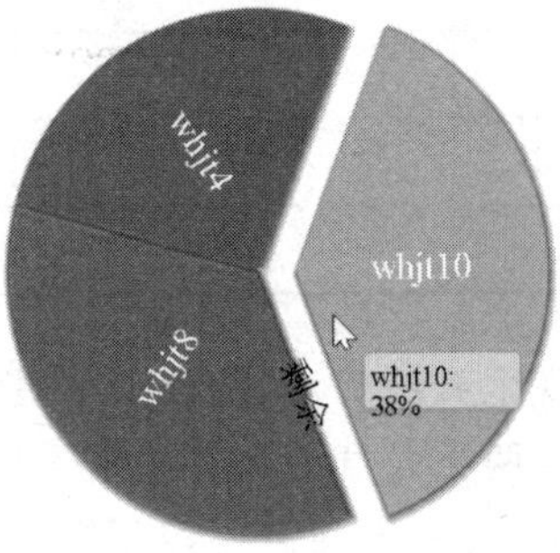

图 19-5　第二年直销订单中标情况

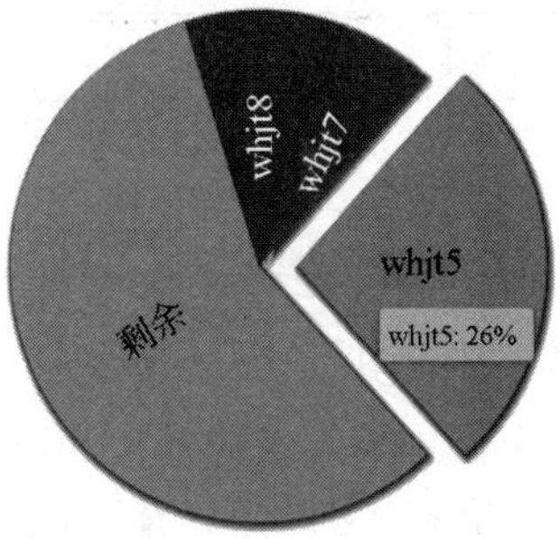

图 19-6　第二年批发订单中标情况

4. 生产部

（1）原材料采购：本季度入库的原材料数量分别为 R1：210 个，R2：270 个，R3：210 个，R4：220 个。本季度无须采购原材料。

（2）投入生产：首先设置新的产品型号，分别用 2s 表示 P2F415，3s 表示 P3F524，4s 表示 P4F34，用 2t、3t、4t 表示带全功能的 P2、P3、P4 产品。本季度投产带全功能的产品，主要是针对与媒体广告无关的冲动型人群销售，如表 19-31 所示。

表 19-31　第二年第一季度投产情况

投入生产　规则说明　学习资源　经营状态　　媒体广告招标圆满结

空闲生产线列表

☑	生产线编号	生产线名称	产品	产品型号	所在厂房	所在位置	原料成本	原料明细	加工费	生产周期	生产效率	生产状态
☑	PLwhjt100...	全自动线	P1	1t	B	2号位	1	R1:1,	1	1	10	1
☑	PLwhjt100...	全自动线	P2	2t	A	2号位	3	R1:1,R...	1	1	10	1
☑	PLwhjt100...	全自动线	P2	2t	A	4号位	3	R1:1,R...	1	1	10	1
☑	PLwhjt100...	全自动线	P2	2t	B	1号位	3	R1:1,R...	1	1	10	1
☑	PLwhjt100...	全自动线	P3	3t	A	1号位	3	R2:2,R...	1	1	10	1
☑	PLwhjt100...	柔性线	P3	3t	A	3号位	3	R2:2,R...	1	1	10	1
☑	PLwhjt100...	全自动线	P4	4t	B	3号位	4	R2:1,R...	1	1	10	1
☐	PLwhjt100...	全自动线	P4	4t	C	1号位	4	R2:1,R...	1	1	10	1

5. 零售部

（1）签约零售商。已经签约了 B1 和 B2 零售商，而中部市场尚未开放，故本季度无须签约 C1 和 C2 零售商。

（2）货物配送、价格制定。各零售商均可以销售 P1 的冲动型，因此把含全部功能的 P1 产品分配给各零售商。同时，将 A1、B1 零售商已经过了销售期限的纯 P1 产品调拨给 A2、B2 零售商，继续销售。

针对不同型号的产品采取不同的定价策略，如表 19-32 所示。

（3）促销策略。由于定价都比期望价格低，所以可以再适当有一些折扣。折扣额对企业收入的影响比较小，但如果能够做到优惠额排名第二，也可能增加销售情感型的机会，因此本季度再增加一个促销策略，如表 19-33 所示。

（4）媒体广告投标：不抢媒体广告。

（5）产品销售：本季度共销售产品 64 件，销售收入 634.74W，如表 19-34 所示。

6. 财务部

本季度无须贷款。

（二）经营第二季度

本方案主要针对经济型和不定型，同时兼顾冲动型。本季度主要说明以下几点。

（1）进入第二季度后，首先可偿还短期贷款，再操作其他任务，避免出现资金短缺无法偿还贷款的情况。本企业本季度偿还 500W 短期贷款后再贷款 500W。

表 19-32　第二年第一季度各产品定价

价格制定　规则说明　学习资源　经营状态　媒体广告投标火热进行中......　倒计时：681秒　第 2 年第

零售商销售管理

市场：　零售商：　产品：P1　产品型号：　下架/上架：

查询

销售价格	市场	零售商名称	产品	产品型号	库存数量	成本	总成本	历史价格	上架/下架
17.66	南部市场	A1零售商	P1	1t	19	7	133	15.77	上架
12.33	南部市场	A1零售商	P1	1s	10	4	40	0	上架
10.88	南部市场	A1零售商	P1	1f	20	3	60	0	上架
6.33	南部市场	A2零售商	P1	P1	52	2	104	7.77	上架
11.44	南部市场	A2零售商	P1	1f	20	3	60	0	上架
17.88	南部市场	A2零售商	P1	1t	10	7	70	0	上架
11.55	东部市场	B1零售商	P1	1s	10	4	40	0	上架
16.77	东部市场	B1零售商	P1	1t	9	7	63	14.66	上架
6.22	东部市场	B2零售商	P1	P1	20	2	40	0	上架
16.88	东部市场	B2零售商	P1	1t	10	7	70	0	上架

市场：　零售商：　产品：P2　产品型号：　下架/上架：

查询

销售价格	市场	零售商名称	产品	产品型号	库存数量	成本	总成本	历史价格	上架/下架
12.33	南部市场	A1零售商	P2	2f	10	5	50	0	上架
10.33	南部市场	A1零售商	P2	P2	4	4	16	0	上架
10.44	南部市场	A2零售商	P2	P2	6	4	24	0	上架
11.33	东部市场	B1零售商	P2	P2	4	4	16	0	上架

市场：　零售商：　产品：P3　产品型号：　下架/上架：

查询

销售价格	市场	零售商名称	产品	产品型号	库存数量	成本	总成本	历史价格	上架/下架
11.55	南部市场	A1零售商	P3	3f	10	5	50	0	上架
10.33	南部市场	A1零售商	P3	P3	4	4	16	0	上架
10.33	南部市场	A2零售商	P3	P3	6	4	24	0	上架
11.44	东部市场	B1零售商	P3	P3	4	4	16	0	上架
13.44	东部市场	B1零售商	P3	3f	10	5	50	0	上架
11.44	东部市场	B2零售商	P3	P3	6	4	24	0	上架

零售商销售管理

市场：　零售商：　产品：P4　产品型号：　下架/上架：

查询

销售价格	市场	零售商名称	产品	产品型号	库存数量	成本	总成本	历史价格	上架/下架
11.55	南部市场	A1零售商	P4	P4	4	5	20	0	上架
13.33	南部市场	A1零售商	P4	4f	10	6	60	0	上架
11.55	南部市场	A2零售商	P4	P4	6	5	30	0	上架
11.55	东部市场	B1零售商	P4	P4	4	5	20	0	上架
13.33	东部市场	B1零售商	P4	4f	10	6	60	0	上架
11.55	东部市场	B2零售商	P4	P4	6	5	30	0	上架

表 19-33　促销策略

满就送　多买折扣　买第几件折扣

多买折扣

添加　删除

编号	促销名称	促销范围	产品范围	购买最少件数	享受折扣	操作
9136	1	不限制	不限制	1	9.99	
9226	2	不限制	不限制	2	9.88	

（2）签约 C1 和 C2 零售商，并给各零售商配货。

（3）P2、P3、P4 产品 A1、B1、C1 零售商均可销售冲动型，因此可将全功能的产品配给这三个零售商销售。

（4）注意产品的分配，尽量每个零售商都有产品可售，同时注意将过了销售期限的产品进行调拨。

（5）不抢媒体广告，但也不放弃。

（6）本季度零售共销售产品 94 件，销售收入为 789.63W，如表 19-35 所示。

（7）本季度新增设产品型号 P3F52，主要为第三年零售或批发备货。本季度投产如表 19-36 所示。

表 19-34　第二年第一季度销售情况

年	季度	市场	零售商名称	产品	产品型号	消费人群	销售数量	销售价格	实收金额
2	1	东部市场	B2零售商	P1	P1	经济型	7	6.22	43.02
2	1	东部市场	B2零售商	P1	P1	经济型	1	6.22	6.21
2	1	东部市场	B2零售商	P1	P1	不定型	3	6.22	18.44
2	1	东部市场	B2零售商	P1	P1	不定型	2	6.22	12.29
2	1	东部市场	B2零售商	P1	P1	不定型	2	6.22	12.29
2	1	东部市场	B2零售商	P1	P1	不定型	3	6.22	18.44
2	1	南部市场	A1零售商	P2	2f	冲动型	1	12.33	12.32
2	1	东部市场	B1零售商	P2	2f	冲动型	1	14.33	14.32
2	1	东部市场	B2零售商	P2	P2	经济型	1	11.44	11.43
2	1	东部市场	B2零售商	P2	P2	经济型	2	11.44	22.61
2	1	东部市场	B2零售商	P2	P2	经济型	1	11.44	11.43
							56		543.43

第 1 页,共 2 页　显示 1 - 25条，共 28

零售订单信息

年份:　季度:　市场:
产品:　零售商:　人群类型:　查询

年	季度	市场	零售商名称	产品	产品型号	消费人群	销售数量	销售价格	实收金额
2	1	东部市场	B2零售商	P2	P2	经济型	1	11.44	11.43
2	1	东部市场	B1零售商	P4	P4	不定型	3	11.55	34.23
2	1	东部市场	B2零售商	P4	P4	不定型	4	11.55	45.65
							8		91.31

表 19-35　第二年第二季度部分产品销售情况

零售订单信息

年份:　季度:　市场:
产品:　零售商:　人群类型:　查询

年	季度	市场	零售商名称	产品	产品型号	消费人群	销售数量	销售价格	实收金额
2	2	南部市场	A2零售商	P1	P1	不定型	1	4.66	4.66
2	2	南部市场	A2零售商	P1	P1	不定型	1	4.66	4.66
2	2	南部市场	A2零售商	P1	P1	不定型	1	4.66	4.66
2	2	南部市场	A2零售商	P1	P1	不定型	1	4.66	4.66
2	2	南部市场	A2零售商	P1	P1	不定型	1	4.66	4.66
2	2	东部市场	B2零售商	P1	1t	冲动型	1	16.55	16.53
2	2	东部市场	B2零售商	P1	P1	经济型	8	4.77	37.7
2	2	东部市场	B2零售商	P1	P1	经济型	1	4.77	4.77
2	2	东部市场	B2零售商	P1	P1	不定型	1	4.77	4.77
2	2	中部市场	C2零售商	P1	P1	经济型	5	4.77	23.56
2	2	中部市场	C2零售商	P1	P1	经济型	1	4.77	4.77
							53		258.63

第 1 页,共 3 页　显示 1 - 25条，共 56

表 19-36　第二年第二季度投产情况

投入生产　规则说明　学习资源　经营状态　媒体广告招标火热进行中......

空闲生产线列表

	生产线编号	生产线名称	产品	产品型号	所在厂房	所在位置	原料成本	原料明细	加工费	生产周期	生产效率	生产状态
☑	PLwhjt100...	全自动线	P1	1t	B	2号位	1	R1:1,	1	1	10	1
☑	PLwhjt100...	全自动线	P2	2s	A	2号位	3	R1:1,R...	1	1	10	1
☑	PLwhjt100...	全自动线	P2	2s	A	4号位	3	R1:1,R...	1	1	10	1
☑	PLwhjt100...	全自动线	P2	2s	B	1号位	3	R1:1,R...	1	1	10	1
☑	PLwhjt100...	全自动线	P3	3-52	A	1号位	3	R2:2,R...	1	1	10	1
☑	PLwhjt100...	柔性线	P3	3-52	A	3号位	3	R2:2,R...	1	1	10	1
☑	PLwhjt100...	全自动线	P4	4s	B	3号位	4	R2:1,R...	1	1	10	1
☐	PLwhjt100...	全自动线	P4	4s	C	1号位	4	R2:1,R...	1	1	10	1

(8) 根据生产线分布,本季度采购 R2 原材料 210 个,供第三、四季度生产。

(三) 经营第三季度

与第二季度类似,第二年第三季度说明如下。

(1) 首先偿还短期贷款 400W,再新贷款 700W。

(2) P2、P3、P4 产品 A2、B2、C2 零售商均可销售冲动型,因此可将全功能的产品配给这三个零售商销售。

(3) 通过库存调拨,在不同零售商之间调配货物,使各零售商均可销售产品。

(4) 本季度尝试增加央视媒体的投放量,黄金时段约 100W 左右,主要原因在于:首先,企业既面向经济型和不定型销售产品,也面向冲动型销售产品,若能够大量销售,则销售额有利于提升第四季度企业综合指数;其次,若既有销售额,媒体又能中标,则有利于加强企业综合指数。因此,可以尝试适当提升媒体广告,若不中标,对企业无损失;若中标,则给直销创造一定的条件。媒体投标如表 19-37 所示。

表 19-37　第二年第三季度部分媒体投标情况表

媒体广告投标方案

编号	产品	媒体	媒体时段	影响力	最低投放额度	投标价格
2	P1	央视	黄金时段	40	1	105
6	P2	央视	黄金时段	40	1	105
10	P3	央视	黄金时段	40	1	89
14	P4	央视	黄金时段	40	1	89
1	P1	百度	排名第一	20	1	9
5	P2	百度	排名第一	20	1	9
9	P3	百度	排名第一	20	1	9
13	P4	百度	排名第一	20	1	9
3	P1	央视	午间时段	12	1	29
7	P2	央视	午间时段	12	1	29
11	P3	央视	午间时段	12	1	29
15	P4	央视	午间时段	12	1	[illegible]

媒体广告投标结束后,央视媒体均未能中标。

(5) 本季度共销售产品 48 件,销售收入 579.81W,如表 19-38 所示。

表 19-38　第二年第三季度部分产品销售情况

2	3	中部市场	C2零售商	P2	P2	经济型	1	10.66	10.65
2	3	南部市场	A1零售商	P3	3f	不定型	4	11.33	44.78
2	3	东部市场	B1零售商	P3	3t	冲动型	1	17.77	17.75
2	3	东部市场	B2零售商	P3	3t	冲动型	1	17.88	17.86
2	3	东部市场	B1零售商	P3	3f	不定型	2	11.33	22.39
2	3	东部市场	B1零售商	P3	P3	不定型	2	11.44	22.61
2	3	东部市场	B2零售商	P3	3f	不定型	4	11.33	44.78
2	3	中部市场	C2零售商	P3	P3	情感型	1	10.88	10.87
2	3	南部市场	A2零售商	P4	P4	不定型	1	11.55	11.54
2	3	南部市场	A2零售商	P4	P4	不定型	2	11.55	22.82
2	3	东部市场	B1零售商	P4	4t	冲动型	1	17.88	17.86
							38		453.64

第 1 页,共 2 页　显示 1 - 25条, 共 28

(6) 本季度为第三年生产 P3、P4 采购 R3、R4 原材料，其中采购 R3：110 个，R4：120 个。

(7) 本季度新增加产品型号 P2F41，即带两个功能 F4F1，主要用于第三年零售，生产情况如表 19-39 所示。

表 19-39　第二年第三季度投产情况

生产线编号	生产线名称	产品	产品型号	所在厂房	所在位置	原料成本	原料明细	加工费	生产周期	生产效率	生产状态
PLwhjt100...	全自动线	P1	1-542	B	2号位	1	R1:1,	1	1	10	1
PLwhjt100...	全自动线	P2	2-41	A	2号位	3	R1:1,R...	1	1	10	1
PLwhjt100...	全自动线	P2	2-41	B	1号位	3	R1:1,R...	1	1	10	1
PLwhjt100...	全自动线	P2	2-41	A	4号位	3	R1:1,R...	1	1	10	1
PLwhjt100...	柔性线	P3	3-52	A	3号位	3	R2:2,R...	1	1	10	1
PLwhjt100...	全自动线	P3	3s	A	1号位	3	R2:2,R...	1	1	10	1
PLwhjt100...	全自动线	P4	4s	B	3号位	4	R2:1,R...	1	1	10	1
PLwhjt100...	全自动线	P4	4s	C	1号位	4	R2:1,R...	1	1	10	1

（四）经营第四季度

有关第四季度经营的几点说明如下。

(1) 因为有净应收款，先收款，再还短期贷款，本季度将剩余的 400W 短期贷款额度用完。

(2) 通过库存调拨在各零售商之间调配货物。

(3) 适当降低价格销售产品，特别是即将过期的产品，如 1f 只能低价处理。第四季度定价如表 19-40 所示。

(4) 本季度不抢媒体广告。

(5) 本季度共销售产品 68 件，销售收入 784.04W，产品销售情况如表 19-41 所示。

(6) 本季度投产情况如表 19-42 所示。

(7) 本季度下原材料订单购买 220 个 R2 原材料，用于第三年生产。

(8) 由于年末现金不足，本季度选择贴现 500W。

（五）第二年末财务数据分析

第二年经营结束后，经营者应再次分析各组的财务报表以获取竞争对手的经营数据，从而判断企业自身所处的竞争位置等，为企业下一年的经营决策提供重要依据。各企业经营数据如表 19-43 所示。

表 19-40 第二年第四季度价格的制定

市场: 零售商: 产品: P1 产品型号: 下架/上架:

查询

销售价格	市场	零售商名称	产品	产品型号	库存数量	成本	总成本	历史价格	上架/下架
9.7	东部市场	B1零售商	P1	1-542	5	5	25	0	上架
12.44	南部市场	A1零售商	P1	1-542	5	5	25	0	上架
8.77	中部市场	C2零售商	P1	1f	4	3	12	0	上架
8.77	南部市场	A2零售商	P1	1f	7	3	21	10.44	上架
8.77	东部市场	B2零售商	P1	1f	4	3	12	10.44	上架
9.7	中部市场	C1零售商	P1	1s	6	4	24	0	上架
9.6	中部市场	C2零售商	P1	1s	16	4	64	0	上架
12.33	南部市场	A2零售商	P1	1s	17	4	68	0	上架
14.33	中部市场	C2零售商	P1	1t	10	7	70	0	上架
14.33	南部市场	A2零售商	P1	1t	10	7	70	0	上架
14.33	东部市场	B1零售商	P1	1t	9	7	63	14.66	上架
14.33	南部市场	A1零售商	P1	1t	19	7	133	15.77	上架
14.3	中部市场	C1零售商	P1	1t	10	7	70	0	上架
14.33	东部市场	B2零售商	P1	1t	7	7	49	15.44	上架
4.77	中部市场	C2零售商	P1	P1	1	2	2	4.77	上架
销售价格	市场	零售商名称	产品	产品型号	库存数量	成本	总成本	历史价格	上架/下架
13.22	东部市场	B1零售商	P2	2-41	4	6	24	0	上架
13.22	南部市场	A2零售商	P2	2-41	4	6	24	0	上架
13.22	中部市场	C1零售商	P2	2-41	3	6	18	0	上架
13.22	东部市场	B2零售商	P2	2-41	4	6	24	0	上架
13.22	南部市场	A1零售商	P2	2-41	4	6	24	0	上架
11.88	南部市场	A2零售商	P2	2f	2	5	10	0	上架
11.88	东部市场	B2零售商	P2	2f	2	5	10	12.22	上架
11.88	中部市场	C2零售商	P2	2f	3	5	15	0	上架
17.77	南部市场	A2零售商	P2	2t	5	9	45	0	上架
17.44	中部市场	C2零售商	P2	2t	4	9	36	17.99	上架
17.4	中部市场	C1零售商	P2	2t	4	9	36	17.77	上架
17.77	东部市场	B1零售商	P2	2t	3	9	27	18.33	上架
17.77	东部市场	B2零售商	P2	2t	5	9	45	0	上架
17.77	南部市场	A1零售商	P2	2t	3	9	27	17.44	上架
销售价格	市场	零售商名称	产品	产品型号	库存数量	成本	总成本	历史价格	上架/下架
12.88	南部市场	A1零售商	P3	3-52	3	6	18	0	上架
12.88	东部市场	B1零售商	P3	3-52	2	6	12	0	上架
10.88	南部市场	A2零售商	P3	3f	3	5	15	0	上架
10.88	中部市场	C1零售商	P3	3f	3	5	15	0	上架
10.88	东部市场	B1零售商	P3	3f	1	5	5	11.33	上架
10.88	中部市场	C2零售商	P3	3f	3	5	15	0	上架
17.66	东部市场	B2零售商	P3	3t	3	9	27	17.88	上架
17.55	中部市场	C2零售商	P3	3t	3	9	27	0	上架
16.66	南部市场	A2零售商	P3	3t	3	9	27	0	上架
16.66	南部市场	A1零售商	P3	3t	2	9	18	16.55	上架
17.66	东部市场	B1零售商	P3	3t	2	9	18	17.77	上架
17.55	中部市场	C1零售商	P3	3t	2	9	18	17.77	上架
9.98	东部市场	B2零售商	P3	P3	2	4	8	11.44	上架
9.96	南部市场	A2零售商	P3	P3	1	4	4	10.33	上架
9.98	中部市场	C1零售商	P3	P3	2	4	8	10.77	上架
销售价格	市场	零售商名称	产品	产品型号	库存数量	成本	总成本	历史价格	上架/下架
12.77	南部市场	A1零售商	P4	4f	4	6	24	0	上架
12.77	南部市场	A2零售商	P4	4f	3	6	18	0	上架
12.66	东部市场	B1零售商	P4	4f	3	6	18	12.77	上架
12.66	东部市场	B2零售商	P4	4f	2	6	12	12.77	上架
12.66	中部市场	C1零售商	P4	4f	3	6	18	12.77	上架
12.66	中部市场	C2零售商	P4	4f	5	6	30	0	上架
17.66	南部市场	A1零售商	P4	4t	2	10	20	18.77	上架
17.66	南部市场	A2零售商	P4	4t	3	10	30	0	上架
17.66	东部市场	B1零售商	P4	4t	2	10	20	17.88	上架
17.66	东部市场	B2零售商	P4	4t	4	10	40	0	上架
17.77	中部市场	C1零售商	P4	4t	2	10	20	17.77	上架
17.77	中部市场	C2零售商	P4	4t	3	10	30	0	上架
10.33	南部市场	A2零售商	P4	P4	2	5	10	11.55	上架
10.33	东部市场	B2零售商	P4	P4	2	5	10	11.55	上架
10.33	中部市场	C1零售商	P4	P4	1	5	5	11.55	上架
10.33	中部市场	C2零售商	P4	P4	2	5	10	11.66	上架

表 19-41　第二年第四季度部分产品销售图

2	4	中部市场	C1零售商	P1	1s	经济型	3	9.7	28.75
2	4	中部市场	C1零售商	P1	1s	经济型	1	9.7	9.69
2	4	中部市场	C2零售商	P1	1f	经济型	3	8.77	25.99
2	4	中部市场	C2零售商	P1	1f	经济型	1	8.77	8.76
2	4	中部市场	C1零售商	P1	1s	不定型	2	9.7	19.17
2	4	南部市场	A1零售商	P2	2-41	经济型	1	13.22	13.21
2	4	南部市场	A1零售商	P2	2-41	经济型	1	13.22	13.21
2	4	南部市场	A1零售商	P2	2-41	不定型	1	13.22	13.21
2	4	东部市场	B1零售商	P2	2t	冲动型	1	17.77	17.75
2	4	东部市场	B2零售商	P2	2t	冲动型	1	17.77	17.75
2	4	东部市场	B2零售商	P2	2t	冲动型	1	17.77	17.75
							41		447.7

第 1 页,共 2 页　　显示 1 - 25条，共 41 条

表 19-42　第二年第四季度投产情况

投入生产　规则说明　学习资源　经营状态　　whjt8 已经关帐.

空闲生产线列表

☑	生产线编号	生产线名称	产品	产品型号	所在厂房	所在位置	原料成本	原料明细	加工费	生产周期	生产效率	生产状态
☑	PLwhjt100...	全自动线	P1	1-542	B	2号位	1	R1:1,	1	1	10	1
☑	PLwhjt100...	全自动线	P2	2-41	A	2号位	3	R1:1,R...	1	1	10	1
☑	PLwhjt100...	全自动线	P2	2-41	A	4号位	3	R1:1,R...	1	1	10	1
☑	PLwhjt100...	全自动线	P2	2-41	B	1号位	3	R1:1,R...	1	1	10	1
☑	PLwhjt100...	全自动线	P3	3-52	A	1号位	3	R2:2,R...	1	1	10	1
☑	PLwhjt100...	柔性线	P3	3-52	A	3号位	3	R2:2,R...	1	1	10	1
☑	PLwhjt100...	全自动线	P4	4f	B	3号位	4	R2:1,R...	1	1	10	1
☐	PLwhjt100...	全自动线	P4	4s	C	1号位	4	R2:1,R...	1	1	10	1

表 19-43　第二年结束后各组经营数据

组　别	权益（W）	库存（W）	在制品（W）	土建（W）	设备（W）	现金（W）	应收款（W）	营业外支出（W）	综合指数
WHJT1	1169	2112	480	680	680	493	1480	0	6.78
WHJT10	2694	96	490	680	760	855	3914	0	20.73
WHJT2	－59	1247	560	680	880	57	2391	0	12.1
WHJT3	790	578	510	680	680	49	1565	0	8.1
WHJT4	－234	1221	560	680	720	489	568	0	13.6
WHJT5	977	700	560	680	760	457	1426	0	13.87
WHJT6	退出								
WHJT7	1725	1227	560	680	840	560	2454	0	7.39
WHJT8	1557	34	520	680	760	759	2514	0	3.13
WHJT9	992	893	500	680	920	1265	1620	0	9.19

分析报表数据可知：

（1）营业外支出都为 0，可见所有小组均未发生违约情况，每个小组均有直销投标资格。

（2）从资金情况分析，第 4 组资金并不充足，对其直销投标产生一定的影响，其他小

组都有现金或者有较多的应收账款,说明并不缺乏参与直销投标的资金。

(3) 从库存分析,1、2、4、7、9 组的库存量比较大,可能加剧第三年的市场竞争。

(4) 从综合指数分析,最有优势的是第 10 组,该组所有者权益也最高,其竞争地位很难撼动,其次是第 5、4、2 组的指数较高,直销有较大优势。

(5) 本组的库存量最大,但企业综合指数低,因此直销没有优势,且直销竞争应该也比较激烈,故第三年拟只参与小部分直销竞标。

三、经营第三年

由于库存量大且指数较低,因此,本年度的经营思路是尽量节省费用投入,努力提升利润,零售仍然以经济型和不定型为主。在直销方面,主要针对竞争对手不太关注的产品和市场,如 P1 产品、中部、北部市场等,同时关注批发市场。

1. 市场部

购买市场调查报告:先购买一份调查报告,待直销结束后再购买其他市场调查报告,以便了解批发和零售价格信息。

市场开拓:本季度继续开拓北部和西部市场,至此所有市场开拓完毕。

2. 直销部

由于指数低且现金较少,所以只选择少数几个客户进行开发,并参与投标。在价格方面,可以按照最高价投标,因为即便降低价格,如果有竞争,仍然难以中标。直销投标如表 19-44 所示。

表 19-44 直销投标情况

参与投标 | 规则说明 | 学习资源 | 经营状态　　直销投标火热进行中…… 倒计时:236秒 第 3 年

投标报名 > 资格预审 > 购买标书 > 投标 > 中标公示

☐	订单号	市场	直销客户	产品	最高价格	投标价格	数量	帐期(季度)	交货期(季度)	ISO认证
☐	GB229B3P120...	北部市场		P1	9.7	0	10	1	3	
☐	GB229Z3P220...	中部市场		P2	10.62	10.62	19	1	3	
☐	GB229Z3P120...	中部市场		P1	11.16	11.16	10	1	3	
☐	GB229Z3P120...	中部市场		P1	11.35	11.35	10	2	3	
☐	GB229Z3P320...	中部市场		P3	12	12	20	4	3	
☐	GB229Z3P420...	中部市场		P4	12.96	12.9	21	1	3	ISO 9000,
☑	GB229Z3P320...	中部市场		P3	13.03	13	19	3	3	
☐	GB229B3P220...	北部市场		P2	13.04	13	20	4	3	
☐	GB229B3P220...	北部市场		P2	13.51	13.51	21	2	3	ISO 9000,
☐	GB229B3P320...	北部市场		P3	13.82	13.82	15	1	3	ISO 9000,
☐	GB229B3P320...	北部市场		P3	14.08	14	14	0	3	ISO 9000,
☐	GB229B3P220...	北部市场		P2	14.1	14	19	4	3	ISO 14000,
☐	GB229B3P120...	北部市场		P1	14.24	14	11	0	3	ISO 14000,IS...
☐	GB229B3P120...	北部市场		P1	14.65	14	5	4	3	ISO 14000,IS...
☐	GB229Z3P220...	中部市场		P2	14.65	14	19	3	3	ISO 9000,
☐	GB229Z3P220...	中部市场		P2	14.65	14	6	3	3	
☐	GB229Z3P220...	中部市场		P2	15.14	15	19	2	3	ISO 14000,
☐	GB229Z3P220...	中部市场		P2	15.38	15	18	3	3	ISO 9000,
☑	GB229B3P420...	北部市场		P4	14.4	14	21	3	3	
☑	GB229Z3P420...	中部市场		P4	14.45	14	21	2	3	ISO 9000,
☐	GB229Z3P220...	中部市场		P2	15.14	15	19	2	3	ISO 14000,
☑	GB229Z3P420...	中部市场		P4	15.26	15	14	0	3	ISO 9000,

直销结束后,查看本组中标情况如表 19-45 所示,各组直销市场占有率如图 19-7 所示。

表 19-45　本小组直销中标订单

直销客户订单

产品:　市场:　年份:　查询

订单号	签约年	产品	市场	数量	价格	总金	账期	交货	ISO认	功能	交货年	交货季度	订单状态
GB229B3P...	3	P1	北部	11	14	1...	0	3	I...	,P1F5,P1F4,P1F2,P1F...	0	0	未交货
GB229B3P...	3	P1	北部	5	14	70	4	3	I...	,P1F5,P1F4,P1F2,P1F...	0	0	未交货
GB229Z3P...	3	P1	中部	10	1...	1...	1	3		,P1F5,P1F4,P1F2,P1F...	0	0	未交货
GB229Z3P...	3	P1	中部	10	1...	1...	2	3		,P1F5,P1F4,P1F2,P1F...	0	0	未交货
GB229Z3P...	3	P4	中部	21	14	2...	2	3	I...	,P4F3,P4F4	0	0	未交货

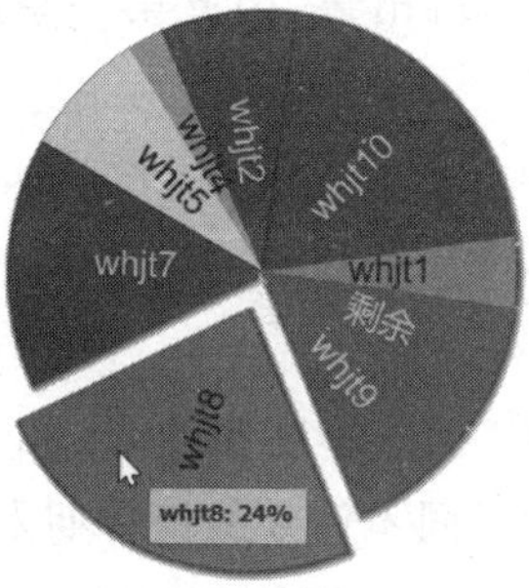

图 19-7　直销市场占有率

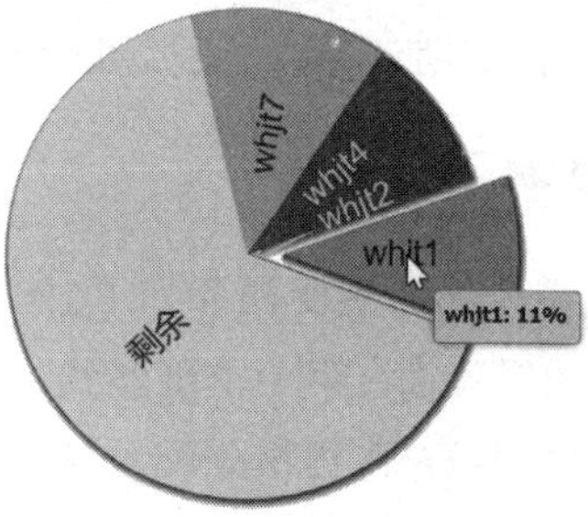

图 19-8　批发市场占有率

3. 批发部

(1) 投放招商广告。根据各市场的批发价格,招商广告投放情况如表 19-46 所示。

表 19-46　第三年招商广告投放情况

招商广告投放区

产品名称	南部市场	东部市场	中部市场	北部市场	西部市场
P1	0	0	0	0	0
P2	7	7	4	3	0
P3	2	7	8	6	0
P4	2	3	4	3	0

(2) 选择批发订单。本组所选取批发订单及各组批发订单市场占有率如表 19-47 和图 19-8 所示。

表 19-47　第三年本组批发订单

功能	订单来源	市场	产品	数量	价格	总金额	账期(季度)
,P3F5,P3F2	批发商	北部市场	P3	32	10.01	320.32	-1
,P2F4,P2F1,P2F5	批发商	南部市场	P2	43	10.45	449.35	-1
,P3F5,P3F2	批发商	南部市场	P3	32	9.03	288.96	-1
,P4F3,P4F4	批发商	南部市场	P4	12	9.60	115.20	-1
,P3F5,P3F2,P3F4	批发商	中部市场	P3	17	11.88	201.96	-1
,P4F3,P4F4	批发商	中部市场	P4	4	10.26	41.04	-1

4. 生产部

本年度生产部主要任务分别是采购原材料、投产、交货，基本思路如下。

(1) 原材料采购数量由生产线分布决定，尽可能在年末使原材料库存量最小或者零库存。

(2) 投产方面，除完成交货任务，剩余产能主要根据产品销售组织生产。一方面生产以经济型和不定型为主的产品，压缩成本，减少功能；另一方面生产以冲动型为主的产品，可随时补充市场。

(3) 交货方面：由于第一季度各零售商有大量产品待出售，因此第一季度应尽可能交货，优先交付直销订单，以便尽可能回收现金。

5. 零售部

本年度零售部的主要任务如下。

(1) 签约零售商：第一季度签约 D1 和 D2 零售商。第三季度签约 E1 和 E2 零售商。

(2) 货物配送：将货物分配给各零售商销售，注意不同零售商的销售期限。

(3) 媒体广告：象征性地投放广告，百度投放 1W，央视不用抢，以免影响利润。

(4) 价格制定：针对经济型、不定型定低价，针对冲动型适当高价，即将过销售期限的产品低价甩卖。另外，第一季度是抓销量的好机会，竞争对手可能受库存、交货等因素影响导致零售产品不足，而本企业产品库存大，因此可适当降低价格销售。

本年度各季度的零售收入分别为：第一季度 1775.63W，第二季度 1535.25W，第三季度 1812.24W，第四季度 477.15W，部分销售数量如表 19-48～表 19-51 所示。

表 19-48 第三年第一季度零售交易情况

年份: 季度: 市场:
产品: 零售商: 人群类型: 查询

年	季度	市场	零售商名称	产品	产品型号	消费人群	销售数量	销售价格	实收金额
3	1	东部市场	B1零售商	P1	1t	习惯型	1	14.33	14.32
3	1	东部市场	B1零售商	P1	1t	理智型	1	14.33	14.32
3	1	东部市场	B2零售商	P1	1s	理智型	1	7.66	7.65
3	1	东部市场	B2零售商	P1	1s	理智型	1	7.66	7.65
3	1	东部市场	B1零售商	P1	1t	冲动型	1	14.33	14.32
3	1	东部市场	B2零售商	P1	1t	冲动型	1	14.33	14.32
3	1	东部市场	B1零售商	P1	1t	经济型	1	14.33	14.32
3	1	东部市场	B2零售商	P1	1s	经济型	1	7.66	7.65
3	1	东部市场	B2零售商	P1	1s	经济型	1	7.66	7.65
3	1	东部市场	B2零售商	P1	1s	经济型	1	7.66	7.65
3	1	东部市场	B2零售商	P1	1s	经济型	1	7.66	7.65
							31		322.71

第 1 页,共 5 页　　显示 1 - 25条，共 107 条

表 19-49　第三年第二季度零售交易情况

年份:　季度:　市场:
产品:　零售商:　人群类型:　查询

年	季度	市场	零售商名称	产品	产品型号	消费人群	销售数量	销售价格	实收金额
3	2	北部市场	D2零售商	P1	1t	习惯型	1	15.55	15.53
3	2	北部市场	D1零售商	P1	1t	冲动型	1	15.55	15.53
3	2	北部市场	D1零售商	P1	1t	冲动型	1	15.55	15.53
3	2	北部市场	D2零售商	P1	1t	冲动型	1	15.55	15.53
3	2	北部市场	D2零售商	P1	1t	冲动型	1	15.55	15.53
3	2	北部市场	D2零售商	P1	1t	冲动型	1	15.55	15.53
3	2	北部市场	D1零售商	P1	1t	经济型	2	15.55	30.73
3	2	北部市场	D1零售商	P1	1t	经济型	1	15.55	15.53
3	2	北部市场	D1零售商	P1	1t	经济型	1	15.55	15.53
3	2	北部市场	D2零售商	P1	1t	经济型	3	15.55	46.09
3	2	北部市场	D2零售商	P1	1t	经济型	1	15.55	15.53
							29		435.38

第 1 页,共 4 页　显示 1 - 25条，共 76 条

表 19-50　第三年第三季度零售交易情况

零销商区域

年份:　季度:　市场:
产品:　零售商:　人群类型:　查询

年	季度	市场	零售商名称	产品	产品型号	消费人群	销售数量	销售价格	实收金额
3	3	南部市场	A2零售商	P2	2-41	经济型	1	11.77	11.76
3	3	南部市场	A1零售商	P2	2s	不定型	1	13.33	13.32
3	3	南部市场	A1零售商	P2	2s	不定型	1	13.33	13.32
3	3	南部市场	A1零售商	P2	2s	不定型	1	13.33	13.32
3	3	南部市场	A1零售商	P2	2s	不定型	1	13.33	13.32
3	3	南部市场	A1零售商	P2	2s	不定型	3	13.33	39.51
3	3	南部市场	A2零售商	P2	2s	不定型	2	13.33	26.34
3	3	南部市场	A2零售商	P2	2s	不定型	2	13.33	26.34
3	3	东部市场	B1零售商	P2	2s	习惯型	1	13.33	13.32
3	3	东部市场	B1零售商	P2	2s	习惯型	1	13.33	13.32
3	3	东部市场	B2零售商	P2	2-41	习惯型	1	11.77	11.76
							30		408.27

第 1 页,共 5 页　显示 1 - 25条，共 107 条

表 19-51　第三年第四季度零售交易情况

年份:　季度:　市场:
产品:　零售商:　人群类型:　查询

年	季度	市场	零售商名称	产品	产品型号	消费人群	销售数量	销售价格	实收金额
3	4	中部市场	C1零售商	P2	2s	经济型	1	12.88	12.87
3	4	中部市场	C2零售商	P2	2s	经济型	1	12.88	12.87
3	4	中部市场	C2零售商	P2	2s	经济型	1	12.88	12.87
3	4	北部市场	D2零售商	P2	2s	理智型	1	12.88	12.87
3	4	北部市场	D1零售商	P2	2s	经济型	1	12.8	12.79
3	4	东部市场	B1零售商	P3	3s	情感型	1	13.3	13.29
3	4	东部市场	B2零售商	P3	3-52	情感型	1	10.33	10.32
3	4	东部市场	B2零售商	P3	3-52	经济型	1	10.33	10.32
3	4	东部市场	B2零售商	P3	3-52	经济型	1	10.33	10.32
3	4	东部市场	B1零售商	P3	3s	不定型	1	13.3	13.29
3	4	中部市场	C1零售商	P3	3-52	经济型	1	10.33	10.32
							26		335.31

第 1 页,共 2 页　显示 1 - 25条，共 37 条

6. 财务部

第三年尽量不要贷款，以免影响得分，一般情况下可以优先考虑贴现。

另外，由于一次的调拨费用为 1.5W，而数量低于 50 件的库存费用为 3W，因此年末未销售完的产品，可以考虑通过调拨，将零散的产品集中给某个零售商，以节省库存费用。

例如，本企业年末 P3 产品的剩余情况如表 19-52 所示，则可将 D1、C1 和 A1 零售商的 P3 均调拨给 A2 或 C2，从而节省费用，提升利润。如果不调拨，则收取的库存费为 5 个零售商，每个零售商 3W，共 15W。调拨后，3 次调拨费用为 3×1.5＝4.5(W)，A2 和 C2 的库存费共 6W，则调拨费加库存费共 10.5W，低于调拨前的库存费。

表 19-52 产品剩余及调拨

产品调拨

市场: 零售商: 产品: P3 查询

市场	零售商名称	产品	产品型号	库存数量	成本	总成本
南部市场	A2零售商	P3	3f	3	5	15
南部市场	A2零售商	P3	3-52	3	6	18
北部市场	D1零售商	P3	3s	3	7	21
中部市场	C2零售商	P3	3f	2	5	10
中部市场	C2零售商	P3	3-52	1	6	6
中部市场	C1零售商	P3	3-52	1	6	6
南部市场	A1零售商	P3	3t	1	9	9
南部市场	A1零售商	P3	3-52	0	6	0
东部市场	B1零售商	P3	P3	0	4	0
东部市场	B1零售商	P3	3f	0	5	0

第三年最终经营成果如图 19-9 所示。

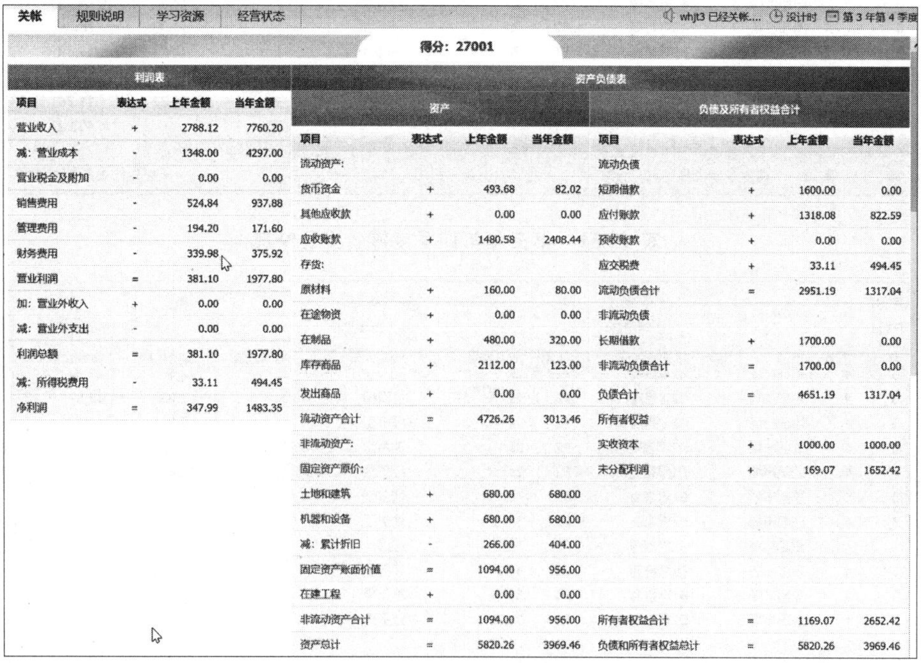

关帐 规则说明 学习资源 经营状态 whjt3 已经关帐... 设计时 第 3 年第 4 季度

得分：27001

利润表

项目	表达式	上年金额	当年金额
营业收入	+	2788.12	7760.20
减：营业成本	-	1348.00	4297.00
营业税金及附加	-	0.00	0.00
销售费用	-	524.84	937.88
管理费用	-	194.20	171.60
财务费用	-	339.98	375.92
营业利润	=	381.10	1977.80
加：营业外收入	+	0.00	0.00
减：营业外支出	-	0.00	0.00
利润总额	=	381.10	1977.80
减：所得税费用	-	33.11	494.45
净利润	=	347.99	1483.35

资产负债表

资产				负债及所有者权益合计			
项目	表达式	上年金额	当年金额	项目	表达式	上年金额	当年金额
流动资产:				流动负债			
货币资金	+	493.68	82.02	短期借款	+	1600.00	0.00
其他应收款	+	0.00	0.00	应付账款	+	1318.08	822.59
应收账款	+	1480.58	2408.44	预收账款	+	0.00	0.00
存货:				应交税费	+	33.11	494.45
原材料	+	160.00	80.00	流动负债合计	=	2951.19	1317.04
在途物资	+	0.00	0.00	非流动负债			
在制品	+	480.00	320.00	长期借款	+	1700.00	0.00
库存商品	+	2112.00	123.00	非流动负债合计	=	1700.00	0.00
发出商品	+	0.00	0.00	负债合计	=	4651.19	1317.04
流动资产合计	=	4726.26	3013.46	所有者权益			
非流动资产:				实收资本	+	1000.00	1000.00
固定资产原价:				未分配利润	+	169.07	1652.42
土地和建筑	+	680.00	680.00				
机器和设备	+	680.00	680.00				
减：累计折旧	-	266.00	404.00				
固定资产账面价值	=	1094.00	956.00				
在建工程	+	0.00	0.00				
非流动资产合计	=	1094.00	956.00	所有者权益合计	=	1169.07	2652.42
资产总计	=	5820.26	3969.46	负债和所有者权益总计	=	5820.26	3969.46

图 19-9 最终经营成果图

参考文献

[1] 市场营销技能赛项执委会. 2019 年全国职业院校技能大赛拟设赛项规程[R]. 2019.

[2] 王咏，包刚. 市场营销沙盘模拟实训教程：基于 ITMC 市场营销综合实训与竞赛系统[M].北京：机械工业出版社，2018.

[3] 何伟. 市场营销沙盘模拟教程[M]. 北京：电子工业出版社，2019.

[4] 杨雨生. 市场营销管理沙盘模拟教程[M]. 北京：中国人民大学出版社，2017.

附 录

Ⅰ.直销、批发需求数量

从附表 1 三年总需求量可知,P2 与 P4 的直销订单数量较多,P3 的直销订单数量较少。P2 与 P3 的批发订单数量较多,P4 的批发订单数量较少。因此,如果企业希望以直销为主要渠道,则可考虑多生产 P2 和 P4,若打算以批发为主,则可考虑多生产 P2 和 P3。另外,P1 和 P2 的零售需求量较大。

附表 1 中对每年的直销订单与批发订单总量进行了统计,便于分析竞争对手所获取的直销与批发订单的数量。

附表 1　直销与批发订单数量表

年　份	市场	直　销				批　发			
		P1	P2	P3	P4	P1	P2	P3	P4
第一年	南部	184				370			
第二年	南部	80	137	47	120	162	137	120	47
	东部	23	119	47	107	23	119	120	42
	小计	103	256	94	227	185	256	240	89
	合计	680				770			
第三年	南部	4	149	59	144	8	149	152	57
	东部	13	110	57	119	13	110	144	47
	中部	30	120	53	115	30	120	136	45
	北部	26	130	47	105	26	130	120	40
	小计	73	509	216	483	77	509	552	189
	合计	1281				1327			
类型		直　销				批　发			
产品		P1	P2	P3	P4	P1	P2	P3	P4
三年总需求量		360	765	310	710	632	765	792	278

Ⅱ. 产品需求数量、销售数量与价格之间关系的计算

$$实际需求数量 = 调研报告预测需求数量 \times (1 + 市场需求波动率) \quad (1)$$

$$实际销售数量 = 实际需求数量 \times (1 - 销售数量变动率) \quad (2)$$

其中：

$$销售数量变动率 = \frac{销售价格 - 市场期望价格}{市场期望价格} \times 价格需求弹性系数 \quad (3)$$

若用 S 表示实际销售数量，D 表示实际需求数量，P 表示销售价格，$\bar{P}$ 表示产品的市场期望价格，ρ 表示价格需求弹性系数。将公式(3)代入公式(2)中，可得：

$$S = D \times (1 + \rho) - \frac{D \times \rho}{\bar{P}} \times P \quad (其中 P \leqslant 2\bar{P}) \quad (4)$$

说明：公式(4)表明了销量与价格之间的关系。通常情况下价格越高，销量越低；价格越低，销量越高。基于情感型、理智型等人群的定价，附表2给出了参考价格，实际定价还需要考虑企业产品数量、价格策略的影响。

附表 2　基于利润最大化的价格制定

产　品	价　　格	销　　量
P1	$P = \frac{9}{8}\bar{P} + \frac{C}{2}$	$S = \left(0.9 - \frac{0.4C}{\bar{P}}\right)D$
P2	$P = \frac{19}{18}\bar{P} + \frac{C}{2}$	$S = \frac{19}{20}\left(1 - \frac{C}{\bar{P}}\right)D$
P3	$P = \bar{P} + \frac{C}{2}$	$S = \left(1 - \frac{C}{2\bar{P}}\right)D$
P4	$P = \frac{11}{12}\bar{P} + \frac{C}{2}$	$S = \left(1.1 - \frac{0.6}{\bar{P}}C\right)D$

Ⅲ. 产品流行功能

要理解产品流行功能，需要理解以下几点。

(1) 产品流行功能真正开始流行时间＝报告给出时间＋零售商市场敏感度。

(2) 当下一个功能开始流行，前面的功能成为基本功能。

所以附图1中，根据第(1)点的理解，P1F4 真正开始流行的时间对 A1 零售商而言是第一年第三季度，对 A2 零售商而言是第一年第四季度。F3 功能开始流行的时间对 A1 零售商而言是第二年第一季度，对 A2 零售商而言是第二年第三季度。根据第(2)点的理解，到了第二年第一季度，对 A1 零售商而言，销售 P1 产品必须带 F4 基本功能，否则 P1 无法销售，故纯 P1 只能卖到第一年第四季度。对 A2 零售商而言，到了第二年第三季度，销售 P1 产品必须带 F4 功能，否则 P1 无法销售，故纯 P1 产品只能卖到第二年第二季度。

(3) 零售商的市场敏感度如附表3所示。

产品	第一季度	第二季度	第三季度	第四季度
P1	P1F4(流行周期2季度)		P1F3(流行周期2季度)	
P2			P2F4(流行周期2季度)	
P3			P3F5(流行周期3季度)	
P4			P4F1(流行周期3季度)	

附图 1　第一年产品流行功能图

附表 3　各零售商的市场敏感度

零售商名称	市场敏感度	零售商名称	市场敏感度
A1	2	D1	3
A2	4	D2	2
B1	2	E1	3
B2	4	E2	2
C1	3		
C2	4		

Ⅳ. 六类人群交易规则

六类人群交易规则如附表 4 所示。

附表 4　六类人群交易规则

类　型	历史优惠额	媒体影响力	综合指数	流行功能	定价	折后价
情感型	1		2		3	
习惯型		1				
理智型			1		2	
冲动型			3	1	2	
经济型			2		1	
不定型			2			1

在附表 4 中，数字表示优先交易条件，如情感型，第一交易顺序是看历史优惠额，优惠额相同则比较价格，价格相同则比较综合指数。其他人群依此类推。

Ⅴ. 综合指数计算公式

企业综合指数＝(ISO 14000 按 20 计算＋ISO 9000 按 10 计算)/所有小组总认证×20
＋上季度小组销售额/上季度所有小组销售额×40
＋小组总媒体影响力/所有小组总媒体影响力×40

以 10 组模式为例，当所有小组均登录并进行了 ISO 9000 认证后，各组的综合指数为 6，其中 ISO 认证每组占 1/10，指数贡献为 2，上季度小组销售额每组占 1/10，指数贡献为 4。若有一个小组未认证，则该小组指数为 4，均来自上季度小组销售额的贡献，其他 9 个小组的综合指数为 $1/9\times20+4=6.22$。

Ⅵ. 综合评分法计算公式

综合得分＝所有小组投标最低价/本小组投标价格×60
　　＋本小组企业综合指数/所有有效投标小组最高企业综合指数×40
　　（其中前者为价格分，后者为商务分）

根据综合得分计算公式，某个订单所有投标者中投标价格最低者，价格分为 60 分，所有投标者中综合指数最高者，商务分为 40 分。

Ⅶ. 冲动型需求出现时间表

当第一个功能开始流行时，就会出现冲动型需求。据此推断，各产品在各市场出现冲动型订单的时间如附表 5 所示。

附表 5　各产品在各市场出现冲动型订单的时间

市场	零售商	市场敏感度	P1	P2	P3	P4
南部	A1	2	1.3	2.1	2.1	2.1
	A2	4	2.1	2.3	2.3	2.3
东部	B1	2	1.3	2.1	2.1	2.1
	B2	4	2.1	2.3	2.3	2.3
中部	C1	3	2.2	2.2	2.2	2.2
	C2	4	2.2	2.3	2.3	2.3
北部	D1	3	3.1	3.1	3.1	3.1
	D2	2	3.1	3.1	3.1	3.1
西部	E1	3	3.3	3.3	3.3	3.3
	E2	2	3.3	3.3	3.3	3.3